# 신유물론과 유물론

미디어의 물질성에 대하여

뉴스통신진흥총서 40

# 신유물론과 유물론
## 미디어의 물질성에 대하여

**초판 1쇄 인쇄**  2024년 4월 26일
**초판 1쇄 발행**  2024년 5월  8일
—

**지은이**  그랜트 볼머
**옮긴이**  김수철
**펴낸이**  이방원
**책임편집**  정조연      **책임디자인**  손경화
**마케팅**  최성수 · 김 준    **경영지원**  이병은
—

**펴낸곳**  세창출판사
　　　　**신고번호** 제1990-000013호  **주소** 03736 서울시 서대문구 경기대로 58 경기빌딩 602호
　　　　**전화** 02-723-8660  **팩스** 02-720-4579  **이메일** edit@sechangpub.co.kr  **홈페이지** http://www.sechangpub.co.kr
　　　　**블로그** blog.naver.com/scpc1992  **페이스북** fb.me/Sechangofficial  **인스타그램** @sechang_official
—

ISBN  979-11-6684-323-5  93130

© 김수철, 2024


이 책은 뉴스통신진흥자금을 지원받아 번역 · 출간되었습니다.

# 신유물론과 유물론
## 미디어의 물질성에 대하여
## Materialist Media Theory

그랜트 볼머 지음 | 김수철 옮김

세창출판사

'물질matter'―그리고 거기에서 파생된 '물질성materiality', '유물론적 materialist' 등― 이라는 말은 무척 까다로운 말이다. 일상생활에서, 그리고 학문 세계에서 흔히 사용되는 말이지만 이 단어를 말하는 사람, 연구자마다 그 의미는 제각기인 경우가 많다. 영국의 문화연구 이론가인 레이먼드 윌리엄스Raymond Williams가 문화culture라는 말에 대해서 언급했던 것처럼, 문화와 마찬가지로 물질이라는 단어의 의미와 사용 방식을 둘러싼 엄밀한 논의는 결코 간단치 않으며 또한 골치 아픈 주제이다.

그럼에도 불구하고 최근 디지털 미디어와 연관된 다양한 사회문화 현상들은 미디어의 물질성에 주목할 것을 요구한다. 기존의 텍스트의 의미나 재현 방식에 대한 분석이나 접근 방식만으로는 충분하지 않은 것이다. 디지털 미디어 기술의 진화에 따른 미디어 환경의 변화와, 이에 따른 사회문화 현상 이면에 존재하는 이슈들에 대한 분석은 재현적인 것과 비재현적인 것, 담론적인 것과 비담론적인 것들을 모두 고려해야만 하는 경우가 점차로 많아지고 있다. 하지만, 필자가 주로 공부해 온 미디어 문화연구 분야에서의 미디어 현상에 대한 분석과 진단은 많은 부분 텍스트 중심, 재현 문제 중심의 접근 방식을 취하고 있는 경우가 많다. 이에 따라 미디어의 의미와 재현 문제만이 아닌 미디어 기술 자체 및 그 작동 방식에 주목하면서 그 사회문화적, 정치경제학적 의미를 새롭게 규명하고 분석할 수 있는 새로운 접근 방식에 대한 요구는 지속적으로 제기되어 왔다.

이런 맥락에서 최근 국내외 미디어연구와 문화연구 분야에서도 미디어의 물질성을 포함하여 새로운 이론적 접근의 성과와 그 통찰을 반영하고자 하는 연구들이 본격적으로 등장했다(포스트휴먼이나 네트워크 행위자 이론에 바탕을 둔 미디어연구, 소프트웨어 연구, 알고리즘/데이터 기술 등에 대한 기술문화 연구, 정동, 미디어와 공간 등에 주목하는 연구들이 그러한 예시들이다). 하지만, 다양한 사례 연구에서 적용하고 있는 방법론적 측면은 말할 것도 없고, 사용되는 개념들의 의미, 연구 대상 범위가 매우 큰 편차를 보이고 있으며, 또한 기존의 이론적 관점이나 접근 방식과의 관계 설정에 있어서도 혼란스러운 측면이 적지 않다. 아마도 이 책의 1장에서 제일 먼저 다루고 있는 주제가 바로 이러한 예시일 것이다. 즉 유물론적 전회materialist turn나 미디어의 물질성에 주목하는 접근 방식은 재현이나 의미의 문제를 더 이상 다룰 필요가 없음을 의미하며, 이 두 가지 접근은 필연적으로 모든 면에서 상충되는 것으로 이해되는 경향이 그것이다. 1장만 읽어도 바로 알 수 있지만 저자의 주장처럼 미디어 재현, 이미지의 문제는 사실 매우 물질적이며 또한 그 물질성에 천착함으로써 보다 더 잘 설명될 수 있다.

유물론적 전회를 둘러싼 혼란의 또 다른 이유로 유물론적 전회와 관련된 국내의 논의들이 추상 수준이 높은 철학적 논의를 중심으로 소개되고 진행되어 왔다는 점도 지적해 볼 수 있다. 이는 필자와 같은 미디어 문화 연구자들을 포함하여 미디어의 물질성에 천착하는 새로운 이론과 개념들을 적용하여 우리 사회에 새롭게 등장하고 있는 미디어 사회문화 현상에 대한 분석을 제공하고자 하는 연구자들에게 적지 않은 혼란과 어려움을 주고 있다고 생각한다.

미디어 학자 그랜트 볼머Grant Bollmer의 이 책은 미디어 연구의 입장에서 최근에 등장하고 있는 다양한 유물론의 이론적 논제와 개념들에 대한 명쾌한 해설을 다양한 미디어 기술 및 미디어 사회문화 현상의 예시를 통해서 설득력 있게 제공하고 있다. 또한 미디어 연구 분야에서 상대적으로 널리 알려진 해럴드 이니스, 마셜 매클루언의 미디어 이론이나 주디스 버틀러, 미셸 푸코 등 미디어 문화연구에서 상대적으로 친숙한 이론들과의 비교를 통해 최근의 미디어에 대한 유물론적 접근의 특징과 유용성에 대한 토론, 그리고 미디어에 대한 유물론적 접근과 기존 미디어 이론 및 문화 이론과의 관계 설정이라는 어려운 문제들을 정면으로 다루고 있다.

이런 점에서 이 책은 유물론 및 미디어에 대한 유물론적 접근에 관심을 가지고 있는 최근의 다양한 연구자 및 현업 종사자들, 그리고 미디어 기술에 관심이 높은 일반 독자들에게 유용한 입문서의 역할을 하기에 부족함이 없다고 할 수 있다. 또한 이 책은 미디어의 물질성에 주목하는 이론적 입문서로서뿐만 아니라 현재와 과거를 넘나드는 다양한 미디어 기술 및 관련 사회문화 현상 ―예를 들어, 문자 언어, 인쇄술, 신문, 텔레비전, 이메일, 소셜미디어, 알고리즘, 인공지능, 스마트시티, 정체성, 재현, 감정, 게임 문화, 페미니즘, 인상주의 등― 에 대한 흥미로운 설명들을 풍부하게 담고 있다. 그리고 이 예시들은 유물론의 난해한 철학적, 이론적 논제와 핵심 개념들을 명료하게 설명하는 과정에서 적절하게 배치되어 사용된다. 미디어연구, 문화연구라는 협소한 학문 연구자 공동체의 테두리를 넘어서 오늘날 새롭게 제기되는 디지털 미디어 현상에 대한 새로운 관점 및 설명, 그리고 미디어 기술에 대한 역사적(또는 미디어고고학적) 관점을 엿볼 수 있는 미디어 리터러시 교양서로서의 성격도 가지고 있다.

끝으로, 이 책의 출간을 위해 귀중한 지원과 유용한 도움을 주신 뉴스통신진흥회와 세창출판사의 관계자 분들에게 감사의 말씀을 전한다.

# 차례

# 미디어의 물질성에 대한
# (그리고 물질성 내에서의) 사유

# 미디어 이론

유물론materialism이란 물리적 물질성 −기술, 실천, 또는 신체의 물리적 물질성− 이 리얼리티를 구성하는 데 있어서 중요하다matter[1]는 관점이다. 이 책은 미디어의 유물론에 대한 입문서이자 개입이다. 나는 이 책에서 물리적 물질성은 모든 미디어에 대한 연구에 있어 본질적이라고 주장하고자 한다. 동시에 유물론적 전회materialist turn는 미디어연구와 문화연구의 과거 전통과의 단절이나 (그에 대한) 거부 없이 이루어져야 함을 주장하고자 한다. 특히, 이 책에서 검토하게 될 몇몇 이론가는 미디어연구와 문화연구에서의 재현representation과 정체성identity에 대한 비판적 접근 전통과의 단절을 함축적으로 제시하곤 한다. (그러나) 우리는 물질성materiality을 검토함에 있어서 물질성이 가지고 있는 모든 종류의 복합성을 고려할 필요가 있다. 동시에, 미디어에 대한 연구는 특정한 정치적 목

---

1   matter라는 단어는 이 책에서 가장 많이 등장하는 단어 중 하나이다. 그 동사적 의미는 이중적인데, 하나는 '의미를 갖다', 또는 '중요하다'라는 의미이고, 다른 하나는 '물질화하다'라는 의미이다. 주로 2장에서의 주디스 버틀러(Judith Butler) 이론에 대한 토론에서 볼 수 있듯이, 지은이는 이 책 전체에 걸쳐 matter라는 단어를 이중적인 의미로 사용하고 있는 것으로 보인다. 번역에서는 matter라는 단어를 이중적 의미를 담은 하나의 번역어로 표현하기보다는 구체적인 문맥을 고려하면서 세 가지의 번역어, 즉 '중요하다', '의미를 갖다', 그리고 '물질화하다'를 혼용하여 번역하는 방식을 취했다.

서론: 미디어의 물질성에 대한 (그리고 물질성 내에서의) 사유

적을 가지고 수행될 필요가 있으며, 미디어 정치란 여전히 재현과 이미지의 문제에 대한 문제 제기를 통해 이루어져야 한다는 점을 명심해야 한다. 이는 우리가 재현과 이미지를 물질적인 것으로 사유해야 함을 의미하며, 또한 미디어의 정의와 역할에 대하여 이해하고자 할 때 어째서 재현과 이미지는 전체의 한 부분일 뿐인지에 대하여 고려해야 함을 의미한다.

　나는 이 책의 독자들이 미디어연구와 문화연구에서의 일반적인 개념들에 친숙할 것이라는 전제를 가지고 이 책을 썼지만, 미디어연구의 기본적인 이론과 접근이 주로 사용될 것이기에 독자들이 이 분야의 전문가일 필요는 없다. 물질성을 정치적 개입의 장으로서 바라보는 실용적이고 이론적인 미디어연구의 기획, 이것이 이 책에서 독자들이 얻어 가길 바라는 바이다. 나는 이 책의 독자들이 미디어와 기술이 어째서 단순한 도구가 아닌지를 깨닫게 되길 바란다. 미디어는 불평등의 지속과 사회적 차이에 대한 관리가 문제시되는 영역이다. 오늘날, 불평등, 차별, 권력에 대해 말하기 위해서는 기술의 물질성에 대해 살펴보는 것이 필수적이다. 왜냐하면 물질성을 통해서 권력이 유지되고 지속되기 때문이다.

　먼저, 왜 물질성이 논쟁의 핵심이 되고 있는지, 그리고 물질성에 대한 관심과 주목이 어떻게 미디어연구의 새로운 가능성을 열어 주는지에 대해서 살펴보자. 물질, 또는 물질성은 미디어에 대한 주류 인문학 연구에서 일반적으로 주목받지 못했다. 적어도 1970년대 이후, 나를 포함한 미디어연구 분야의 많은 연구자는 미디어를 독해하는reading 데 상대적으로 만족해 왔다. 여기서 "독해"가 의미하는 바는 미디어연구 분야의 학자들이 대중문화의 인공물 안에 묻혀 있거나 숨겨져 있는 의미를 해석, 해체, 또는 비판하는 데 문예이론들 ―몇 가지 예를 들자면, 해석학, 구조주의,

또는 포스트구조주의— 에서 나온 관련 분석 도구들을 적용시키는 방식을 말한다. 이러한 관점에서 보자면 텔레비전 프로그램은 하나의 텍스트라고 볼 수 있다. 텔레비전 프로그램은 문학작품 분석에 적용되는 것과 같은 기술로 분석될 수 있는 것이다. 아마도 이것이 가장 친숙한 미디어연구의 방식일 것이다. 〔요컨대〕 텍스트 분석이나 기호학 분석을 적용하여 TV 쇼, 광고, 노래 가사와 같은 텍스트를 보고, 생산자들에 의해서 부호화되거나encoded 수용자들에 의해 해독된decoded 의미들에 대해서 토론하는 방식이다. 즉 〔우선〕 미디어가 무엇을 재현하는가에 대해서 사유하는 것이다. 그리고 이미지가 의미하는signifies 바를 분석한다. 그러고 난 후 이 의미들을 더 광범위한 사회구조, 이데올로기, 경제와 연결시키면서 재현이 어떻게 정체성과 세계를 이해하는 특정한 방식들을 구성하게 되는지 살펴보는 것이다.

오늘날, 미디어 독해를 위해 텍스트 분석이나 기호학 분석 방식을 사용하는 것은 학생들과 시민들 모두에게 핵심적인 방식이다. 하지만 이것이 유일한 방식이 될 수는 없다. 많은 미디어연구자는 의미의 해석에만 몰두하는 방식이 한계를 지니고 있다는 점을 잘 알고 있다. 의미만을 다루는 것으로는 미디어가 무엇이고 그것이 무엇을 하는지가 우리의 지각과 경험을 통해서 충분히 드러나지 않는다. 라디오에서 텔레비전, 인터넷에 이르기까지, 우리의 미디어는 전선, 중계기, 라우터, 서버 팜, 하드 드라이브, 그리고 저장 장치로 구성되는 광범위한 인프라를 구성하고 있다. 문제는 이러한 기술들이 우리에게 충분하게 직접적인 방식으로 드러나지 않기 때문에 〔우리가〕 이 기술의 존재에 대해서 항상 인식하지는 못한다는 것이다. 이메일이나 문자 메시지를 예로 들어 보자. '송신' 버튼을 눌렀을 때 그 메시지는 어디로 가는가? 〔그것은 단지〕 우리의 눈앞에

서론: 미디어의 물질성에 대한 (그리고 물질성 내에서의) 사유

서 사라지는 것일 뿐인데, 우리는 그것이 "사이버스페이스"나 "클라우드" 속으로 사라진다고 생각할 수 있다. 흔히 인터페이스는 이미지를 통한 눈속임인 경우가 많다. 그 이미지들은 눈에 보이지 않는 물질적 과정들에 대한 메타포의 역할을 담당한다(van den Boomen 2008). 이메일은 지구를 가로지르는 전선을 통해 이동하게 되는데, 그 과정에서 여러 개의 서버에 수차례 복제되며, 특정 장소에서의 정보 교환들을 통해서 전송되는 것이다. 이메일 전송에 필요한 물질적 인프라를 직접 볼 수 없다고 해서 이들이 중요하지 않은 것은 아니다. 이메일이 무엇을 의미하는지에 대한 사유는 이메일이 무엇이며, 또한 무엇을 하고 있는지에 대한 많은 것에 대하여 말해 주는 바가 거의 없다.

오늘날, 기업과 정부는 디지털 정보가 끊임없이 전송되도록 디자인된 센서와 라우터들을 통한 위치 추적, 에너지 소비량 모니터링, 그리고 스마트폰에 의한 자동차와 에어컨의 제어 등이 가능한 "스마트" 시티와 주거의 미래에 대해 찬양한다(Heckman 2008; Thrift 2014). "사물인터넷"은 소프트웨어 업데이트와 데이터 축적이 이루어지는 인터넷과의 연결을 통해서 냉장고와 토스터 사이에 커뮤니케이션이 이루어지는 미래를 우리에게 보여 주고 있다(van Kranenburg 2008). 우리가 사는 세계에는 우리가 의식하는 범위를 완전히 넘어 인간의 상호작용과 경험을 변화시키고 있는 기기들이 광범위하게 확산되어 사용되고 있다. 하지만 미디어연구의 도구들은, 〔만약 그것이〕 재현의 문제에만 맞춰진다면, 이러한 변화들이 오늘날의 현실을 어떻게 구성하고 있는지에 대하여 인식할 수 없다. 또는 우리는 이메일이 하나의 컴퓨터에서 다른 컴퓨터로 이동하는 경로를 볼 수 없기 때문에 이를 비물질적인 일시적 현상blip으로 생각한다. 디지털 미디어 및 소프트웨어 이론가 닉 몽포트Nick Montfort는 이를 '스크린 본질주의screen essentialism'라고 말한다. 즉 디지털 미디어에 대해 말할 때, 컴퓨터 스크린상에서 우리가 본 것이 마치 전부라고, 이것이 우리가 집중해야 하는 것이라고 여기는 것은 잘못된 생각이다(Kirschenbaum 2008 참고).

미디어 학자들은 현재 거의 예외 없이 이러한 변화들을 이해하는 데 도움이 될 수 있는 도구들과 개념들을 받아들이고 있다. 이 책이 소개하고자 하는 것은 바로 이러한 도구들과 개념들로, 이 책에서는 정치, 공간, 시간 및 경험의 가능성을 변화시키는 데 있어서 미디어의 물질성을 강조하는 사유 방식을 개괄하고 있다. 미디어에 대해 필요한 질문들은 콘텐츠나 의미에 대한 것들이 아니다. 필요한 것은 미디어의 형식에 있어 중심적인 변화들이 어떻게 정치, 정책 및 미래의 가능성과 연관되고, 또한 이를 부분적으로 결정하는지에 대한 이론화이다.

유물론은 오늘날의 가장 최첨단 인문학 이론, 즉 문학과 영화 이론(Boscagli 2014; Bruno 2014; Hayles 2005), 문화와 정치 이론(Bennett 2010; Bryant 2011, 2014; Coole and Frost 2010), 디지털 인문학(Berry 2011; Kirschenbaum 2010), 과학기술사(Gumbrecht and Pfeiffer 1994), 그리고 예술사(Grau 2007; Cubitt and Thomas 2013; Munster 2013) 등의 연구 분야에서 찾아볼 수 있다. 미디어연구에서 이러한 관점은 미디어 이론medium theory이라는 "기술결정론"으로 주변화된 이론에서 종종 찾아볼 수 있다. 미디어 이론의 가장 유명한 주창자 중 하나인 조슈아 메이로위츠Joshua Meyrowitz는 다음과 같은 질문을 통해서 미디어 이론을 규정하고 있다. "모든 커뮤니케이션 수단들의 상대적으로 고정적인 측면은 무엇인가? 그리고 이러한 측면이 어떻게 그 미디어를 다른 미디어 및 대면 상호작용과 물리적으로, 심리적으로, 그리고 사회적으로 구분되게 만드는가?"(1994, 50) 미디어 이론은 기술의 물리적이고 소통적인 능력들에 대한 비교 연구이다. 미디어 이론은 어떻게

서론: 미디어의 물질성에 대한 (그리고 물질성 내에서의) 사유

상이한 미디어의 형식이 무언가를 쓰고, 기록하고, 저장하며 공간을 넘어 전송하는 특정한 수단의 물리성physicality 안에서 차이를 만들어 내는지에 대하여 연구한다. 미디어 이론은 사람들이 어떻게 미디어를 통해서 연결되고, 다른 형태의 커뮤니케이션이 어떻게 사람들의 사유 방식 및 상호작용 방식에서 상이한 효과들을 만들어 내는지에 대하여 살펴본다.

　미디어 이론이라는 명칭은 이 이론에 영향을 미친 주요 이론가 중 하나인 마셜 매클루언Marshall McLuhan의 아포리즘에서 나왔다. 미디어, 또는 기술을 사유하는 전형적 방식은 간단하다. 기술은 도구라는 것이다. 어떤 기술도 그 자체로 선하거나 악하지 않다는 말이다. 기술은 중립적이며 그 중요성은 그 사용 방식에 있다는 것이다. 하지만 매클루언은 이러한 종류의 주장을 단호히 반대했다.

　모든 미디어에 대한 우리의 관습적 대응, 즉 중요한 것은 기술이 어떻게 사용되느냐에 달려 있다는 시각은 기술 바보들의 무감각한 견해이다. 미디어의 "콘텐츠"는 강도가 우리 의식의 감시자를 홀리기 위해서 들고 다니는 먹음직스러운 고깃덩어리일 뿐이기 때문이다. 미디어의 효과는 그것이 "콘텐츠"라는 또 다른 미디어로 나타나기 때문에 격렬하고 강력한 것이다. 영화의 콘텐츠는 소설, 희곡, 또는 오페라이다. 영화의 형식적 효과는 그 프로그램의 콘텐츠와는 아무런 관련이 없다. 문자나 인쇄의 "콘텐츠"는 음성speech이지만, 독자reader는 인쇄, 또는 음성에 대하여 거의 아무것도 알지 못한다. (1964, 18)

　이 인용문에는 몇 가지 주장이 담겨 있다. 첫째는 매클루언의 잘 알려진 주장, 모든 미디어의 콘텐츠는 또 다른 미디어라는 주장이다. 매클루언은 일종의 원형 미디어로서 전등의 예시를 통해 빛은 "순수 정보"이기 때문에 어떤 "콘텐츠"도 담고 있지 않다고 말한다. "왜냐하면 전등은 그것이 어떤 브랜드 이름을 구체적으로 말하는 데 사용되기 전까지는 하나의 미디어로 인식되지 않기 때문이다. 여기서 인식되는 것은 전등빛 자체가 아니라 '콘텐츠'(또는 또 다른 미디어)이다."(9) 이 원리를 우리는 오늘날 인터넷의 사용에서 발견할 수 있다. 인터넷의 "콘텐츠"는 비디오, 텍스트 및 사운드이다. 인터넷을 통해서 우리는 읽거나, 텔레비전을 보며, 음악을 듣는다. 스카이프Skype를 통해서 커뮤니케이션할 때, 우리는 비디오와 전화기를 통합하여 사용하고 있는 것이다. 이 모든 것은 역사적으로 존재해 왔던 다른 형태의 미디어이다. 인터넷과 월드와이드웹의 "콘텐츠"는 다양한 형태의 과거의 미디어가 하나로 통합된 미디어이다.

　미디어 이론가 제이 데이비드 볼터Jay David Bolter와 리처드 그루신Richard Grusin은 재매개remediation 개념으로 유명한데, 이들은 "새로운 재현 기술은 과거의 기술이 새로운 재현을 재매개함으로써 그 정당성을 유지하는 데 어려움을 겪는 가운데 이전의 재현들을 재구성, 또는 재매개한다"(1999, 61)라고 주장함으로써 매클루언의 주장을 재구성하고 있다. 따라서 새로운 미디어는 과거의 미디어를 "재매개"하며 이 과정에서 과거의 미디어가 무엇인지, 그리고 그것이 무엇을 하는지를 약간 변화시킨다. 스카이프를 통한 커뮤니케이션과 전화 통화가 똑같지는 않다는 말이다. 이러한 미디어의 역사는 한 방향으로만 나아가지 않는다. 새로운 기술만이 과거의 미디어를 포함하는 것은 아니다. 과거의 미디어가 새로운 미디어의 요소들을 모방하고 포괄함으로써 "새로운" 것처럼 보이게 만들어지거나 재발명되기도 한다. 텔레비전 뉴스가 컴퓨터와 인터넷에서 나온 요소들을 포함시키고자 윈도우 창이나 웹 피드들을 점점 더 많이

서론: 미디어의 물질성에 대한 (그리고 물질성 내에서의) 사유

보여 주는 현상이 이러한 예시일 것이다.

　또한 매클루언은 콘텐츠에 집중하는 것은 현대 미디어의 물질적 실재로부터 우리를 현혹시키는 것이라고 주장했다. "메시지"는 파동이나 전선을 통해 전송되는 콘텐츠나 정보에 관한 것이 아니다. 미디어는 메시지라는 매클루언의 유명한 문구를 다시 상기해 보자.


　모든 미디어나 기술의 "메시지"는 그것이 인간 세계에 도입한 스케일, 속도, 또는 패턴의 변화이다. 철도는 이동이나 운송, 또는 바퀴나 도로를 인간 사회에 도입시킨 것이 아니라, 과거의 인간 활동의 스케일을 가속화하고 확장시키면서, 완전히 새로운 종류의 도시, 새로운 종류의 일과 휴식을 창출시킨 것이다. ⋯ 다른 한편, 비행기는 운송 속도를 가속화시킴으로써 비행기의 용도와는 상관없이 철도를 중심으로 만들어진 도시 형태, 정치, 연합을 해체하는 경향이 있다. (1964, 8)


　이 인용은 미디어에 대한 우리의 사유를, 예를 들어, 텔레비전과 인터넷에서 기차와 자동차로 더욱 확장시킨다. 또한 미디어에 대한 가장 일반적인 질문 중 하나, 즉 미디어는 어떻게 공간과 시간을 변화시키는가—나중에 이 질문에 대해 살펴볼 것이다— 라는 질문을 가능하게 해 준다. '미디어 이론'이라는 명칭은 매클루언의 다음과 같은 주장에서 나온 것이다. 즉 만약 미디어가 메시지라면, 미디어 이론의 임무는 미디어가 어떻게 공간, 시간, 감각, 그리고 관계를 변화시키는지를 살펴보는 것이다.

　매클루언은 모든 역사 변화는 오직 기술에 의해 이루어진다는 주장 때문에 종종 "기술결정주의자"로 무시되어 왔다. 우리는 기술이 모든 역사를 변화시키는 것은 아니라는 점에 주목해야 한다. 하지만 동시에 기술은 무언가를 행하며, 바로 물질성을 통해서 이를 행한다. 현대의 문화를 이해하고자 한다면 이 물질성에 대해 살펴보아야만 한다. 비교사적인 방식으로 미디어의 물질적 능력에 대해 사유하면서, 미디어 이론의 관심을 받아들일 필요가 있는 것이다.

또한 오늘날에는 "유물론materialism"의 의미가 매클루언의 시대와는 완전히 다르다는 점도 이해해야 한다. 이 책은 우리의 기술적 현실의 다양한 도전들을 이해하기 위해서 물질성에 주목했던 최근의 많은 이론가를 살펴보면서, 매클루언을 따라 새로운 버전의 미디어 이론을 개괄하고 있다. 이 과정에서 기술결정론의 환원론적 시각을 지양하고, 세계의 변화에서 미디어의 물질성이 수행하는 역할을 인식하는 복잡한 방식을 살펴볼 것이다. 하지만 이는 미디어 이론의 경계를 넘어서 물질성에 대한 추가적 논의를 필요로 한다. 〔이를 위해서는〕 인지의 물질성, 신체의 물질성, 경제적 교환의 물질성, 그리고 "생명" 그 자체의 물질성에 대해서 살펴보아야 한다. 〔우리는〕 미디어가 세계에 영향을 미치는, "의미"로 환원시킬 수 없는 수많은 방식이 존재함을 깨달아야 한다. 동시에 미디어의 제작과 연관된, 그리고 미디어를 통해 작동하는 의미, 콘텐츠, 또는 실천들에 대해서도 잊지 않고 살펴보아야 한다. 기술의 의미와 그 실행에 대한 우리의 믿음은 종종 기술의 물질적 실재와는 거의 관련이 없는 방식으로 기술을 규정짓는다(Bollmer 2016b; Golumbia 2009). 하지만 기술적인 것의 물질성은 물질성에 대해 우리가 상상하는 방식이 틀렸을 때조차도 여전히 물질적 효과를 가지고 있다. 우리는 언제나 의미와 물질성이 어떻게 내재적으로 연관되는지에 대하여 강조해야 한다(Hayles 2004; Langlois 2014).

미디어는 그 물질성 안에서 의미와 커뮤니케이션의 한계를 규정한다. 미디어의 물질성은 인간의 신체가 무엇인지, 그리고 신체가 무엇을 하는지를 규정한다. 미디어의 물질성은 또한 공간과 시간의 경험을 변형시킨다. 인간이 서로 대화하기 시작한 이래로 미디어의 물질성은 인간관계에 개입하면서 우리의 상호 관계 방식에도 영향을 미친다. 그리고 미디어의 물질성은 인간이 어떻게 리얼리티 형성에 참여하는 한 요소에 지나지 않게 되는지를 보여 준다. 이는 인간의 커뮤니케이션에 있어서 물질성의 효과에 대해 논의했던 마셜 매클루언과 초기 미디어 이론가들이 가졌던 관심과는 구분되는 것으로서, 또 다른 중요한 의미를 갖는다. 이 책은 상이한 사유 방식들을 통해서 다양한 형태의 유물론에 대해 살펴볼 것이다. 앞으로 살펴볼 유물론들은 다음과 같다.

- 수행 유물론Performative Materialism: 미디어란 무엇인지의 문제는 미디어가 물질적으로 무엇을 행하고 있는지의 관점에서 이해되어야 한다. 미디어는 무언가가 발생하도록 만든다.
- 공간-시간 유물론Spatiotemporal Materialism: 미디어는 공간과 시간의 관계에 따라서 공간과 시간의 경험을 변형시킨다.
- 신경인지 유물론Neurocognitive Materialism: 미디어는 두뇌의 신경계적 물질성을 변화시켜 두뇌, 신체, 세계 사이의 상이한 결합들 conjunctions을 생성시킨다.
- 생기 유물론Vital Materialism: "생명life"이야말로 다른 사물, 또는 신체에 영향을 주고, 또한 영향을 받는 사물과 신체의 물질적, 정동적affective 역량이다.

위에 제시된 유물론의 유형은 물질성을 규정하는 상이한 방식들과 연관되는 것이지만, 동시에 조금 구분되기도 한다. 예를 들어, 생산수단과 생산수단이 사회생활의 다른 측면을 어떻게 구조화하는지를 강조했던 카를 마르크스의 "구유물론"을 들 수 있다. 〔그리고〕 의식과 경험에 대한 우리의 이해는 영혼과 마음에 대한 형이상학적 관념들을 통해서는 이해될 수 없으며, 두뇌와 신체의 생물학적이고 물리적인 사실성facticity과 연관되어야 함을 주장하는 정신철학의 유물론이 있다. 〔또한〕 신체, 관계, 그리고 정동의 역동적 과정을 살펴보면서 지난 10여 년 동안 주목을 끌어온 "신유물론new materialism"이 있다. 이 책에서의 유물론은 이런 모든 종류의 유물론을 참조하면서 동시에 이들을 미디어라는 특수성에 연결시키고 있다.

서론의 남은 부분에서는 미디어의 물질성에 대한 사유와 연관된 철학적 문제들에 대하여 살펴본다. 이 과정에서 힌트만 주어졌던 언어, 독해, 그리고 의미의 문제들에 집중하면서, 철학적 사유들을 우리의 일상생활 경험에 비추어 살펴보는 데 도움이 되는 예시들도 함께 제시할 것이다. 또한 인간 행위자와 기술 행위자 사이의 연관성(그리고 차이)에 대해서도 지속적으로 살펴볼 것이다. 물질성과 연관하여 미디어의 행위를 이해하기 위해서는 인간 행위자가 세계 구성에 참여하는 유일한 행위자가 아니라는 점을 이해할 필요가 있다.

## 지금 여러분이 읽고 있는 책의 물질성

한 가지 예시를 살펴보자. 지금 이 책을 읽고 있는 여러분, 즉 독자에 대해 살펴보자. 우리는 책을 읽고 토론할 때 흔히 다음과 같은 질문을 던진다. 이 말은 여러분에게 무엇을 말하고 있는가? 그 말은 무엇을 의미하는가? 우리는 대부분의 경우, 의미에 대해서는 생각하지만 커뮤니케이션을 하는 미디어에 대해서는 거의 생각하지 않는다. 내가 이 책을 쓰고 여러분이 이 책을 읽을 때, 우리가 커뮤니케이션하는 방식은 우리가 사용하는 미디어의 물질적 속성에 달려 있다. 하지만 우리는 이 기술에 대해서 종종 망각하면서 커뮤니케이션을 인간 대화의 한 형태로 생각한다. 〔이처럼〕 우리의 커뮤니케이션을 하나의 대화로 상상하는 가운데, 우리는 우리가 사용하는 미디어의 물질성에 의해서 규정지어지는 한계 및 가능성들에 대해서 망각하게 된다.

결국 언어도 기술이다. 언어는 행위, 의례, 책과 같은 사물의 물질성을 통해서 과거로부터 전달되는 일련의 세밀한 테크닉과 규칙들을 통해서 습득된다(Kittler 1990a 참조). 말하고 쓰는 법을 배우는 동안 우리의 신체도 말 그대로 변화하고는 한다. 어떤 이론은 말과 언어의 기원이 신체적, 신경학적 측면에서 인간의 이동과 직립standing 방식을 완전히 변화시켰다고 주장하기도 한다(예컨대 Leroi-Gourhan 1993 참조). 말하기와 연관된 신경, 인지적 변화로 인한 뇌신경계의 변화는 인간 진화의 잃어버린 연결고리missing link이다(Deacon 1997). 오늘날 우리의 커뮤니케이션 기술은 우리가 인식하지 못하는 가운데, 지속적으로 우리의 신체와 인지 능력을 변형시키고 있다(Rotman 2008).

인지에 대해 직접적으로 참조하지 않고도 다른 문화에는 다른 종류의 말하기와 쓰기 방식이 존재한다는 점을 알 수 있다. 즉 다른 언어를 사용하는 사람들은 〔그 언어를 사용하지 않는 사람들로서는〕 발음하거나 듣기 어려운 특정한 소리를 발음하고 듣기 위해 입과 귀를 훈련시킨다. 외국어를 배울 때를 상상해 보자. 독일어에서 흔한 성문음glottal sound에서부터 표준중국어에 핵심적인 성조tonality에 이르기까지, 상이한 언어는 그 언어 획득의 시작부터 학습되고 체현된 상이한 실천들과 연관되어 있다.

우리는 보통 음성speech을 문자writing의 한 형식으로 생각하지 않는다. 둘 사이의 차이는 문자와의 연관 속에서 음성의 의미를 이해하는 것이 핵심이라고 가정된다는 것이다. 문자는 일종의 영속성을 가지고 있는 반면, 음성은 일시적이다. 그럼에도 불구하고, 언어란 말하기와 듣기 행위의 일상적 습관 속에 존재하고 있는 새김inscription에 의존하고 있다. 언어는 우리가 말하고, 다른 사람의 말을 이해할 수 있도록 해 주는 실천 행위를 통해서 신체 속에 새겨진다. 그리고 언어는 우리의 신체와 경험을 변화시키는 데 있어서 말하기와 듣기 행위를 훨씬 넘어 그 중요성이 더욱 확장된다. 상이한 언어는 시간, 공간, 그리고 현존과 부재의 관계 —예를 들어 특정 시제tense나 색깔을 나타내는 단어들의 현존과 부재— 를 경험하고 이해하는 상이한 방식들을 부호화하고encode 새길 수 있다.[2]

현재 읽고 있는 단어들의 의미에 대하여 질문을 던지는 것은 사실 수많은 물질적 사실에 대한 가정을 포함하고 있다. 언어, 문자, 그리고 책

---

2 이러한 사유는 언어학과 철학 분야에서의 모든 연구에서 나타난다. 언어학에서 이런 사유는 에드워드 사피어(Edward Sapir)와 벤저민 리 워프(Benjamin Lee Whorf)의 이름을 따서 명명된 "사피어–워프 가설(Sapir–Whorf hypothesis)'이나 "언어상대주의(liguistic relativism)"로 알려진 인류학자와 언어학자들의 수많은 연구와 연관된다. 철학 분야에서는 언어와 지식의 관계에 대하여 유사한 주장을 펼친 루트비히 비트겐슈타인(2009)이 있지만 그는 언어에 대한 생물학적 이해를 따랐다. 이러한 주장들은 오늘날 모든 생물의 두뇌에 존재하는 보편적 문법의 존재를 주장하는 이들과 언어상대주의에 따라 언어가 일으키는 경험의 변화를 주장하는 이들 사이에 존재하는 여전히 뜨거운 논쟁의 대상이다. 여기서 언어상대주의의 문제점에 대해 주의할 필요가 있다. 즉 하나의 언어가 다른 언어에 비해서 보다 "발전된", 또는 "문명화된" 것으로 받아들여지는 경우가 그러하다.

서론: 미디어의 물질성에 대한 (그리고 물질성 내에서의) 사유

(이 책과 같은)은 모두 지식을 조직화하는 은밀한 방식들을 가지고 있다. 각 페이지에 담겨 있는 "의미"를 읽고 이해하는 방식을 학습할 때, 우리는 이 방식들을 내재화하게 된다. 특정한 쓰기와 말하기 방식이 다른 것보다 낫다고 말하는 것이 아니다. 문자 체계writing system와 언어는 종종 문화적으로 특정한 물질적 존재 방식을 가지고 있다. 즉 어떤 종류의 문자는 다른 종류의 문자보다 더 낫다거나, "더 현실적"이라거나, 더 "진화된" 것이라는 신념에 의해서 이해되는 식으로 말이다. 〔예컨대〕 서양인들이 역사적으로 문자로 인식하지 않았던 문자 형태들이 존재한다. 이는 "문명"이라는 이름으로 (보통 원주민들의) 문화 실천을 잠재적으로 파괴할 수 있는 특정 문화 실천을 더 가치 있는 것으로 여기는 문화제국주의적인 리터러시와 교육 방식으로 확장될 수 있다(Michaels 1994, 81-96 참조). 우리의 말에 대한 이러한 방식의 사유는 언어란 다른 기술처럼 우리의 의식과 지식에 명백하게 드러나지 않는 은밀한 방식으로 우리의 신체와 실천을 변화시킨다는 점, 그리고 이러한 실천들을 인식하고 평가하는 것에 존재하는 정치적 효과를 인식하게 해 준다.

여기서 말하고자 하는 것은 독일 미디어 이론에서 언어와 쓰기가 "문화 테크닉cultural techniques"으로 사유되는 방식과 유사한 것이다. 문화 테크닉 이론가들에게 있어서 의미 생성을 가능케 하는 상징적 차이symbolic distinction는 물질적 실천과 따로 분리되어 사유될 수 없다. 문화 테크닉의 주요 이론가 중 하나인 베른하르트 지게르트Bernhard Siegert는 언어와 의미라는 것을 "기술적 대상들뿐만 아니라 이들의 일부분이자 이들을 구성하고 배치하는 연쇄적 작업을 포괄하는 복잡한 행위자 네트워크actor network"(2015, 11)의 결과로 사유해야 함을 주장한다. 의미란 미디어, (몸짓과 같은) 실천의 특정한 물질성에 의존한다. 이 물질성은 우리가 세계를 이해하는 방식과 자연/문화, 내부/외부, 인간/동물, 자아/타자, 의미/무의미, 현존/부재 등의 구분 방식과 연관된 상징적 차이를 낳게 된다. 이 상징적 차이는 상상적이지도 관념적이지도 않다. 오히려 상징적 차이는 인간 신체와 자연 세계 사이를 매개하는 물리적, 물질적 실천과 기술, 예를 들어, 세기counting, 그리기painting, 음악 만들기making뿐만 아니라 지게르트가 보여 주고 있듯이, 지도 그리기drawing, 또는 집 짓기building 같은 실천에서부터 나온다. 이 실천들은 이들을 묘사하고 이론화하는 데 사용되는 개념들에 앞서 존재하는 것이며 세계를 보다 넓게 이해하는 데 사용되는 개념들을 만들어 낸다.

오늘날, 우리의 관계, 경험, 지식을 변형시키는 데 있어서 미디어가 수행하는 역할은, 과거에 비해, 특히 미디어를 통한 대화가 훨씬 더 빠르게 변하는 것처럼 보이는 인터넷의 수많은 기술에 비추어 보았을 때, 더욱 명백하게 나타난다. 독자 여러분은 이 책을 읽는 동안 저자인 나에게 직접 응답할respond 수는 없지만, 온라인에서 여러분들은 내 질문에 답할answer 수도 있고 실시간으로 적절하게 교류하면서 논쟁을 벌일 수도 있다. 그리고 이 대화는 우리 둘 사이에서만 가능한 게 아니며 다른 이들도 여기에 참여할 수 있다. 만약에 우리가 사용하는 단어들이 우리의 감정들을 충분히 전달하지 못하는 경우, 우리의 말투 —예를 들어, 비꼬는, 화난, 또는 즐거운 말투— 가 문자화된 커뮤니케이션에서 생략될 가능성이 있기는 하다. 우리의 몸짓도 텍스트에 의해서는 잘 포착되지 않는다. 우리의 음색도 마찬가지이다. 그럼에도 〔우리는〕 온라인이나 텍스트 문자에서의 이모지와 이모티콘의 사용을 통해서 다른 몸짓과 감정들을 문자화하는 것이 가능하다. 하지만 이 방식도 모든 것에 스마일, 윙크, LOL 같은 이모티콘을 사용하는 사람과 대화할 경우에는 어려울 수 있다. 온라인상에는 수많은 상호작용의 방식이 있다. 이는 책 —책도 여전히 상호작용적 미디어임을 잊지 말아야 한다— 을 통한 방식과는 완전히 다르다. 심지어 그 미디어가 종이 묶음a bound codex of paper일 때조차도 여러분은, 비록 온라인에서의 상호작용 방식과는 전혀 다르기는 하지만, 책을 읽고 그것이 만들어 내는 의미에 참여하면서 이 책과 활발하게 교류하고 있는 것이다. 이 말들을 온라인에서 대하게 된다면 그것은 얼마나 다를 것인가? 그것은 현재 여러분들이 읽고 있는 단어들과 다른 의미를 갖게 될 것인가? 의미에 대한 이러한 질문은 우리가 커뮤니케이션하는 방식에 있어서의 역사적 변화를 설명하는 데 충분한가?

## 문자의 공포

인터넷이 이러한 종류의 질문을 낳게 한 최초의 미디어는 아니다. 우리는 새로운 형태의 미디어가 커뮤니케이션을 어떻게 변화시키는지에 대하여 오랫동안 질문해 왔고, 이는 쓰기 자체가 발명된 시기까지 거슬러 올라갈 수 있다. 언어는 음성speech이라는 형태의 기술이기도 하지만, 음성은 종종 문자로 전환될 때, 그 "충만함", 또는 "현존"이 파괴된다고 여겨지곤 한다(Derrida 1997 참조). 음성은 〔문자에 비해〕 상대적으로 덜 매개되며, 화자의 현존 때문에 보다 더 진정성을 가지고 있다고 여겨진다. 오늘날에는 인터넷이 실재보다 덜 리얼하다고 사유될 때 유사한 공포감을 발견할 수 있다. 온라인 상호작용은 대면 커뮤니케이션과 비교되어, 종종 상대적으로 상상적이며 덜 중요하다고 여겨지곤 한다. 이러한 공포감은 고대 그리스인들에게서도 찾아볼 수 있다. 플라톤의 저작, 『파이드

로스*Phaedrus*』에서 소크라테스는 문자를 비난한다. 왜냐하면 문자는

> 반복적으로 동일하고 변하지 않는 의미를 생성하기 때문이다. 그리고 문자는 한번 쓰이게 되면 무차별적으로 세상의 모든 곳을 떠돌게 되는데, 이는 문자를 이해하는 사람들과 또한 그 문자에 전혀 어울리지 않는 사람들 사이에서도 마찬가지이다. … 문자는 만약에 〔그것이〕 오용되거나 심하게 훼손되면 언제나 그 존재를 구제할 수 있는 저자를 필요로 하게 된다. 왜냐하면 책은 스스로를 보호하거나 방어할 수 없기 때문이다.
> (2000, 275d-e)

소크라테스는 문자와 함께 대화에 임하는 사람들의 생명은 죽어서 활기가 없는 책 페이지의 물질에 의해서 포획되고 살해된다고 주장한다. 문자는 발화자의 현존을 결여하고 있어서 음성에 비해 열등하다. 『파이드로스』에서 문자는 기억의 치유 역할을 약속하지만 〔오히려〕 기억 상실과 의미의 타락을 유발하는 것으로 나타난다(Derrida 1981).

문자에 대한 소크라테스의 의구심은 사실, 문자 독해에 있어 작동하는 행위자에 의한 왜곡된 해석에 대한 것이다. 〔다시 말해〕 문자가 "불변하는 동일한 의미를 반복해서 생산"하는 것이 문제가 아니라, 독자의 해석이 저자(또는 발화자)의 의도를 벗어난 다른 의미의 생성을 허용한다는 점이 문제가 된다. 소크라테스의 말이 쓰이고 유포될 때, 소크라테스의 말들은 보이지 않게 되는 것이다. 그는 문자에는 자신의 말을 이해할 수 있는 지능이 없거나, 또는 그냥 의지가 결여되어 있어서 교육이 불가능하다고 우려했다. 미디어연구 분야의 많은 연구자는 소크라테스와는 다른 시각을 가지고 있다. 오늘날, 수용자의 "오독"은 의미가 얼마나 유동적

이고 텍스트의 독해가 이루어지는 맥락에 의존적인지를 보여 주는 것으로 간주된다. 〔오늘날에는〕 텍스트의 저자가 유일한 권위를 가지고 있지는 않으며, 의미가 오직 말 자체로부터 생성되는 것은 아닌 것으로 이해된다. 텍스트의 해석에 대한 통제는 그 텍스트의 유포에 달려 있다. 의미는 텍스트가 독해되는 특정한 시간과 장소에 따라서 변한다(특히 Barthes 1977, 142-48; de Certeau 1984 참고).

『파이드로스』에서 소크라테스는 의미에 대하여 말하고 있는 것처럼 보이지만, 그의 문자에 대한 이러한 공포를 통해 〔그가〕 실제로는 미디어의 물질성을 통해서 변형되는 현존에 대하여 말하고 있는 것임을 알 수 있다. 문자에 대한 그의 거부감은 해석 과정에서 사라지는 의미에서 연유하는 것이 아니라, 문자가 음성에 의해서 생성된 관계와는 구분되는 저자와 독자 사이의 관계 ―소크라테스는 대면 토론의 관계보다 열등하다고 봤다― 를 발생시키는 방식에서 나오는 것이다. 문자는 사유를 신체로부터 분리시키고, 동시에 커뮤니케이션의 조건들을 물리적 신체의 현존에서 부재로 변형시켜서, 책이 발화자의 위치를 대신하게 되는 결과를 낳는다.

소크라테스의 이러한 불안은 추상적이거나 시대에 뒤처진 것으로 보일지도 모른다. 우리는 종종 기록이란 부재하는 어떤 것을 현존하게 만드는 방식이라고 생각하곤 한다. 우리는 원거리 매개의 경우에도 여전히 리얼한 감정을 경험하며(Boellstorff 2008, 151-78), 그때의 현존의 경험은 신체의 물리적 위치에 대한 전제가 가정하는 것보다 훨씬 복잡하다(Hillis 2009). 소크라테스는 의도치 않게도 의미가 어떻게 정보가 유통되는 물질적 조건들과 연관되어 있는지를 보여 주고 있다. 그리고 디지털 미디어에 대한 우리의 "새로운" 공포는 많은 부분, 고대 그리스인들이 문자에 대해 가졌던 공포와 거의 같다. 우리는 인터넷에 대하여 정보 통제 및 네트워크 미디어를 통한 지식 유통에 따른 민주화에 대한 질문들을 던지고 있다. 우리는 어떻게 휴대폰의 사용이 물리적으로 가까운 다른 사람들과 함께할 수 있는 기회들을 제거하는 결과를 낳게 되는지에 대하여 불안해한다. 또한 우리가 어떤 리얼하지 않은 정보 세계에 "현혹"되고 있다고 생각한다. 〔그리고〕 오늘날의 미디어에 의해서 영속되는 거짓에 대해 비난하면서 〔우리가〕 진실을 보호하고 있다고 생각한다. 신문 기사의 거짓이나 페이스북 포스트의 정치적 편견을 지적하는 코멘트들은, 재현을 통한 "진실한" 사건의 현존을 담지하는 데 있어서 이미지와 언어의 무능력에 대해 한탄하고 있다. 온라인 활동가들 —위키리크스Wikileaks에서부터 어나니머스Anonymous에 이르기까지— 은 종종 정치권력, PR(public relations) 및 미디어 전략journalist spin에 의해 영속화된(또한 왜곡된) 재현에 의해 은폐된 진실을 폭로하고자 헌신한다(Andrejevic 2013 참조). 우리는 계속해서 소크라테스와 문자에 대한 그의 공포와 유사한 한탄하는 목소리를 듣는다. 〔그 목소리는〕 우리의 미디어가 진짜처럼 현존하지 않기 때문에, 매개된 지식의 유통에 의해서 영구화되고 있는 의미에 대한 통제의 상실이 불가피하게 거짓의 영속화를 낳고 있다고 한탄한다.

의미를 이해하는 것은 중요하다. 세계를 이해하고 그 안에서 우리의 위치를 파악하게 되는 것은, 오직 함께 의미를 만들어 가는 것을 통해서만 가능하기 때문이다. 그러나 우리는 우리가 의미에 대하여 말하고 있다고 생각하지만, 종종 다른 것에 대하여 말하고 있는 경우가 있다. 우리는 미디어의 물질성에 대하여, 그리고 사람들을 함께 모으고 또한 분리시키는 미디어의 능력에 대하여 말하고 있는 경우가 있다. 즉 기술이 커뮤니케이션의 한계와 가능성을 어떻게 낳고 있는지에 대하여 한탄하고

서론: 미디어의 물질성에 대한 (그리고 물질성 내에서의) 사유

있는 것이다. 미디어의 물질성을 거부한다는 것은 책을 읽는 행위가 대화와 다르지 않으며, 수백 명이 참가하는 온라인 수업이 작은 세미나와 다르지 않다고 보는 것과 같다. 또는 반대로, 현존과 부재는 리얼리티를 완전히 재현하는 미디어의 (무)능력을 통해서 실현된다는 식으로 전제하고, 우리가 단순히 진실과 거짓의 문제에 대하여 말하고 있다고 믿는 것이다. 실제로 미디어가 무엇을 수행하며, 이것이 과거와는 어떻게 다른 것인지를 이해하는 것은 지극히 어려운 일이다. 기술에 대하여 우리가 믿고 있으며 두려워하는 많은 것은 과거의 것들인 경우가 많다. 과거와 현재 사이의 차이와 연속성을 이해하기 위해서는 딱히 명백하지도 않으며, 즉각적인 연관성이 없을 수도 있는 특수한 차원에 대하여 살펴볼 준비가 되어야 한다.

## 우리가 통제할 수 없는 조건 아래서

미디어의 물질성에 주목한다는 것의 의미는 커뮤니케이션을 수행하는 사람들 —이 책의 독자인 여러분과 저자인 나와 같은 사람들— 이 대화의 의미를 생성하는 데 있어서 유일한 행위자라는 가정으로부터 멀어지는 것을 말한다. 인간 행위자만을 물신숭배 하는 대신에, 우리가 살아가고 행위하는 세계를 변화시키는 데 기술이 어떻게 관여하고 있는지에 대하여 강조할 필요가 있다. 이것이 유물론적 미디어 이론의 근본적인 입장이다. 인간 행위자, 의미, 해석에 관한 질문들을 무시하는 것은 아니다. 하지만 인간 행위자, 의미, 해석이 문제가 되고 이해 가능하게 되는 한계와 가능성들을 규정하는 데 있어서 미디어의 물질성이 수행하는 역할에 대하여 강조할 필요가 있다.

여러분이 이 책의 페이지들을 읽고 있는 동안 저자인 나는 단지 여러분들에게 "말하고" 있는 것이 아니다. 이 책의 물질성은 문자 언어(좀 더 구체적으로, 영어라는 문자 언어)의 물질성과 함께, 읽기 및 쓰기 능력과 이들을 통해 〔이 문자 언어를〕 이해할 수 있는 능력을 통해서 표출된다. 또한 이 책의 물질성은 여러분이 세계를 인식하는 방식, 시간과 공간을 경험하는 방식, 지식을 조직화하는 방식, 자신 및 다른 사람들과의 관계에 대하여 상상하는 방식, 경제 교환에 참여하는 방식, 사회에서 활동하는 방식, 자신에 대한 문화적 이해 방식을 변화시킨다. 신체와 정신에 대해 우리가 가지고 있는 전제는 일부분, 우리가 사용하는 미디어의 물질성과 연관된다. 또한 이 전제는 인간 경험에서의 정상성을 비정상, 무질서의 개념과 함께 규정한다(Peters 1999 참조). 우리는 우리의 미디어가 가능케 하는 물질적 가능성을 통해 세계를 경험하고 인식하는 적절한 방법과 또한 그 세계의 경험과 인식 방법 사이의 관계 방식에 대해 적절히 이해하게 된다. 이러한 이해 방식에는 마음과 두뇌가 작동하는 방식에 대한 메타포를 통하는 방식(Carey 1988; Malabou 2008)과 기술이 우리의 시각, 청각, 촉각을 변화시킴에 따라서 인지적 변화를 일으키는 방식(Hansen 2004; Rotman 2008)이 있다. 또한 이 책은 자신의 의지 ―여기서 의지란 인간의 욕망과 행위를 묘사하는 데 우리가 사용하는 용어들을 통해서 이해될 수 없는 종류의 의지이다― 를 가진 행위자이다. 이 책은 우리가 나누는 대화의 추가적 부분이다. 이는 언어에 대해서도 마찬가지로 적용된다. 즉 언어는 특정한 감정의 표출을 차단하거나 세계를 이해하고 상상하는 방식을 변화시키는 문법 규칙과 범주에 따라 사유를 조직화하도록 한다.

우리의 관계는 본질적으로 매개된다. 이 매개는 우리의 사유, 행동, 행위 방식 안에 내재화될 정도로 물질적이며 실재적real이다. 우리의 재현 기술과 커뮤니케이션 기술은 현존성을 결여하고 있다. 왜냐하면 우리의 재현과 커뮤니케이션 기술은 세계의 총체성totality을 부호화할encode 수 없기 때문이다. 우리는 특정한 형태의 관계와 지식을 허용하거나 금지시키는 미디어의 형식들을 통해서만 —이것이 그 자체로 나쁜 것이거나 해결해야 할 문제인 것은 아니다— 세계와 대면할 수 있을 뿐이다. 이 점을 인정하는 것은 미디어연구 분야에서 많은 이가 인정하고 싶어 하지 않는 결론으로 우리를 이끈다. 즉 인간은 역사의 자율적인 결정자가 아니라는 것이다. 역사적으로 의례, 테크닉, 그리고 기술을 통해서 저장되고 유지된 우리 세계의 물질적 실재는 우리가 무엇을 할 수 있는지, 그리고 그것을 어떤 방식으로 하는지에 있어서 그 한계와 가능성을 규정짓는다. 우리는 언어를 통해서, 미디어를 통해서 소통하지 않는다. 오히려 우리는 언어에 의해서 발화된다. 우리는 미디어 내에서 우리 자신을 이해하는 것이다. 세계에 대한 우리의 지식은 관계, 지식, 지각, 그리고 기억을 한계 짓고 조직화하는 물질적 형식들과 따로 분리되어 있지 않다.

## 미디어에 대해서About Media
### 대
## 미디어 내에서In Media

이는 미디어연구에 있어서 중요한 논제를 제기한다. 즉, 우리가 미디어의 물질성에 대해서about 결코 사유할 수 없다는 점을 깨달아야 한다는 것이다. "대해서about"는 전치사로, 한 주체가 사물과의 관계에서 놓이게 되는 위치를 가리킨다. "우리가 미디어에 대해서 사유한다"라는 말은 우리가 미디어의 바깥에 존재한다는 것, 그리고 우리의 사유는 미디어의 주변부로 향해 있으며 사물과의 직접적 대면은 영원히 이루어지지 않는다는 것을 의미한다. 우리는 "미디어에 대해서" 사유하는 대신, 오직 미디어 내에서in media 사유할 수 있다는 점이 강조될 필요가 있다. 우리는 언제나 중간에in the middle 매개되어 존재하며, 우리의 관계를 온전히 이해할 수 없다. 왜냐하면 우리는 물질적 실재 밖으로 벗어나 우리의 일상적 삶과 분리된 관점을 가질 수 없기 때문이다. 미디어에 대한 우리의 사유는 오직 사유를 표현하는 미디어 내에서만within 발생한다. 하지만 이것이 미디어에 대해서 사유하고자 하는 노력을 멈춰야 한다는 것을 의미하지는 않는다. 단지 이런 노력의 과정에서 구체적이고 신중해야 할 필요가 있다는 말이다. 우리가 말하고 행하는 모든 것은 특정한 매개 형태와 연관되어 있기 때문에, 인간의 이해에는 언제나 한계가 존재한다. 상이한 미디어는 상이한 물질적 역량을 가지고 있기에, 우리가 상이한 종류의 미디어를 가지고with 사유할 때, 〔그것은〕 상이한 사유 방식을 가능케 한다. 미디어를 이해하는 것은 하나의 과정이다. 그것은 결코 하나의 문제에 대한 유일한 해답을 찾는 것이 아니다. 언제나 발견하고 이해해야 할 하나 이상의 해답들이 존재하는 것이다. 미디어에 대해서 사유하고자 하는 시도는 하나의 실험 방식, 또는 매클루언의 용어로 미디어의 역량을 탐측하는 방식이어야 한다(McLuhan and Carson 2003). 이를 실천하는 한 가지 방식은 상이한 종류의 미디어를 사용하여 이론적 작업을 수행하는 것이다. 이론적 주장을 위하여 상이한 종류의 미디어를 사용할 때마다, 〔우리는〕 우리가 말하고 행한 것을 구성하는 데 있어서 불가피하게 그 미디어의 물질성을 사용하게 된다. 나는 지금 책을 통해서 이러한 주장들을 제시하고 있다. 이런 주장들은 웹사이트나 비디오 영상을 사용하여 이루어질 수도 있다. 그러나, 표현의 미디어를 바꾸는 것은 이 책에 어떠한 영향을 끼치게 된다. 왜냐하면 사용된 미디어의 특정한 행동유도성affordances이 다양한 사유가 표현되는 방식을 변화시킬 것이기 때문이다. 미디어를 이론화한다는 것은 창의적인 과정이며, 커뮤니케이션의 새로운 방식을 발명하기 위해서 브라이언 마수미Brian Massumi(2011)가 "행위자 철학activist philosophy"이라고 표현했던 것 ―여기서 목표는 단순히 이해하는 것이 아니라 행동하는 것이다― 에 참여한다는 것을 의미한다. 미디어 이론이란 커뮤니케이션의 물질성을 통해서 작동하는 어떤 것으로, 이를 통해서 미디어를 단순히 인간을 위한 어떤 것으로 환원시키지 않으면서, 미디어가 사유, 경험, 세계 자체에 대하여 무엇을 하고 있는지를 이해하고자 하는 것이다.

매클루언은 이 점을 진심으로 받아들이곤 했다. 그의 저작 중 하나인 《미디어는 마사지다The Medium Is the Massage》(1967)라는 제목의 엘피 레코드에는 다양한 오디오 레코딩들이 매클루언의 다양한 목소리와 사운드 효과로 리믹스된 사운드 콜라주collage 형태로 담겨 있다. 매클루언의 엘피 레코딩은 단순히 1960년대에 유행했던 사이키델릭한 특이함을 보여 주는 것 그 이상이다. 이는 표현과 경험의 도구로서 소리의 물질적 가능성을 시험하는 데 있어서 오디오 레코딩을 사용하고자 하는 시도이다. 여기서 메시지는 매클루언이 말하는 단어들의 의미에 있지 않다. 오히려 오디오 레코딩의 정보가 청취되고 제시되는 특정한 방식, 그리고 이 오디오 레코딩이 책을 통한 방식과 어떻게 구분되는지에 달려 있다. 매클루언의 방식으로 말하자면, 그의 말의 의미가 아니라 미디어가 메시지이다.

우리는 미디어를 통해서 단순히 생각을 표현하는 것 이상을 행한다. 철학자 베르나르 스티글러Bernard Stiegler(1998)는 인간이 〔그가〕 "후천계통발생epiohylogenesis"이라 불렀던 역사적 과정, 또는 기술적 도구를 통한 진화 과정에 참여한다고 주장했다. 인간은 시간의 경과에 따라서 변하기 마련인데, 이때 변화는 테크닉techniques, 즉 기예arts, 실천, 그리고 흔히 기술을 통해서, 또한 기술로 구체화되는 과정을 통해서 이루어진다는 것이다. 이는 우리가 살고 있는 세계를 이해하는 능력이 우리가 사용하는 기술들에 의해서 조건 지어짐을 의미한다. 이때 기술은 우리의 지식과 경험의 한계를 규정짓는다. 우리가 사용하는 기술들의 능력은 종종 무의식적으로 우리가 "인간 본성"이라고 부르는 것을 구성하게 된다. 스티글러가 주장하듯이, "테크닉은 비사유the unthought"(ix; Hansen 2000 참고)이다. 테크닉은 인간이 기술에 대해서 사유할 수 있는 도구들을 제공해 준다. 테크닉에 대해서 살펴보는 작업은 기술의 물질성과, 인간이 이 기술이 무엇이고 무엇을 하는지를 묘사할 수 있는 가능성을 결합시키는 본질적으로 유동적인 과정이다.

내가 기술의 기능에 대해서 묘사할 때 나는 기술을 통해서만 묘사할 수 있을 뿐이다. 이 경우, 나의 사유는 책 속의 단어들로 조직화된다. 여기서 이미지들을 사용할 수도 있고 어쩌면 내가 말하고자 하는 바를 소통하는 텍스트를 가지고 창의적인 효과를 이용할 수도 있을 것이다. 하지만 나는 이런 미디어의 물질성에 의해 제한받는다. 우리의 기술들에 대한 새로운 통찰이 드러나는 과정에서 상이한 물질성과 의미들이 상호 교차 한다. 예를 들어, 영화와 예술작품은 말이 하지 못하는 방식으로 느낌과 관계들을 소통한다(Shaviro 1993 참고). 영화에서 이루어지는 이미지와 사운드의 자르기cut와 이어 붙이기juxtaposition는 영화라는 미디어가 가능하게 만든 물질적 가능성을 통해서 하나의 주장을(또는 이야기를) 만들어 낸다. 커뮤니케이션의 기술적 한계는 기술 자체의 물질성에 대해서 말해질 수 있는 것을 번역translate —그리고 또한 변형— 시킨다.

## 의미에서 수행performing으로

미디어의 물질성의 효과는 우리의 일상생활에서 가장 평범하고 흔한, 즉 사소하고 왜소해 보이는 특성에서 발견된다. 앞에서 나는 우리가 어떤 방식으로 재현에 대해서 질문하는지에 대하여 언급했다. "이 말은 여러분에게 무엇을 말하고 있는가? 그 말은 무엇을 의미하는가?" 만약에 이 질문들에 사용된 말하다와 의미하다 같은 동사들을 하다와 수행하다로 바꾼다면 어떻게 될까? 그 질문들은 다음과 같을 것이다. 이 말은 여러분에게 무엇을 하는가? 그 말은 무엇을 수행하는가? 여기서 "수행"이라는 용어는 언어철학자 J. L. 오스틴J. L. Austin(1975)의 용어에서 나온 것이다. 오스틴에게 있어서 말은 단순히 리얼리티를 묘사하는 것이 아니다. 말은 관계를 수행하며 사람과 사물들 안에서의 물질적 변화를 일으킨다는 의미에서 어떤 것을 한다. 어떤 것을 한다는 표현은 오스틴이 보기에는 수행적 발화performative utterance이다. 여기서 "수행"의 의미는 무대에서의 연기나 가식적 행위와는 다르다. 여기서 수행이란 무언가가 발생하거나 무언가를 행하도록 한다는 것을 의미한다. 미디어 및 디자인 이론가인 요한나 드러커Johanna Drucker는 오스틴의 언어 이론을 확장시켜, 이를 미디어의 물질성에 적용했다. 드러커는 미디어 기술과 함께 "존재는 행위의 측면에서, 그리고 기계, 시스템, 또한 문화 영역에서 그 존재의 작동 방식의 측면에서 이해되어야 한다"(2013)고 주장한다. 드러커에게 있어서 물질성은 수행적이다. "이 말은 여러분에게 무엇을 하는가?"라는 질문에 대한 답은 여러분이 이 책을 읽는 동안 물리적으로 무엇을 하고 있는지에 따라서 달라질 것이다. 나는 이 책을 여러분이 종이책의 형태로 읽을 것이라는 가정 아래서 저술해 왔다. 하지만 진실은 다를 수 있다.

이 책을 읽는 동안 여러분이 실제로 무엇을 하고 있는지에 대하여 던질 수 있는 질문들이 여기에 있다. 또한 이런 질문들은 이 말이 여러분에게 무엇을 하고 있는지, 이는 다른 방식의 읽기와 어떻게 다른지와 같은 질문들과 함께 던질 수 있는 질문들이다. 그 질문들은 다음과 같다. 여러분은 이 말을 많은 사람이 오랫동안 책이라는 종이 묶음의 형태로 읽었던 것처럼 읽고 있는가? 아니면 데스크톱에서 pdf 파일의 형태로 읽고 있는가? pdf 파일을 프린트한 느슨한 종이 묶음의 형태인가? 아이폰에서 읽고 있는가? epub 파일이나 mobi 파일의 형태로? 책은 어디에서 구입한 것인가? 서점에서 구입한 것인가? 온라인몰에서 〔구입한 것인가〕? 도서관에서 대출한 것인가? 파일을 다운로드한 것인가? 그 파일은 유료인가? 무료 해적판인가? 복사한 것인가? 그 복사본은 어떻게 얻었는가? 그 복사본을 제작한 기기의 세팅은 무엇인가? 사용된 복사기의 기술 표준은 어디 것인가? 그 기술 표준은 문서의 배포 가능성에 어떻게 영향을 미치는가? 책의 복사본은 디지털 스캔본인가? 강의와 관련된 이메일을 통해서 얻은 것인가? 블랙보드Blackboard나 무들Moodle같이 대학교에서 사용되는 학습 프로그램 소프트웨어 플랫폼상에 포스트로 올라온 것인가? 여러분은 이 텍스트와 물리적으로 어떻게 관여되어 있는가? 그 텍스트 안에 〔메모 등을〕 쓰고 있는가? 다른 사람들이 그 텍스트 안에 〔메모나 하

서론: 미디어의 물질성에 대한 (그리고 물질성 내에서의) 사유

이라이트 등을〕쓴 흔적이 있는가? 이 메모들에 대해서 여러분은 무엇을 알고 있는가? 그 안에 여러분이 쓰는 것이 가능한가? 이 책이 파일인 경우, 어떤 메타데이터가 존재하는가? 이 파일 안에 저작권 보호 관련 형식이 있는가? 여러분은 이를 제거했는가? 그 파일이 작동하지 않을 가능성이 있는가? 이 책의 복사본은 시간이 지남에 따라서 부패할 것인가? 이 책에 있는 화학물질이나 미네랄 성분은 이 책이 부패할 경우, 접촉된 식물이나 동물을 죽일 것인가? 아이패드 안의 미네랄 성분은 어디에서 온 것인가? 여러분이 책을 버릴 경우, 그 책은 어디로 가게 될 것인가? 여러분은 이 책을 어떻게 들고 있는가? 여백 부분에 노트를 하기 위해 연필을 쥐고 있는가? 〔또는〕형광펜〔을 쥐고 있는가〕? 이 책을 모두 읽고 난 뒤 어디에 둘 생각인가? 책이 젖게 되면 어떻게 되는가? 떨어뜨리면 어떻게 되는가? 다른 사람이 책의 겉표지를 보면 어떻게 되는가? 다른 사람들이 책의 겉표지를 볼 수 있는가? 한동안 책을 읽고 나면 눈이 피로해지는가? 책을 들고 있는 팔의 피로를 느끼는가? 이러한 질문들이 여러분을 지루하게 만드는가? 혼란스럽게 하는가? 흥미로운가? 이러한 감정들을 어떻게 경험하는가? 이 감정은 어디에서 발생하는가? 두뇌에서 〔발생하는가〕? 여러분이 의식적으로 통제하지 못하는 호르몬이나 화학 성분 때문인가? 이 책은 여러분이 느끼는 방식을 말 그대로 통제하고 있는가? 여러분은 이 질문들에 대해서 정말로 답을 구하고 있는가? 아니면 단지 수사적인 질문이라고 생각하고 있는가? 여러분은 이 말의 저자인 나와 어떻게 관여되고 있는가? 나는 어디에 있는가? 여러분은 어디에 있는가? 우리의 관계는 무엇인가? 우리의 관계가 존재하는가? 이 책과 여러분의 관계는 무엇인가? 이 책은 어디에서 끝나고 세상은 어디에서 시작되는가? 이 책을 얻기 위해서 무엇이 필요했나? 이 말의 의미가 아니라 이 사물 자체, 여러분의 손으로 들고 읽고 있는 이 사물의 의미는 무엇인가? 우리는 의미를 행위의 측면에서 어떻게 사유할 수 있는가?

우리는 "의미"에 대하여 생각하는 한 방식에서 시작했을 수 있지만, 결국 전혀 다른 방식에 대한 결론에 이르렀다. 이제 우리는 미디어라는 거대한 생태계ecology 내의 행위자로서 미디어가 무엇을 하는지의 중요성에 대해서 관심을 맞추고 있다. 그리고 이 생태계는 인간 신체, 기술, 그리고 기기를 제조하는 데 사용되는 미네랄과 다른 천연자원들 같은 우리 환경의 가장 기본적인 요소들을 포함한다. 책은 종이로 만들어진다. 그 종이는 이 세상 어딘가에 존재했었던 나무들로부터 나온다. 컴퓨터와 태블릿 안에는 실리콘으로 된 칩이 있으며, 희귀한 금속들 또한 있다. 우리의 책을 만들고 있는 나무들은 이산화탄소를 산소로 전환시켜 동물이 호흡할 수 있도록 할 수 있다. 전자책 단말기나 컴퓨터는 다른 곳에서 에너지를 얻고 있는데, 이 또한 지구의 가장 귀중한 자원들의 일부를 오염시키거나 소진시켜 버릴 수 있다. 전자기기를 버리게 되면 그 기기는 "전자쓰레기e-waste"로 변환되어 아시아나 아프리카 지역에서 소각, 처분되는데, 이 과정에서 그 기기 안에 있는 귀금속을 모으고자 쓰레기를 뒤지는 사람들의 신체에 해가 되는 독성 화학물질이 발생한다. 우리가 미디어 생태계에서 살고 있다는 것은 그 모든 요소가 서로 필연적 관계를 맺고 있다는 것을 의미한다. 그 요소들은 엄밀히 말하자면 결코 분리될 수 없다. 하지만 동시에, 그 요소들이 유일하고 단일한 총체성처럼 완전히 통합되는 것은 아니다(Murphie 2003, 120). 이 책이 여러분에게 도달하기까지 필요로 했던 것들을 각각 따로 분리해 보는 작업은 미디어란 무엇이며, 그것은 무엇을 행하는지에 대한 이해에 있어서 필수적이다.

우리는 메시지의 콘텐츠에 집중하는 방식으로 시작했지만, 이제는 미

서론: 미디어의 물질성에 대한 (그리고 물질성 내에서의) 사유

디어의 물질성이 매개하는 관계들과 더불어, 우리가 소통하는 미디어의 외면할 수 없는 물질성을 다루는 방식에 대해서 말하고 있다. 위에서 제기된 모든 질문은 미디어가 어떻게 실천들을 구성하는지, 그리고 어떻게 인간과 인간, 인간과 기술이 맺고 있는 관계를 변화시키는지에 대한 문제들이며, 이 문제들은 모두 환경, 쓰레기, 자본주의적 소비, 지각, 지식의 문제들이다. 이 책의 의도는 우리가 사용하는 미디어에 대한 새로운 질문들을 제기하고자 하는 것이다. 그 질문은 "그게 무슨 의미야?" 같은 질문이 아니라 "그게 어떻게 의미하는 것이지?", 또는 "그것은 무엇을 하고 있는 것이지?" 같은 질문으로 미디어의 물질적 존재에 대하여 사유하고자 하는 질문들이다.

## 책의 구성:
## 새로운 미디어 이론을 위한 핵심 개념들

서론에서는 왜 새로운 미디어 이론이 오늘날의 미디어 문화를 이해하는 데 본질적인지에 대한 설명과 함께 이 책 전체를 아우르는 거시적 질문들을 제기했다. 이후로는 오늘날 미디어 이론의 내용을 다섯 개의 장에서 각각 두 개의 관련 개념을 살펴보면서 개괄적으로 다룰 것이다.

1장, "재현과 수행"에서는 오늘날의 유물론적 전회와 관련된 미디어연구 내에서의 문제들을 살펴본다. 미디어연구와 문화연구는 수십 년간 대중문화에서 재현의 역할을 비판적으로 조명했던 텍스트 연구 방법과 해석 방법으로 특징지어진다. 이 방법들에 친숙하더라도, 오늘날 많은 이가 왜 재현에 대한 비판이 정치적인 개입 전략으로서 작동하지 않는다고 느끼고 있는지에 대한 배경 설명은 제시될 필요가 있다. 1장은 재현 비판의 기본을 재검토하면서 시작한다. 〔이를 통해〕 재현 비판의 중요성과 한계, 그리고 정체성의 정치와 재현 비판 사이의 역사적 관계에 대하여 살펴본다. 이 장은 재현 비판을 거부하는 대신, 미디어의 물질성에 있는 수행적 물질성performative materiality을 강조하면서, 이것이 무언가를 행하는 이미지의 능력을 설명해 줄 수 있음을 주장한다. 이는 재현을 충분하게 물질적인 것으로 이해하지 않는 방식을 거부하면서, 재현에 대한 이해에 있어서 중심적이었던 정치적 문제들을 재구성한다.

2장, "새김과 테크닉"은 수행 유물론을 확장시켜 두 개의 문제를 살펴본다. 첫째는 새김의 수단으로서 미디어의 용도이다. 미디어는 다양한 감각 경험이 쓰이거나 기록되도록 한다. 모든 새김의 과정이 다 기술 —적어도 전통적인 의미의 기술— 을 통해서 정보를 저장하는 것에 관한 것은 아니다. 특정 행위를 수행하는 수많은 테크닉techniques, 또는 실천이 존재한다. 테크닉은 특정한 행위와 능력의 숙달을 통해 다양한 방식의 지식과 관계를 신체 위에, 그리고 신체 안에 물질적으로 새긴다. 2장은 물질성 —미디어와 신체의 물질성— 이 어떠한 방식으로 우리가 문화, 정체성, 그리고 역사를 이해하는 방식을 변화시키는지에 대하여 살펴보면서 기술과 체현된 실천 사이의 관계를 소개한다.

3장, "공간과 시간"은 공간-시간 유물론spatiotemporal materialism에 대해서 살펴본다. 마셜 매클루언의 논의를 따라서, 네트워크 기술이 원거리에서의 봄seeing과 커뮤니케이션이라는 새로운 능력으로 인해 어떻게 "지구촌global village"을 낳게 되는지에 대하여 살펴볼 것이다. 자본과 정보의 순환을 가속화하는 기술 수단들은 마르크스가 말한 "시간에 의한 공간의 소멸"을 낳는 항시적 네트워크의 연결성과 더불어 우리에게 더욱 빠른 이

서론: 미디어의 물질성에 대한 (그리고 물질성 내에서의) 사유

동을 요구하는 일상적 기술 내에 반영된다. 이 장은 공간과 시간의 기술적 변형을 주장하는 이론들의 기반을 살펴본다. 또한 공간과 시간의 관계적 성격을 강조하면서, 이러한 주장들에 대하여 살펴본다. 기술은 일상생활의 획일적 가속화를 유발하지 않으며, 모든 이에게 동일하게 공간의 붕괴를 가져오지도 않는다. 공간과 시간의 변화는 오직 관계적으로만 가능하다. 공간과 시간의 경험은 정치적이고 사회적인 차이의 문제이다. 기술은 공간과 시간을 경험하는 상이한 방식을 변화시키고 관리하며, 이는 억압과 투쟁을 위한 장소location의 역할을 수행할 수 있다.

공간과 시간의 경험에 있어서 미디어의 영향은 감각과 인간 두뇌의 능력에 대한 질문으로 이어진다. 4장, "신체와 두뇌"는 신경인지 유물론 neurocognitive materialism에 대하여 개괄하고 있다. 여기서는 기술의 물질성이 첫째, 감각 지각, 둘째, 정보를 처리하는 두뇌의 능력을 어떻게 변화시키는지에 대하여 살펴본다. 이 장은 미디어연구에서의 유물론을 정신철학에서의 유물론 ─두 가지는 동일하지는 않지만 서로 관련된다─ 과 연결시키고 있다. 또한 이 장은 왜 미디어가 인간 신체와 정신을 잘 보이지 않는 방식으로 변형시킬 때조차도 인간 행위자를 지원하는 역할보다는 인간의 인지적 이해를 넘어서 존재하는 독립적인 행위자로서 받아들여질 필요가 있는지를 강조한다.

5장, "사물과 정동"은 사물과 비인간 행위자에 대한 많은 새로운 패러다임에 대하여 살펴본다. 이 장의 논의는 인간 경험으로부터 근본적으로 분리된 사물을 강조하는 "객체 지향 존재론object-oriented ontology"과 더불어, 생명을 모든 물질적 형태 ─인간 신체에서부터 사물에 이르기까지─ 내에 내재해 있는 관계에 대한 정동 능력으로 재규정하고 있는 생기 유물론vital materialism에 의존하고 있다. 생기 유물론은 인간 행위자를 정치와 문화의 이론화 방식에서 제거하면서 행위자에 대한 전통적 이해를 재규정하고 있다. 이 장은 뒤로 물러선 사물withdrawn objects에 대한 이론과 생명의 얽힘entanglement에 대한 이론을 통합시키면서, 동시에 이 이론들의 정치적 문제점을 피하고자 한다.

이 책의 결론부에서는 기술의 물질성을 이해하기 위한 이론 틀이 요약적으로 제시될 것이다. 우리의 정치적 관심의 많은 부분은 소셜미디어의 물질적 실천에서부터 우리의 환경 및 근본적인 기후 변화에 있어서 기술의 역할에 이르기까지 다양하다. 우리의 현실을 개선하기를 원한다면, 우리는 미디어의 물질성에 대해서 사유해야 한다. 왜냐하면 우리가 누구인지, 다른 사람들과 어떻게 관계를 맺는지, 그리고 세계와 어떻게 관여하게 되는지를 이해하게 되는 것은 오직 미디어의 물질성 내에서이기 때문이다.

서론: 미디어의 물질성에 대한 (그리고 물질성 내에서의) 사유

# 1장

## 재현과 수행

## 게임 내의 신체들

만약에 여러분이 비디오 게임의 여주인공인 라라 크로프트Lala Croft에 대해 무언가를 말하고자 한다면, 무엇을 말할 것인가?《툼 레이더Tomb Raider》시리즈의 스타, 크로프트는 1990년대 소니 플레이스테이션 콘솔 게임에 데뷔한 이래로, 최근에는 2018년《섀도 오브 더 툼 레이더Shadow of the Tomb Raider》게임에 이르기까지, 비디오 게임의 아이콘이었다. 단지 게임계에서뿐만이 아니다. 〔라라 크로프트는〕 다른 대중문화 영역에서도 흔히 찾아볼 수 있는 아이콘이었다. 〔크로프트는〕 허구적 캐릭터이기에 크로프트의 물질성에 대해서 별로 언급하고 싶지 않아 할 수 있다. 하지만 만약에 무언가 언급하고자 한다면, 비디오 게임에서 크로프트의 액션을 결정짓는 수학적 코딩에서부터 프린트된 그의 이미지를 생산하는 기계적 및 디지털 기술들에 대해서까지 말할 수 있을 것이다. 만약에 보다 최신판《툼 레이더》에 대해서 생각하고 있다면, 모션 캡처 기술에 대하여 토론할 수 있을 것이다. 만약에 여러분이 영화적인 것에 더 관심이 있다면 2001년의 영화《라라 크로프트: 툼 레이더Lala Croft: Tomb Raider》에서 안젤리나 졸리Angelina Jolie의 연기나, 2018년의 영화《툼 레이더Tomb Raider》에서 알리시아 비칸데르Alicia Vikander의 연기에 대해서 말할 수 있을 것이다. 메이크업, 의상, 조명, 편집, 무대 연출 기법, 소품, 세트 디자인, 디지털 비디오 효과 등등의 기법에 대해 살펴보면서, 어쩌면 배우의 신체와 연기에서 사용되는 기법들에 대하여 언급할 수 있을지도 모른다.[1]

하지만 여러분이 이미 예전에 미디어연구 수업을 끝냈다면, 이런 질문들을 받았을 때, 아마도 무언가 다른 것에 대해서 말할 수 있을 것이다. 보통 미디어연구에서 크로프트 같은 캐릭터를 다루는 방식은, 이 캐릭터들이 무엇을 나타내느냐signify에 대해서 살펴보는 것이다. 우리는 대중문화를 분석할 때, 미디어의 물질성에 대해서 사유하지 않는 경향이 있다. 이미지가 리얼리티를 생산한다. 또는 심지어 리얼리티를 대체한다. 우리는 라라 크로프트가 여성에 대한 재현으로서 무엇을 의미하는지mean 질문하고는 한다. 크로프트는 여성 권리 증진empowerment의 상징인가? 그는 결국에는 여전히 어떤 놀라운 행위성을 가지고 있는 것으로 나타나는 비디오 게임 여성 캐릭터의 예시 중 하나에 불과하다. 동시에 크로프트라는 캐릭터는 이성애자 남성 게이머들을 위한 성적 대상으로 위치 지어지면서 캐릭터 신체 비율의 조정을 통해서 역사적으로 구현되어 왔다. 여기서 이성애자 남성 게이머들은 게임 아바타의 등 뒤에 자신의 시선을 위치시키는 3인칭 시점에 위치하게 된다. 이는 보다 최신판 《툼 레이더》 버전에서 더 눈에 띄게 나타난다. 하지만 이것이 중요한가? 비디오 게임이 재현하는 신체라는 측면에서 비디오 게임을 비평하는 것이 말이 되는가? 비디오 게임 학자인 에스펜 오르세트Espen Aarseth는 다음과 같은 주장으로 유명하다. "라라 크로프트 신체의 측면들은 이미 영화 이론가들

---

1 알렉스 베번(Alex Bevan)의 『노스탤지어 TV의 미학(Aesthetics of Nostalgia TV)』(2019)이 좋은 예시이다. 이 책에서는 TV 쇼의 "의미"를 생성하는 데 있어서 소품과 프로덕션 디자인의 역할에 주목하면서 텔레비전에서의 재현의 물질성에 대하여 사유하고 있다.

에 의해서 죽도록 분석되었으며, 게이머인 나에게는 별 의미가 없다. 왜냐하면 신체의 외양이 다르다고 해서 그것이 내가 게임을 다르게 하도록 만들지는 않기 때문이다. 게임을 할 때 나는 그 신체를 쳐다보지도 않는다. 나는 그 신체를 통해서, 그리고 그 너머에서 본다."(1997, 1) 오르세트에게 있어서 게임이 무엇을 재현하느냐는 전혀 중요하지 않다. 중요한 것은 게임 자체의 작동 방식과 디자인이다. 이것은 진실일까?

우리가 오르세트의 주장에 따르지 않고 재현이 중요하다고 주장한다 하더라도 우리는 여전히 어떤 재현이 좋은 것이고 [어떤 재현이] 나쁜 것인지 말할 수 없다.[2] 크로프트와 《툼 레이더》는 여성에게 좋은 것인가? 아니면 나쁜 것인가? 진보적인 것인가? 아니면 퇴행적인 것인가? 이런 질문들은 ―크로프트의 사례와 더불어― 비디오 게임(다른 형태의 미디어와 더불어)에서의 재현을 연구하는 수많은 학자가 이런 비평에 대해서 피로를 느낄 정도가 되었다. 이런 질문들과 예시는 수십 년 동안 있어 왔다. [여기에는] 어떤 합의도 존재하지 않는 듯하며, 이런 이미지들에 대한 사유에 대해 많은 사람이 다 질려서 그저 피곤하게 느끼는 듯해 보인다. 크로프트에 대한 어떤 독해도 복잡하지 않은 것이 없다. 하지만 크로프트에 대한 해석의 비결정성은 우리가 어떻게 미디어와 대중문화를 판단하고 코멘트할 것인지에 있어서 특정한 문제들을 보여 주고 있다. 만약에 어떤 것이 무엇을 의미하는지에 대해 확실하게 주장할 수 없다면, 애초에 그것에 코멘트를 하는 것이 어떻게 가능할 수 있겠는가?

해석적 방법에 의존하는 미디어연구와 그 외의 다른 연구 분야를 오랫동안 무시해 왔던 주장은, [우리는] 하나의 텍스트에 대한 유일하고 진

2  《툼 레이더》에 대한 나의 주장과 이 장 전체에서의 해석은 케네디(2002)에 크게 의존하고 있다.

실한 해석을 결코 발견할 수 없으며, 따라서 모든 해석이 다 유의미하다는 주장이다. 예술과 문화에 대한 철학적 연구가 진the true, 선the good, 미the beautiful를 규정하면서 판단하고자 했을 때, 우리는 이러한 미학적 문제들이 얼마나 계급과 정체성에 의해서 규정되는 관계들로부터 나오는 주관적 취향의 결과인지 오랫동안 인식해 왔다(예컨대 Bourdieu 1984). 하지만 판단 능력이 없는 가운데 이루어지는 해석적 비평은 과연 무엇을 해야 하는가? 당연하게도, 의미에 대한 논쟁이 해결될 수 없다면, 진정한 의미란 존재하지 않으며 어느 것도 진실이 아니다(만약에 누군가 어떤 것을 "포스트모던상대주의"라고 무시하는 것을 듣는다면 이것이 바로 그들이 말하는 바이다). 이는 해석적 방법에 대한 엄청난 왜곡이지만, 진실에 대한 호소라는 점에서 (그 호소가 양적인 것이든 물질적인 것이든) 해석의 문제를 해결하는 것처럼 보이기 때문에 매혹적이다. 그리고 오늘날, 이런 경향은 재현에 주목하기를 거부하는 움직임에 대한 정당화로 변질되었고, 이는 미디어연구의 영역을 넘어 정치적 대표성이라는 더 거대한 이슈로 확대되었다.

만약에 새로운 미디어 이론이, 내가 여기서 주장하듯이, 미디어연구의 미래를 위한 패러다임으로 사유되어야 한다면, 왜 재현 비판에 대한 거부가 나타났으며, 이 거부는 과연 필수적인 것인지에 대해서 설명될 필요가 있다. 흔히 물질성으로의 전회에 대해 논하는 이들은 이 미디어연구의 엄청난 전환이 단순한 원인과 결과를 가지고 있는 것처럼 여기는 경우가 있다. 미디어는 물질적이다. 끝. 놀랍게도 우리는 지금까지 미디어가 물질적이라는 것을 인식하지 못했다. 다시 말해서, 이 논리는 마치 우리 중 많은 이가 단순히 수십 년 동안, 진짜 문제는 다른 곳에서 벌어지고 있는데도, 아무런 쓸데없는 "비물질적" 세부사항 ─예를 들어, 텔레비전 프로그램의 내러티브 논리, 시청자들은 그들이 소비하는 미디어를 가지고 무슨 생각을 하며, 무엇을 행하는가의 문제, 또는 어떻게 전문가적이고 경제적인 요인이 뉴스가 만들어지는 방식을 형성하는지의 문제— 에 경도되어 있었던 것처럼 간주한다. 재현 비판을 거부하는 것은 좋게 보면 솔직하지 못한 것이며, 최악의 경우, 냉소적이거나 단순히 무지한 것이다. 즉 처음부터 무엇이 "물질성"인지에 대한 한정된 이해에 기반하고 있는 것이다. 재현 비판의 역사 전체를 거부하는 것은, 대중적 재현에 대한 비판적 개입이 일상생활에 아무런 중요한 영향을 미치지 못했다고 말하는 것이다. 이러한 관점은 재현에 대한 투쟁이 정체성 문제를 둘러싼 시민권의 발전에 있어서 수행했던 역할과 함께, 미디어의 제작, 비판, 그리고 소비의 실제 역사를 반영하고 있지 못하다.

따라서 나는 재현에 대한 비판은 미디어연구가 수행하고 있으며, 앞으로도 지속적으로 수행해야만 하는 본질적 부분임을 주장하면서, 현재의 방법론적 전환을 재현 비판에 대한 피로감과 연관시킴으로써 유물론적 전회에 대한 보다 복합적인 이해를 제시하고 싶다. 이것이 라라 크로프트와 《툼 레이더》를 예시로 사용하는 이유이다. 많은 이가 이 토론이 소모적이라 여기며, 크로프트와 재현에 대해서 듣는 것을 지겨워한다. 하지만 우리는 여성의 신체가 게임에서 어떻게 재현되는지에 대해서 비판적으로 사유해야 한다는 점을 인식해야 하며, 크로프트가 우리에게 알려졌던 긴 시간과 그 시간 동안 변해 온 방식 때문에 여전히 이것이 가장 중요한 사례를 제공하고 있다는 점 또한 인식해야 한다. 사실 크로프트는 어떻게 재현에 대한 비판이 대중문화에서 신체가 취하는 물질적 형식과 이미지에 있어서 생산적 변화들 —즉 오늘날 가장 최신판 《툼 레이더》에서만 가시적으로 드러나는 부분들— 로 진화해 나아갈 수 있는지를 보여 주는 ―완벽하진 않아도― 뛰어난 예시이다. 동시에 나는 재현에 대한 비판은 미디어의 물질성에 대해서 인식해야 함을 강조하고 싶다. 이는 재현의 변형 과정에서 완전히 상이한 일련의 의도와 목표들을 낳게 된다.

이 장 전체에 걸쳐 산발적으로 나타나게 될 크로프트로부터 시작해서, 나는 먼저 미디어의 재현에 대한 비판에 의존하는 일반적인 정치적 주장들과 함께 비판적, 문화적 관점이 어떻게 전통적으로 미디어 재현을 검토해 왔는지에 대해서 개괄적으로 살펴볼 것이다. 그러고 난 후, 정체성 정치와 종종 연관된 정치적 문제를 학술 지식 영역에서의 더 큰 흐름들과 연결시켜 확대시킬 것이다. 그 흐름은 정보의 비물질성에 대한 그릇된 주장에 대한 거부와 서양 철학에서의 실재론realism과 관념론idealism 사이의 오랜 역사적 논쟁을 포함한다. 이 장은 이미 독자들에게 매우 친숙한 자료를 재검토할 것이다. 〔이 자료는〕 특히 미디어연구와 문화연구의 이론적 입장들에 대한 배경지식을 가지고 있는 독자들에게는 더욱 그러할 것이다. 하지만 최근의 유물론적 전회와 연관된 세 가지의 상호 연관된 주장을 개괄적으로 설명하면서 미디어연구와 문화연구의 이론적 관점들을 재검토할 것이다. 그 주장에는 첫째로 재현에 대한 비판(즉 라라 크로프트는 권리를 증진시키거나 감퇴시키는 방식으로 여성을 재현한다는 주장)이 오늘날의 정치 현실에 어떤 정치적 효과도 갖지 못한다는 압도적인(올바른 것은 아닐지라도) 분위기가 있다. 둘째는 미디어는 비물질적이며 물리적 기기들과는 분리되어 있다는 믿음 ―오늘날에도 존재하는 사이버스페이스에 대한 1990년대의 토론 방식에 대한 대중적 믿음― 이 틀린 것이라는 주장이다. 셋째는 실재론적 관점이 많은 분야에서 관념론이나 구성론constructivism을 지배하게 되었다는 주장이다. 다시 말해, 관념론과 구성론이 수많은 방식으로 인간의 의식과 언어가 가지는 리얼리티 생산에서의 역할을 주장하는 반면, 실재론은 인간 경험과 지각에 거의(또는 전혀) 의존하지 않는 외부 세계가 존재하고 있음을 주장한다. 이러한 세 가지의 주장이 모여, 재현 비판은 이제 지난 시대의 유물로서 가장 잘 위치 지어질 수 있게 된다. 이러한 주장에 도전하기 위해서는 우선 왜 이런 주장들이 나타나게 되었는지에 대하여 개괄하는 것에서부터 시작해야 한다.

이 장은 왜 다양한 물질성으로의 전회가 나타났는가의 논리를 통해서 진행될 것이기 때문에, 여기서 유의해야 할 점은 내가 완전히 동의하지 않는 입장들에 대해서는 〔간단히〕 요약하게 될 것이라는 점이다. 특히, 물질성과 재현 사이의 견고한 경계선이 유지 가능한 것처럼 간주하는 관점들에 있어서는 더욱 그러하다. 확실히 해 두자면, 재현과 정체성을 버려야 한다는 어떤 주장도 잘못된 것이다. 오늘날, 재현은 중요치 않다는 관점은 〔그것이〕 의도하건 의도하지 않건 차별, 선입견, 그리고 혐오를 정당화하는 데 기여하는 퇴행적 관점으로 보아야 한다. 정체성에 의한 차별 문제는 과거사가 아니며, 세계에 대한 심각하게 한정적이고 특권적인 이해 방식이라는 점은, 이 책을 집필하고 있는 시점에서 진행되고 있는 정치 투쟁들로부터 명백하게 드러나고 있다. 미디어연구의 초점이 어떻게 정체성, 이미지, 그리고 언어에 의해 오도되어 왔는지를 보여 주는 듯한 물질성을 두둔하면서, 재현 비판이 오랫동안 가지고 있었던 명백한 정치적 중요성을 간과하는 것은 잘못이다(Sterne 2014). 이는 정치 투쟁을 이해하고 개입하는 데 있어서 재현 비판이 수행해 왔던 장구한 역사를 단숨에 무시하는 보수주의를 영속화시키는 실수이다. 하지만 동시에, 우리는 언어와 이미지가 마치 모든 것인 것처럼, 또는 미디어의 물리적 물질성으로부터 분리된 것처럼 행동할 수는 없다.

따라서, 나는 이 장의 결론으로 구성적이고 재현적이기 때문에 덜 물질적인 것인 것처럼 보이는 모든 것을 무조건적으로 거부하는 가운데 흔히 무시되는 정치적 측면들을 간과하지 않으면서 물질성을 개념화하는 방식을 강조하기 위해서, 주디스 버틀러Judith Butler와 캐런 버라드Karen Barad의 저작에 기반한 유물론적 페미니즘 이론을 검토하고자 한다. 버틀러와 버라드를 통해서 나는 재현이 물질적이고 수행적인 실천으로 재사유되어야 함을 주장한다. 이미지는 어떤 다른 것에 대한 일시적 대체물로서 재현되는 것이 아니라, 실제 세계에 있는 신체, 사물, 그리고 관계들을 조직화하는 과정에서 물질적 효과를 지니면서 내재적으로 무언가를 재현한다. 이미지와 재현은 그들의 수행적 물질성performative materiality을 통해서 재사유되어야만 한다. 따라서 이 장은 독자들이 기술적 물질성에 대해 정치적 질문을 던지도록 할 것이다. 그 질문은 재현 비판의 문제를 거부하는 것이 아니라, 재현(그리고 그 재현의 정치학)이 어떻게 물질적 현실 및 실천과 접합되는지를 인식하는 방식으로 재현 비판의 문제를 개념화할 것이다.

## 재현 비판의 피로감

라라 크로프트가 처음 등장할 당시에 여성 게임 캐릭터는 거의 찾아볼 수 없었다. 오리지널 《툼 레이더》가 나온 지 20여 년 이상의 시간이 지난 후에도 이 사실은 거의 변함이 없다. 대형 주류 게임인 AAA(triple-A) 게임에만 한정해서 보면 크로프트는 더욱더 예외적으로 나타난다. 초기에 크로프트는 여성들을 비디오 게임에 끌어들이기 위한 마케팅 전략의 일부였다(Kennedy 2002). 크로프트는 여성 대중 잡지 커버에 등장했지만, 남성의 욕망의 대상으로서도 묘사되었다. 게임 시장이 닌텐도Nintendo와 소니Sony에 의해 독점되면서 〔그들이〕 여성 게이머를 위한 공간을 마련하고자 하던 동안에도, 게임의 "진짜" 수용자는 젊은 남성과 소년들로 한정되어 여겨졌다. 〔그리고〕 그들이 《툼 레이더》를 받아들이는 데 있어서는 크로프트가 남성에 의해서 가시화되고 조정되며 통제될 수 있다는 점이 강조되었다. 〔따라서〕 크로프트는 여성혐오적misogynistic 문화 산업의 또 다른 도구, 주류 미디어에서 다양한 여성 정체성의 가능성을 협소하게 제한하는 과정에 특정한 여성의 이미지를 영속화하는 성차별의 산물에 지나지 않는다고 어렵지 않게 결론 내릴 수 있다.

재현에 대한 전통적인 페미니즘적 시각 ―예를 들어, 어떻게 여성들이 특히 예술사, 영화사에서 능동적 남성의 소비를 위한 수동적 대상으로 나타나고 있는지를 올바르게 지적하는 비판(Berger 1972, 47; Mulvey 1975)―으로는 게임 미디어에 의해서 나타나고 있는 모순들을 이해하기가 쉽지 않다. 크로프트는 능동적이며, 수동적이지 않다. 게임의 다음 레벨로 넘어가기 위해서는 크로프트를 플레이해야만 하기 때문이다. 그럼에도 불구하고, 〔우리는〕 이 게임에 대해 〔이것이〕 가부장제에 순응하는 것이라고 말할 수 있다. 왜냐하면 크로프트는 진정으로 능동적인 행위성을 소유한 캐릭터로서가 아니라, 남성 게이머들의 행위성의 연장선에서 행위하고 있기 때문이다. 그러나 게이머들은 남성뿐만이 아니다. 많은 여성 게이머는, 비록 크로프트가 여성 신체에 대한 특정한 남성 판타지에 따라 디자인되기는 했지만, 여주인공heroine으로서 크로프트의 존재 자체만으로도 증진된 권리를 느낀다. 젠더와 상관없이 게이머들은 게임의 메인 캐릭터로서 크로프트의 역할로 인해 지배적인 가부장제에 대한 이해를 전복시키면서 자신들만의 방식대로 크로프트를 해석할 수 있는 것이다. 〔이처럼〕 라라 크로프트의 의미는 해방과 억압의 교차 속에 위치하면서 크로프트가 놓일 수 있는 다양한 문화적 궤적으로 인해 영원히 결정되지 않는 것이다(Kennedy 2002; Deuber-Mankowsky 2005 참고). 이 비결정성을 이해하기 위해서는 미디어 비평의 가장 기본적 전제들을 재검토할 필요가 있다.

## 동일시와 이데올로기

《툼 레이더》는 최근 들어 더욱 두드러지게 나타나고 있는 한 가지 문제를 제기한다. 미디어연구는 전통적으로 미디어가 사물들을 어떻게 재현하는지에 대한 다양한 비판적, 개념적 관점들이 상호교차 하는 가운데 존재해 왔다. 라라 크로프트는 "여성"이라는 일반적 범주를 대체하는 하나의 재현이다. 재현이란 무엇보다도 동일시identification의 지점이다. 우리가 스크린상에 재현되고 있는 것에서 우리 자신을 보았을 때, 우리는 그 세계관을 자연스럽고 정상적인 것으로 받아들인다. 〔요컨대〕 우리가 보는 세상이 실재하는 것처럼 리얼하게 보인다면 그것은 우리가 이미지 속에 우리를 위치시키고 또한 그것이 진실이라고 인식하기 때문이다. 사람들과 매개된 이미지 사이의 관계를 이렇게 이해하는 방식은 종종 이데올로기 비판이라는 측면에서 제시된다. 재현은 이데올로기적이다. 재현은 특정한 신체가 어떻게 행위하고 다른 신체와 어떻게 연결되는지에 대한 자연화된 이미지를 우리에게 보여 줌으로써 이면의 것들을 은폐하는 상상이다. 재현은 지배계급의 이해관계를 영속화하며, 따라서 사람들은 다양한 권력관계 —자본주의와 가부장제에서부터 동성애혐오homophobia와 장애혐오ableism에 이르기까지— 를 자연스러운 것으로 받아들인다. 우리는 재현된 것들을 동일시하는 과정에서 우리가 원래는 믿거나 행하지 않을 것들을 믿고 행하도록 강제되는 것이다. 〔따라서〕 비판의 요점은 이데올로기를 폭로하는 것이다. 즉 어떻게 크로프트가 (가부장제와 같이) 더 거대하고 억압적인 사회적 과정을 재현하고 정당화하고 있는지를 보여주는 것이다. 우리가 텔레비전에 나오는 인물과 "연결될relate" 때, 또는 비디오 게임 캐릭터를 〔우리와〕 "동일시할identify" 때와 같은 미디어 재현에 대한 동일시는 궁극적으로 지배와 종속의 현실을 은폐하는 왜곡이다.

이데올로기의 효과를 드러내는 것은 미디어연구에서의 비판적 전통에서 나온 것이다. 학문적 용어로서 비판critique이란 "무언가를 부정적으로 비판"하는 것을 의미하는 것이 아니다. 비판한다는 것은 어떤 결함을 지적하는 것이 아니라, 텍스트, 게임, 또는 다른 재현 형태를 면밀하게 조사하는 것이며, 또한 원래 거기에 내재적으로 존재하지 않았던 의미와 해석을 드러내는 것을 말한다. 즉 비판은 명백하게 가시화되어 잘 보이지 않을 수 있는 보다 내밀한 의미들을 드러내는 평가의 과정인 것이다. 미디어연구에서 우리가 사용하는 비판 모델은 재현이 은폐하고 있는 것을 말해 줄 수 있으며, 미디어에 대한 비판적 학술 연구는 대중적 재현에 의해서 은폐된 것들을 드러내는 임무를 가지고 있다.

이러한 이데올로기적 과정은 디지털 미디어의 상호작용성이라는 점에서 더욱 명백하다. 비디오 게임은 새로운 강력한 방식으로 게이머들을 호명interpellate한다. 호명이란 프랑스의 마르크스주의자 루이 알튀세르Louis Althusser(2001)에 의해 발전된 개념이다. 알튀세르에 따르면, 이데올로기는 사람들을 특정한 주체 위치subject positions로 불러냄으로써 작동한다. 그는 호명을 다음과 같은 예시를 통해서 설명한다. 경찰관이 "어이 당신!"이라고 소리칠 때, 흔히 우리는 우리 자신을 그 부름의 주체subject

로 인식하며, 우리가 부름을 당하고 있다고 가정하게 된다. 알튀세르에게 있어서, 이데올로기도 같은 방식으로 작동한다. 이데올로기는 우리를 부르거나 호명하고, 우리는 우리 자신을 이데올로기의 주체subject로 인식하게 된다. 학교, 교회, 또는 우리에게 적절한 행동을 교육시키는 다른 교육 기관을 통해서 우리는 우리 자신을 "남성"과 "여성", "자본가"와 "시민", "학생"과 "교사"로 인식하게 된다. 알튀세르가 이데올로기적 국가 장치Ideological State Apparatuses라고 말했던, 즉 정체성의 범주들을 만들어 냄으로써 우리가 적절한 행동이라고 여기는 것들을 구체화시키는 기관들을 통해서, 우리는 다양한 범주로 호명되면서 그 범주들에서 우리 자신을 인식하게 되는 것이다. 우리는 경찰 폭력과 감옥(알튀세르는 이를 억압적 국가 장치Repressive State Apparatus라고 보았다)의 위협 때문에 수많은 법규에 복종하기도 하지만, 대부분의 경우, 경찰의 체포 위협 없이도 우리 자신의 의지에 따라 행위한다. 우리는 이미지에 속아서가 아니라 수많은 방식으로, 종종 모순적인 방식으로, 우리에게 영향을 주었던 제도들의 개인사를 통해서 우리의 정체성을 이해하기 때문에 이데올로기를 받아들이는 것이다. "부모"와 "자식", 또는 "교수"와 "학생", "조크jock"와 "게이머" 같은 범주들을 사용하여 우리의 정체성에 대해 긍정적으로 바라볼 때에도, 우리는 호명의 역사를 반복하고 있는 것이다. 즉 우리가 누구인지, 그리고 우리가 다른 사람과의 관계 속에서 우리 자신을 어떻게 그려 내는지를 재현하는 단 하나의 말이나 이미지와 우리의 정체성을 연결 짓고 있는 것이다.

비디오 게임은, 우리가 게임과 상호작용을 하기 때문에, 예컨대, "여성 혐오자"라는 주체 위치에 우리를 위치시키는 데 있어서 보기 드물게 효과적이다. 특히 《GTA》(*Grand Theft Auto*) 같은 수많은 게임에서는 더욱 그러하다. 이 게임은 여성에 대한 노골적인 성차별적 재현과, 이에 대한 노골적인 남성적 소비를 위한 다양한 역할 설정에 의한 여성 재현을 포함한다(스트리퍼, 매춘부, 또는 연인과 같이). 이는 여성 캐릭터가 남성 캐릭터의 상대 그 이상으로 나타나는 게임에서도 마찬가지로 나타난다.《툼 레이더》를 통해서 우리는 여성 캐릭터를 조종하고 그 캐릭터를 마음대로 통제할 수 있는 시각적 위치에서 그 게임을 경험하게 된다. 게임은 우리가 이데올로기적 위치를 자연스러운 것으로 받아들이도록 요구한다. 따라서 기술, 제도, 담론에 의해서 생산된 "자연"이라는 명분으로 지배하는 자와 억압된 자 사이에 존재하는 경계를 유지시키는 혐오적이거나 차별적인 이데올로기를 정당화시킨다. 미디어 비평의 임무는 정체성 범주에 의해서 은폐된 관계들을 드러내고, 정체성이 고정된 의미를 갖는 것이 아니라, 문화적, 제도적 형식을 통해 우리에게 주입된 과정임을 보여 주는 것이다. 우리가 "게이머"임을 주장한다면 우리는 은연중에 "진정한" 게이머란 무엇인지에 대한 일련의 믿음 체계를 가지고 그런 주장을 펼치는 것이다. 그 믿음 체계는 적절하거나 부적절하다고 규정되는 다른 정체성 범주들 및 일련의 행위들과 상호교차 하게 된다. 현재 맥락에서 볼 때 이런 주체 위치는 은밀하게 남성적이고 이성애적이다(Kirkpatrick 2013). 왜냐하면《툼 레이더》는 우리를 말 그대로 여성 캐릭터의 신체를 응시하고 소비하며 통제하는 주체로서 위치시키기 때문이다.

## 능동적 해석과 헤게모니

하지만 반대로, 크로프트를 통해서 실제로 권리의 증진을 느끼는 이들은 어떠한가? "게이머"들이라는 흔히 이해되는 협소한 시각에 저항하고 있는 여성 게이머들은 어떠한가? 또는《툼 레이더》가 여성을 재현하는 방식에 있어서의 문제점을 알고 있으면서 그 게임을 즐기고 있는 이들은 어떠한가? 미디어 재현을 이해하는 또 다른 전통은 문화연구의 수용자에 대한 연구, 특히 스튜어트 홀Stuart Hall의 유명한 글 「부호화/해독 Encoding/Decoding」(1980)에서 나온다. 홀의 부호화/해독 모델은 어떻게 메시지의 해독이 부호화와 대칭적이지 않을 수 있는지를 강조한다. 이는 미디어 커뮤니케이션 연구사에서의 이론들 대부분과는 구분된다. 대부분의 미디어 커뮤니케이션 연구에서 메시지는 전송transmission, 또는 피하주사 모델hypodermic needle models을 따른다고 여겨졌다(Carey 1988, 13-36 참고). 만약에 여러분이 비디오 게임이 어떻게 폭력을 유발하는지, 또는 어떻게 포르노그래피가 성적 일탈을 유발하는지에 대해 들었다면, 그것은 커뮤니케이션 전송 모델의 대중적 버전일 것이다. 정보는 생산자로부터 나와서 커뮤니케이션 채널을 통하고, 반짝이는 스크린에 완전히 몰입된 개인에게 어떤 의식적인 개입도 없이(또는 커뮤니케이션 미디어로부터의 아무런 개입도 없이), 수용자의 마음에 어떤 효과를 불러일으킨다는 것이다. 재현의 콘텐츠는 마치 주사기 안의 약물처럼 수용자의 마음속에 주입되며, 관념의 움직임을 통해서 수용자의 신체에서 자율적autonomous이며 자동적autonomic인 반응을 만들어 낸다는 것이다.

이데올로기 비판의 어떤 버전은 피하주사와 같은 방식으로 작동하는 미디어의 권력을 가정한다. 이데올로기와 의미는 마치 약물이 투여되듯이 게임이나 텔레비전에서 수용자의 마음속으로 전달되어 리얼리티를 실재적이고 진실된 것으로 경험하는 것을 넘어서 왜곡시키게 되는 허위의식false consciousness을 낳게 된다고 말한다. 이데올로기가 생산자로부터 개별 소비자의 머리로 전달된다고 가정되는 것이다. 이 버전에서는 전송에 있어서 아무런 문제도 없는 것처럼, 수용자의 동일시 과정에도 아무런 문제가 존재하지 않는 것처럼, 또는 도덕적으로 모호하거나 모순적인 안티히어로를 주인공으로 내세운 어떤 영화나 TV 쇼, 비디오 게임도 없으며, 〔그것은〕 수용자들에게 아무런 문제없이 동일시되지는 않을 것처럼 전제되고 있다(하지만 그럼에도 불구하고, 드라마《브레이킹 배드 Breaking Bad》의 월터 화이트Walter White,《소프라노스 The Sopranos》의 토니 소프라노 Tony Soprano, 또는《GTA V》게임의 트레버 필립스Trevor Philips와 같은 사이코패스 캐릭터에 대한 팬들의 열광에서 볼 수 있듯이, 많은 사람은 이런 캐릭터들에 열광한다). 이데올로기를 주입된 허위의식과 동일시하는 시각은 개인과 공동체가 흔히 창작자의 (의식적, 또는 무의식적) 의도와는 정반대로 메시지의 의미를 해석하는 방식을 간과하는 경향이 있다.

부호화/해독 모델은 여기에 대안을 제시한다. 텍스트는 지배적 이데올로기를 영속화하는 특정 의미들로 부호화되지만, 수용자들은 창의적이다. 많은 수용자는 텍스트 내에 부호화된 지배 이데올로기를 반복하는 방식으로 대중문화를 해독할 수 있다. 하지만 수용자는 또한 그 이데올로기에 저항하거나 교섭할 수 있으며, 창작자의 의도에 반하는 방식으로 텍스트를 해석할 수도 있다. 텍스트의 의미에 대한 진정한 통제는 텍스트 자체에서 기인하는 것이 아닌, 그것이 독해되는 맥락으로부터 나오는 것이기 때문에, 우리는 효과적으로 저자의 "죽음"(Barthes 1977, 142-48)에 대해 말할 수 있다. 소프 오페라soap opera(Ang 1985)에서부터 로맨스 소설(Radway 1984), 뉴스 프로그램(Morely and Brundson 1999), 소셜미디어(Jenkins 2006)에 이르기까지, 수용자들은 그들의 특정 상황에 따라 텍스트를 소비하고 변화시키면서 텍스트의 의미들을 "밀렵poach"하는 것이다(de Certeau 1984).

이는 라라 크로프트의 사례에서 우리가 보았던 모순들을 다시 주목하게 만든다. 크로프트는 가부장제의 상징일까? 크로프트와 〔자신을〕 동일시하는 여성 게이머는 욕망되는 특정 여성의 이미지, (환원적으로) 남성 판타지에서부터 나오는 신체 규범을 명백하게 영속화하는 이미지에 〔자신을〕 동일시하도록 호명된 것일까? 또는 여성 게이머는 텍스트의 능동적 "밀렵자poachers"로서, 크로프트의 외모를 규정하는 가부장제 규범에도 불구하고, 증진된 권리의 행위자로서 크로프트의 능력을 즐기고 있는 것일까? 이 모든 질문에 대한 답은 모두 "그렇다"이다. 라라 크로프트는 가부장제 이데올로기 전파를 위한 장막이기도 하면서, 동시에 〔자신이〕 소비하는 미디어를 통해서 "권리 증진empowerment"을 발견하는 팬 행위의 장소이기도 하다. 크로프트는 정체성과 재현에 대한 상이한 쟁투가 명시적으로 드러나는 지점인 것이다.

이런 모순은 문화연구 학자들이 오랫동안 이탈리아의 마르크스주의자인 안토니오 그람시Antonio Gramsci의 『옥중 수고Prison Notebooks』(1971)에서 나온 헤게모니hegemony라는 개념으로 이해해 왔던 것의 핵심을 이룬다. 그람시는 정치가이자, 한때 이탈리아 공산당의 당 대표였으며, 그의 면책 특권에도 불구하고 베니토 무솔리니Benito Mussolini에 의해서 투옥되었다. 감옥에서 그람시는 그 당시에는 주목받지 않았던 마르크스의 "헤게모니" 개념을 사용하여 이탈리아 역사에 대한 정교한 독해를 수행했다. 여기서 그는 권좌에 있는 자가 어떻게 지배받는 자들의 능동적 동의를 통해서 권력을 유지하는지에 대해 설명했다. 헤게모니 권력은 민중들의 의지와 협상하고자 하는 국가의 이해관계를 통해서 유지된다. 권력은 대중매체의 이미지를 통해서 영속화되는 정신적 환각 작용에 의해서 유지되지 않는다. 헤게모니는 능동적으로 유지되어야 하며, 헤게모니가 협상되는 방식은 지속적으로 변화한다. 미디어에 대한 문화연구의 분석에서,

헤게모니는 흔히 어떻게 재현이 미디어로부터 상이한 의미와 재현을 요구하는 수용자들의 능동적인 협상 과정을 통해서 시간이 지남에 따라 변화하는지를 설명하기 위해 사용되었다. 대중문화에서 재현되는 것은 서서히, 아니면 급진적으로 변하며, 이러한 변화들은 텍스트를 소비하고 그것과 관계를 맺으며 도전하는 과정에서 수용자들이 지니게 되는 능동적 역할을 통해서 이루어진다.

헤게모니를 강조하는 많은 이는 수용자의 행위성이 내재적으로 긍정적인 것처럼 여기는 경향이 있다. 헤게모니는 전송 모델에 근거한 이데올로기 비판에 의해서 전제되는 방식처럼 사람들이 이데올로기에 속는 것이 아니라는 것을 의미하기 때문이다. 하지만 리얼리티는 이보다 훨씬 더 놀랍다. 헤게모니를 강조하는 것은 우리가 우리 자신의 지배에 동의한다는 것을 의미한다. 우리는 이데올로기에 의해 기만당하지 않는다. 우리는 정체성이 도전받았을 때, 격노하고 분노를 표현하면서 우리에게 호명된 정체성들을 즐기며, 또한 우리 자신을 그 정체성들과 연결 짓는다. 우리는 우리 자신의 억압을 능동적으로 욕망한다(Žižek 1989 참조). 자신을 안정적이고 고정된 정체성을 가진 개인과 동일시하고자 하면서 〔그것이〕 "자연스럽다"고 주장하거나, 또는 생물학적으로 주어진 것이라고 주장하는 것에서 나오는 긍정적인 정치적 효과가 종종 존재한다. 그러나 이는 또한 고정되고 변하지 않는 ―그리고 이데올로기적인― 특정 종류의 사회질서를 받아들인다는 것을 의미하기도 한다. 우리 자신의 정체성의 가능성과 한계를 포함하여 무언가 다른 것을 요구하지 않는다면, 우리는 격렬하게 반대하는 것들에 동의하게 되는 것이다.

재니스 래드웨이Janice Radway(1984)는 그의 고전『로맨스 소설 읽기*Reading the Romance*』에서 미 중서부 로맨스 소설 독자 집단의 경우, 로맨스 소설에 대한 페미니즘 비평에서 흔히 주장하듯이, 그들이 가부장제에 의해 기만되어 아무런 문제의식 없이 그 소설(그리고 그 책 표지)에 묘사되고 있는 관계들, 즉 그 책에 부호화된 가부장제 규범을 받아들이고 있는 것이 아님을 발견했다. 로맨스 소설은 흔히 지배적인 남성 인물과 순종적인 여성 인물 사이에서 오로지 전통적인 이성애적 관계와, 때때로 여주인공을 폭력적으로 학대하기까지 하는 남성 캐릭터들에게서 여성들이 만족을 찾는 내러티브 유형을 일반적으로 보여 준다. 그러나 래드웨이가 발견한 것은 이 소설의 실제 소비는 전통적인 비평이 주장하는 것보다 훨씬 더 복잡하다는 것이었다. 래드웨이가 연구했던 여성들은 아무런 문제의식 없이 소설을 소비하는 것이 아니라, 독자 공동체를 통해서, 그들의 일상 생활에서의 일상적 절망이 그들에게는 허락되지 않는 성적이고 로맨틱한 충만함의 환상과 어떻게 절충될 수 있는지를 인식하는 데 이 소설을 활용하고 있었다. 로맨스 소설은 〔여성 독자들로 하여금〕 여성 독자들의 삶의 과정에서의 가부장적 관계에 의해 만들어지는 고난들을 감내할 수 있도록 했다. 〔그들은〕 소설 속의 메시지를 무비판적으로 받아들이고 있는 것이 아니었다. 사실, 래드웨이가 연구했던 여성 독자들의 취향은 수동적인 여성 인물이나 성폭력의 장면들을 거부하고 있음을 보여 주었다. 하지만 래드웨이가 명확하게 말하고 있듯이, 이것이 여성 독자들이 소설의 가부장제적 메시지를 전복하고 있음을 의미하는 것은 아니다. 이 소설을 통해서 독자들은 공동체로서 가부장제에 적극적으로 동의할 것이며, 또한 가부장제의 실패가 감정적 만족의 판타지와 이상적인 이성애 관계에서 "권리 증진된" 여주인공을 통해서 구원받는 시나리오를 통해서 가부장제에 동의할 것이다.

요약하자면, 로맨스 소설을 읽는 행위는 독자들 자신에 의해 있는 그대로 주어진 이성애적 섹슈얼리티와 일부일처제 결혼 제도를 받아들이는 믿음 체계의 시각에서 보았을 때, 하나의 가벼운 저항의 행위이자 여성의 감정적 필요를 만족시키는 데 있어서 현 제도의 실패에 의해서 더욱 그 필요성이 높아진 개혁에 대한 열망으로서 인식될 수 있다. … 하지만 동시에 여성의 저항적 충동이 진정한 사회 변화를 이끄는 것을 원하는 페미니즘의 시각에서 보았을 때, 로맨스 소설 읽기는 이러한 충동을 잠재적으로 무장해제시킬 수 있는 활동으로 보일 수 있다. 로맨스 소설 읽기는 실제 세계에서 공식적 요구로서 정식화되어 성적 관계의 잠재적인 재편으로 나아갈 수 있는 필요와 요구사항들을 대체하고 있기 때문이다. (213)

헤게모니란 이와 같이 일상생활에서의 모순들을 덮어 버리고 지속시키는 능동적 동의이다. 대부분의 사람들에게는 언제나 일시적일 뿐인 행복감이나 충만함의 느낌은 특정 세계관의 한계를 은폐하는 임시변통으로 활용된다(부분적으로는 자본주의가 우리를 불행하게 만들어 우리를 행복하게 해 줄 물건들을 지속적으로 소비하도록 하기 때문이다). 로맨스 소설이 소소한 권리 증진의 한 형태로서, 그리고 사회적 저항에 대비한 약한 접종의 수단으로서 작동할 수 있다는 점은 대중문화, 일상생활, 그리고 정치적 변화 사이에는 본질적으로 교섭적 관계가 존재하고 있음을 말해 준다.

〔이처럼〕라라 크로프트 독해에서의 모순들은 헤게모니가 작동하는 방식으로 인해 나타나는 것으로 볼 수 있다. 능동적 캐릭터로서 크로프트의 권리 증진은 여성들이 스스로를 위치시킬 수 있는 공간을 제공한다. 그 권리 증진이 여성을 남성 욕망에 종속시키는 신체적 이상향을 영

속화시키는 인물 속에서 이루어지고 있음에도 불구하고 말이다. 사실 이는 누군가가 어떤 이들이 어떤 것에 의해서 권리가 증진되었기 때문에 그 어떤 것은 좋은 것이라고 말하는 모든 주장에 대해서 의심해 봐야 하는 이유이다. 확실히 이러한 권리 증진의 느낌은 실재하는 것이다. 어떤 이가 자신의 권리가 증진된 것을 느낀다고 말할 때에는 이들이 진짜로 권리가 증진된 느낌을 갖게 된다고 가정하는 것이 최선이다. 그러나 권리 증진의 경험과 여기에서 나오는 동의의 경험은 헤게모니가 작동하는 주요 방식 중 하나이다. 시간의 변화에 따른 크로프트의 변화 ―현재 그의 모습은 오리지널 버전과는 많이 다르며, 과거처럼 노골적이게 성차별적으로 보이지는 않는다― 는 수용자와 생산자의 교섭으로부터 나온 것이다. 이 교섭 과정에서 생산자들은 여전히 엄청나게 성차별적이며 비디오 게임에서의 여성에 대한 묘사도 여성혐오적이고 폭력적인 반면, 수용자들은 이러한 재현을 비디오 게임에서 여성을 묘사하는 정상적, 자연적인 방식으로 받아들인다. 이러한 교섭이 깨지는 순간, 사회적으로 진보적인 결과들을 낳을 수 있는 논란, 충돌, 논쟁들이 나타날 수 있을 것이다(스튜어트 홀이 자주 상기시켰듯이, 어떤 정치 투쟁의 결과에도 보장은 없다. 헤게모니가 깨지는 순간들은 사실 더 많은 억압으로 이어질 수도 있다). 〔이러한 경우에〕 권리 증진은 실제로 교섭이 이루어지지 않도록 하며, 어떤 한 지점에서 헤게모니가 보장되는 방식에서 사람들이 갖게 되는 일시적 만족감으로 인해 정치적 변화를 지연시킨다. 불행, 불만족, 그리고 흥을 깨뜨리는 것은 실제로 헤게모니의 재협상과 정치적 변화의 시작으로 이어질 수 있는 진보적인 것이다(Ahmed 2010 참조).

## 미디어 재현media representation과 정치적 대표성political representation

재현 비판에는 근본적으로 정치적인 무언가가 있다. 특히 대중문화에서 주변화되거나 비정상화되는 정체성들의 경우에는 더욱 그러하다. 추상적인 방식으로 재현된 자기 자신을 추상적인 방식으로 바라보는 것은 —단순히 왕자에 의해 구제되지 않는 비디오 게임의 여성 캐릭터일 경우일지라도— 미디어 정치에 있어서 핵심적이다. 왜 그런지 이해하기 위해서는 대중문화의 영역을 넘어설 필요가 있다. 이론가 마이클 워너 Michael Warner(2002, 169)는 "서구에서 공적public이라는 의미는 하나의 상징성iconocity을 가지는 것"이라고 말한다. 워너가 "공적"이라는 단어를 사용할 때, 그 말은 일상생활에서의 담론 유통 과정을 통해서 등장하는 협력적 정치 토론과 참여의 영역을 말한다. 공적이게 된다는 것은 하나의 정치 행위자이자 한 국가의 시민으로서 대표될 가치가 있으며, 법에 의해 국가로부터 승인된 권리와 능력을 인정받는다는 것이다. 공적 담론 안에 위치한다는 것은, 〔그의〕 신체적 정체성이 대중문화에서 절충된 규범을 명확하게 따르며, 공적 정체성의 범위 안에 존재하는 어떤 것으로 다른 사람들에 의해서 인식되는 —텔레비전, 신문, 영화, 또는 다른 형태의 미디어에서 볼 수 있듯이— 위치를 차지한다는 것을 의미한다. ("정치"에 의해서 규정되는 특정 이해관계를 가지고 있는 사람으로서) 정치 영역으로 입장할 수 있는 능력은 주어진 정치질서에 맞는 주체 위치 내에 자신을 위치 짓고 동일시할 수 있는 능력에 달려 있다. 민주주의에서 대표된다represented는 것은 정체성, 행동, 규범에 대한 미디어 재현representation에 직접적으로 접합되는 것이다. 이것이 의미하는 바는 다양한 주변화된 정체성들은 대중문화에서 유효한 주체 위치로서 이들이 인정될 때까지는 정치 영역에 포함될 수 없다는 것이다. —오랫동안 발생하는— 재현에 대한 투쟁은 특정 종류의 사람과 정체성이 주체로서 인식될 수 있다는 점을 이해하는 데 있어서 핵심적이다(이것이 이 책을 집필하는 시기에도 트랜스〔젠더로서의〕 경험의 복잡성을 묘사하는 내러티브들과 함께 영화와 텔레비전에서 트랜스젠더 배우를 통해서 트랜스젠더의 역할을 묘사하도록 하고자 하는 주요 투쟁들이 존재하는 이유 중 하나이다). 트랜스젠더 배우에 의해서 이들의 스토리가 묘사되고 그려지도록 함으로써, 트랜스〔젠더〕 개인들이 대중문화 영역에서 "가시화"되고, 이들이 "공적" 영역으로 입장하는 것을 가능하게 한다. 비록 그것이 영구적으로 재협상되는 적절한 행동과 부적절한 행위에 대한 강력한 규제와 함께 이루어지지만 말이다. 즉 우리가 호명되는 위치를 능동적으로 받아들이는 것이다. 만약에 우리가 이를 받아들이지 않는다면 우리는 하나의 정치적 행위성을 지닌 존재로서 공적 영역에 입장할 수 없을 것이다. 즉 우리는 정치체에 의해 인지되지 않게 될 것이다. 대중 재현이 정치적 대표성의 전제 조건으로서 작동하는 것이다.

이런 버전의 모델은 지난 수십 년 동안 미디어연구에서 기본이었다. 하지만 재현 비판은 많은 이에게 정치적 개입의 형태로서 그 수명을 다한 것처럼 보인다. 비판은 과거와 같은 정치적 잠재력을 가지고 있지 않은 것처럼 보인다(Latour 2004; Andrejevic 2013). 비판은 마치 모든 사람이 결국에는 알고 있는 이야기를 하는 것처럼 보이는 것은 말할 것도 없고, 마치 똑같은 이야기를 계속 반복적으로 하는 것처럼 보이고 있다. 우리는 대중문화에 의해서 영속화된 이데올로기를 통해서 바라볼 수 있으며, 그 의미가 근본적으로 불쾌하다는 점을 알고 있음에도, 우리가 소비하는 것을 여전히 즐길 수 있다. 마르크스가 주장했듯이, 허위의식으로서 이데올로기에 대한 고전적 이해에 따르면, 우리는 우리가 무엇을 하고 있는지는 잘 모르지만 어쨌든 그것을 한다는 것이다. 오늘날, 우리는 우리가 무엇을 하고 있는지 잘 알고 있으며 어쨌든 그것을 행한다. 우리는 "계몽된 허위의식enlightened false consciousness"(Žižek 1989)을 가지고 있는 것이다. 우리의 행위가 우리 자신의 이해, 또는 이상에서 나온 것이 아니라는 점을 잘 인식하고 있기 때문에, 이데올로기는 〔우리를〕 우리의 이해관계에 반하여 행동하도록 기만하지 않는다. 우리는 이데올로기와 "냉소적", 또는 비관적 관계를 가지고 있는 것이다. 이는 곧 이데올로기의 궁극적 승리를 의미할 수도 있다. 이데올로기가 우리를 "기만"하고 있다는 점에서가 아니라, 우리가 이데올로기에 대해 잘 알고 있지만 그 이데올로기에 도전하지는 않는다는 점에서 그러하다(Horkheimer and Adorno 1972, 167). 우리의 능동적 동의는 우리가 괘념치 않는 것처럼 보이거나, 또는 우리가 무엇을 할 수 있다고 느끼지 않고 있는 것처럼 보이기 때문에 헤게모니 질서에서 용인되고 있는 것이다. 만약에 이데올로기가 많은 개인에게 명백하게 보이지만 여전히 사회관계를 구조화하고 있다면, 우리가 살고 있는 세계란 성차별, 계급주의, 동성애혐오, 인종주의, 장애혐오 등은 그릇된 것이며, 〔우리는〕 이에 대해 반대해야 한다는 믿음에도 불구하고 차별적 권력관계들을 단순히 받아들이는 그런 세계이다.

라라 크로프트 같은 인물이 해방적인지 억압적인지를 결정할 수 없다는 점은 대중문화가 오늘날에도 여전히 미디어 비평 —그것도 아주 성공적인 비평!— 에서 헤게모니 투쟁의 장이라는 증거로 받아들여지지 않고 있다. 오늘날의 크로프트가 과거와는 매우 다르게 보인다는 사실은, 재현에 대한 투쟁으로 인해 1990년대에 《툼 레이더》의 수용자라고 여겨졌던 젊은 남성과 소년보다는 보다 광범위한 게임 플레이어들에 대한 인식이 확장되었으며, 게임에 있어서 보다 평등한 이미지가 가능해졌다는 증거로 받아들여져야만 한다. 재현의 비결정성은 헤게모니가 지속되고 있다는 것의 증거가 아니라 재현에 대한 비판의 의미를 무시하는 데에, 다시 말해서 재현에 대한 비판을 주관적 해석에 대한 의미 없는 주장을 펼치면서 실제 생활에서의 정치적 현실을 규정하는 데 있어서 대중문화의 역할에 대해서 아무것도 말해 주지 않는 것으로 무시해 버리기 위해서 문제적으로 활용되고 있다.

이는 미디어를 통한 재현에 위임될 문제가 아니다. 사실 재현 투쟁에 대한 정치적 피로라는 것이 어쩌면 더욱 쉽게 찾아볼 수 있는 문제일지도 모른다. 2011년과 2012년에 있었던 월스트리트 점령Occupy Wall Street에서부터 비롯된 수많은 운동에서 가장 잘 관찰되는 다양한 무정부주의적 기획들은 대표에 기반을 둔 정치 모델을 거부하고 있다. 이는 부분적으로는 권력의 헤게모니화가 ―많은 이에게는 거의 동일한 주제의 변주들처럼 보이는― 몇 가지 한정적 대안 밖에 있는 다양한 정치적 입장들을 배제시키고 있기 때문이기도 하다. 월스트리스 점령 시위의 주요 원칙 중 하나는 명백한 리더, 또는 요구 사항 리스트를 규정하지 않는 것이었다. 자신을 규정하기를 거부하면서, 이 시위는 (실제에서는 아닐지라도 적어도 이론적으로) 다른 사람을 대표하고 재현한다고 하는 인물들에 저항하는 정치 행위 모델을 제공하고자 했다. 정치 대표에 동의하는 것은 필연적으로 더 큰 단체의 대표로서 나서는 특정한 사람들의 이름으로 다른 정치적 대안들을 배제하는 것과 연결된다. 하지만 미디어에서의 정체성 재현의 경우처럼, 정치 대표들 ―보통 그람시가 "유기적 지식인organic intellectuals"이라고 지칭했던 더 큰 규모의 사람들을 대변하는 모든 개인뿐만 아니라 선출직 공무원― 에 동의하는 것은 일정 수준의 자기-추상화와 연관된다. 우리의 대표들은 결코 우리를 완전히 대표하지는 않지만 수많은 갈등과 투쟁의 협상의 장이다. 대의제의 절차는 점점 사람들의 의지를 내재적으로 부정하거나 왜곡하는 어떤 것으로 받아들여지고 있다. 이러한 주장은 다음과 같다. 대의제는 권력을 가지고 있는 자들이 계속 권좌에 머물 수 있도록 설계된 기존 정치구조의 명분으로, 그 매개 과정에서 사람들의 의지를 제거해 버리기 때문에 민주주의를 근본적으로 불가능하게 만든다. 요약하면, 대의제 절차의 유일한 성과는 결국 어떤 개인도 결코 대표되지 않는 것이라는 믿음이 현대 정치에 점차 만연해 가고 있다는 점이다.

　이것이 특별히 새로운 것은 아닐지라도, 이는 대의제와 정치적인 것 사이 장기적 관계 변화의 일부이다. 스튜어트 홀과 공저자들은 『위기 관리Policing the Crisis』라는 중요 저작에서, 헤게모니 협상이 1970년대 말에 영구적인 보수 지배를 유지하기 위한 우파 정치의 수단으로서 "동의의 고갈", 즉 "관리된 비합의"로 대체되었다고 주장했다(1978, 238). 〔그들은〕능동적 동의에 의한 협상을 대신하여, 도덕적 패닉과 타자에 대한 공포(이는 『위기 관리』에서 묘사되고 있듯이, 인종과 강도 행위에 대한 백인 중산층의 과장된 불안과 접합된다)가 활용되는 방식에 대해 설명하고 있다. 즉 그람시가 말했던 헤게모니 협상 과정에 대한 설명 방식과는 다른 방식으로, 즉 대중문화 내에 특정 주체가 위치하는 방식에서의 재협상 과정을 통한 정치적 장의 재편 과정에서 대중문화 내의 특정 주체들이 활용되고 있음을 주장했다. 개인이 미디어에서 재현되는 방식에서의 변화가 정치 담론에서 개인이 위치 지어지는 방식을 변화시킨 것이다. 정치 담론에서의 개인은 정치 대표에 의해 승인된 "받아들여질 수 있는" 시민이거나, 아니면 정치적 대표성의 영역 안에 입장하지 않고 입장할 수 없는 주체들이다. 이러한 〔정치적 대표성에 의한〕 배제는 그것이 배제와 불평등에서 기원했음에도 불구하고 사회를 조직화되고, 동질적이며, 평등한 것으로 보이게끔 만드는 역할을 한다. 예를 들어, "블랙 라이브스 매터Black Lives Matter" 운동 자체가 존재한다는 사실은 인종과 관련된 현실의 삶, 정치적 대표성, 그리고 ―이 경우― 경찰의 폭력을 규제하는 정책에 있어서, 흑인의 신체(그리고 그들의 생명)는 실제로는 "중요하지" 않은 것으로, 그리고 제도 정치에 의해서 대표되지도 승인되지도 않는 것으로 위치 지어졌음을 보여 주고 있다. 인종에 대한 미디어의 재현이 흑인의 생명이 정치 담론에서 어떻게 다루어지는지의 방식을 영속화하고 정당화 ―또는 변화― 시키는 것이다.[3]

이러한 일상생활에서의 경험은 현대 정치철학에서도 재생산되고 있다. 즉 정치권력으로서 "우리"라는 것에 대한 집합적이고 포용적인 접합은 이제 불가능하다고 전제된다(Holloway 2010, 5). 1970년대 이후 주변화된 개인과 집단들이 역사적으로 헤게모니로부터 어떻게 배제되어 왔는지가 지적됨에 따라, 대의제에 대한 신뢰 상실의 과정이 점진적으로 이루어졌다. 근대 서구 사회에서의 역사적 투쟁을 결정했던 초월적인 것으로 보인 주체들(남성과 여성, 부르주아지와 프롤레타리아트) 자신이, 배제된 자the excluded와 포함된 자the included 사이에 그어진 경계들에 따라 구성된 것이다. "남성man"이란 범주는 결코 모든 인간humans을 포함하지 않았으며, "여성"이란 범주도 결코 모든 여성을 포함하지 않았고, "노동계급working class"이라는 범주도 모든 노동자laborers를 포괄하지 않았다. 사실 이런 범주들의 통합성은, 무엇인지를 무엇이 아닌지를 통해서만 정의하는 부정적 배제로부터 형성된 것이다. 이 점은 우리로 하여금 다시 정치적

---

3 "블랙 라이브스 매터" 운동에 대한 복합적이고 뛰어난 해석으로, 이 책에서 내가 논의한 부분만이 아니라, 나의 주장을 훨씬 뛰어넘는 해석에 대해서는 타운스(2018) 참고.

인 것의 영역과 대중문화 및 미디어 사이의 관계에 스며들어 있는 재현의 문제에 주목하게 만든다. 예를 들어, 1970년대 이래 여성의 권리를 향상시키는 데 기여했던 단체들은 종종 유색인종 여성, 레즈비언, 트랜스젠더 여성과 남성의 투쟁을 무시했다는 비판을 받아 왔다. 〔그리고〕 노동 단체의 이해관계는 유사한 경제적 이해관계를 가진 것으로 보이는 다른 정체성-기반 집단들과 종종 충돌하는 것처럼 보인다. 거의 모든 정치 단체가 비슷한 상황에 처해 있다. 우리의 동맹들은 협력에 기반해 이루어진 것이 아니라 반대나 차이에 기반해 있다. 그리고 이런 사실에 대한 인식이 문제들을 해결해 주지도 않았다. 오히려 정치 단체들의 분화는 이제 파편화되어 아무런 의미도 띠지 않게 되었다. 누군가 "우리"라고 말할 때, 그 "우리"는 누구를 대표하는가? 누가 배제되었는가? 누구의 이해관계가 언급되고 있는가? 누가 침묵당하고 있는가? 이런 질문들이 반드시 뒤따르게 되었다. 대의제의 전체적 목표는 상이하고 종종 경쟁하는 이해관계들의 확산을 받아들일 수 있는 보다 포용적인 대의민주주의를 찾는 대신에, 내재적으로 왜곡하거나 배제하는 어떤 것으로 나타나고 있다. 동의의 협상 과정이 고갈되고, 관리된 비합의가 득세하게 된 것이다.

이는 라라 크로프트와 《툼 레이더》와는 너무 멀리 떨어져 거의 관련이 없어 보인다. 하지만 두 가지 형태의 재현에 의해서 강조된 문제들은 대체적으로 유사해 보인다. 무엇이 해방인지 아닌지 누가 말할 수 있는가? 미디어 재현이 무엇을 하고 있는지에 대해서 주장할 수 있는 능력은 재현되고 있는 집단의 이해관계에 대한 더 큰 주장들에 달려 있다. 그리고 개인들이 완전히 다른 방식으로 이미지를 해석할 때, 이미지가 무엇을 하고 있는지 말할 수 있는 권위는 상이한 독해를 하고 있는 이들의 목소리를 침묵시키고 있는 것이다. 이는 좌파, 다문화주의자, 다양성의 입장에서 재현을 비판하는 시각들과 가부장제, 여성혐오, 그리고 다른 이데올로기에 역사적으로 접합된 입장 모두에 대해 주장될 수 있다. 텍스트를 정반대로, 또는 전복적인 방식으로 창의적으로 독해할 수 있는 개인의 능력은 우리가 "기호적 민주주의"(Fiske 1987) 안에 살고 있다는 것을 의미할 때 사용된다. 왜냐하면, 어떤 재현이 권리를 증진시키는지, 아니면 감퇴시키는지를 주장할 수 있는 권위가 정치적 대표성의 감퇴와 유사한 과정을 통해서 감퇴되고 있기 때문이다. 라라 크로프트는 무엇이든지 될 수 있다고 말하는 것은, 마음속에 이미 "여성"이 해방적인 방식으로, 아니면 그 반대의 방식으로 재현될 수 있게 하는 "여성"에 대한 특정한 이해 방식을 가지고 있다는 것을 의미한다. 이런 사유 방식은 정체성이란 본질을 가지고 있지 않으며, 대신 특정 범주에 무엇을 포괄하고 무엇을 배제할 것인지를 맥락적으로 규정하는 역사적 투쟁의 결과이기 때문에 재현의 의미가 단순히 개인의 마음속에 존재한다고 주장한다. 결국 미디어 재현의 정치적 효과를 평가하는 데 우리에게 남겨진 유일한 근거란 개인에 의해 경험된 느낌들뿐이다. 크로프트는 해방적인가? 아니면 그 반대인가? 이런 질문들에 대한 해답은 스크린에서 그 캐릭터와 연결되기도 하고, 또는 그렇지 않기도 한 개인 게이머들의 경험, 즉 약한 정동affects을 통해 알 수 있는 것이라고 가정된다. 더 큰 맥락의 역사적 투쟁들은 이미지와 그것이 무엇을 하는지에 대한 개인의 감정적 반응에 주목하는 방식으로 무시되는 것이다. 마치 호명에 대한 반응이란 특정 이미지가 재현하고 있는 것과 정확하게 연관된 이미지를 찾을 수 있는 개인을 통해서 이해될 수 있다고 보는 것과 마찬가지이다.

## 재현 비판의 종말?

이런 교착상태는 인터넷을 통해서, 그리고 흥미롭게도 미디어연구 분야의 교육자들이 재현 비판의 방법을 교육하면서 얻어 낸 역사적 성공을 통해서 더욱 악화되고 있다. 재현에 대한 비판은 온라인 어디에서나 발견된다. 비판이 무엇인지, 누가 비판하는지, 비판에는 어떠한 전제들이 있는지 등등에 대한 논쟁은 어디에나 있다. 이는 종종 노골적으로 폭력적인 방식으로, 정치적으로 퇴행적인 방식으로 나타난다. 예를 들어, 어니타 사키지언Anita Sarkeesian의 '페미니스트 프리퀀시Feminist Frequency'라는 웹사이트는 "표현 대 여성Tropes vs. Women"이라는 동영상 시리즈를 통해서 비디오 게임에서 지속적으로 확산되고 있는 성차별적 재현의 유산에 대해 조사하고 있다. 성차별적 유산을 지적한 명백한 "죄"로 인해, 사키지언은 "남성의 권리men's rights"라는 온라인 활동가들에 의해서 잔인하게 괴롭힘을 당하고 있다. 이들 활동가는 여성을 배제하면서 성차별적 여성의 이미지를 영속화하는 특정한 버전의 남성성에 기반한 "게이머"의 정체성을 옹호한다(Kirkpatrick 2013, 89-91; Sandifer 2017 참조). "표현 대 여성" 비디오에 대한 한 가지 반응으로, "어니타 사키지언 때리기Beat Up Anita Sarkeesian"라는 제목의 게임이 있다. 여기서 플레이어들은 사키지언에게 폭력을 가하도록 되어 있는데, 여기서 사키지언은 (아마도) 남성 게이머의 욕망에 봉사하는 이미지로 ―우리에게 친숙한 방식으로― 환원된다. "표현 대 여성"이라는 비디오와 함께 사키지언은 무엇보다도 그가 남성에 대해 선입견을 가지고 있으며, 여성혐오란 존재하지 않고, 이 비디오 전체는 이미 주변화된 "게이머"의 정체성을 더 주변화시키려는 의도를 가지고 있음을 괴이한 방식으로 주장하는 이들로부터 폭력의 위협 ―게임과 "게이머게이트Gamergate" 같은 캠페인에서의 여성혐오 논쟁에서 폭발했던 여성에 대한 일련의 공격— 을 받아 왔다. 사키지언과 "표현 대 여성" 비디오에 대한 폭력은 재현 비판이 왜 필요한지와 함께, 온라인에서의 다양한 목소리에 의해서 강화된 —본질적으로 이데올로기적인 정체성 범주에 경도된— 격렬한 논쟁이 어떻게 비동의, 파편화, 그리고 갈등을 낳는 것 외에는 아무것도 하지 못하는 것처럼 보이는 비판의 무능력으로 인해 분노로 이어졌는지를 잘 보여 주고 있다. 누구나 〔자신이〕 희생자임을 주장하고 있으며 재현의 정치학에 대한 논쟁은 주변성marginality에 대해 양립하는 주장들 사이의 전투로 변질되고 있다(Brown 1995 참조).

만약에 재현 비판이 막다른 지경이라면 무엇을 할 것인가? 나는 재현 비판이 막다른 지경이라고 주장하는 것이 아니다. 단지 많은 이가 정치 전략으로서 〔재현 비판은〕 그 생명을 다했다고 느끼고 있음을 말하는 것이다. 오늘날의 정치 운동에서 제시된 답 중 하나는 재현에 저항하기이다. 예를 들어, 정치이론가 존 홀러웨이John Holloway는 서로 전혀 관련이 없어 보일 수 있지만, 전 세계에 확산되어 벌어지고 있는 반란과 충돌에서 발견되는 거부의 "외침scream"만으로도 긍정적인 정치 변화에 참여하는 데에는 충분하다고 말한다. 특정한 의미나 정체성이 없는 감정적 발화인 외침이면, 아무런 재현 없이도 전 세계에 주변화된 다양한 사람들을 단결시키는 데 충분하다는 것이다. 세계가 어떠해야 하는지에 대한 선언은 필요 없다. 무언가 달라질 필요가 있음을 격렬하게, 분노를 표출하면서 주장하면 충분하다(2010, 2). 마이클 하트Michael Hardt와 안토니오 네그리Antonio Negri(2004) 같은 영향력 있는 이론가도 "다중multitude"이라는 개념을 통해서 비슷한 것, 규범적인 재현 없이 "민중"으로서 함께 존재하고 행위할 수 있는 통일성에 대해서 말하고 있다. 월스트리트 점령과 같은 무정부주의 사회운동은 ─적어도 어느 정도는─ 이러한 이상을 따르고 있다. 이런 사회운동들은 진정한 민주주의는 재현 없이도, 정치적 개인의 이상화된 이미지 없이도, 정치적 대표성의 근거를 필연적으로 배제하고 왜곡하며 제한하는 거대 조직 없이도 가능할 수 있다는 전제를 통해서 조직화된다. 이와 유사한 주장들은 직접민주주의, 정치적 자기-조직화, 또는 무정부주의적 직접 행동을 위한 다른 사회운동들을 뒷받침한다.

하지만 미디어 재현은 어떤가? 재현 없이 정치를 상상하는 이런 방식은 실제 정치 행위에서 미디어가 아무런 역할도 하지 못하는 것처럼 간주한다. 그러나 정치 행위자로 승인될 수 있는 능력은 정치 영역에서뿐만 아니라 대중문화 부분에서도 존재한다. 더욱 중요하게는 재현 비판의 문제는 어떤가? 〔오늘날에는〕 재현 비판이 정의와 평등의 발전 과정에서 지적한 논점들이 너무 성급하게 무시되고 있다. 재현 비판은 단지 미디어 재현의 문제일 뿐이며 그 이상은 아니라고 전제된다. 사회적 분할, 권력과 억압의 형태들, 특정 주체성과 존재의 방식을 비정당화하는 것들, 이들 모두 어느 정도는 덜 실재적인 것이라고 무시되고 있다. 재현을 넘어서는 것은 이러한 투쟁들을 제거하는 것이라고 여겨지고 있다. 마치 이미지의 권력은 덜 물질적인 것처럼, 그리고 재현을 제거함으로써 그 이름을 둘러싸고 벌어졌던 역사적 부정의들을 제거할 수 있는 것처럼 여겨지고 있다. 그러나 월스트리트 점령과 같은 비재현적 정치 운동 모델조차도 차별적 권력 모델을 영속화시킨다. 이 모델에서 재현이 정치 영역에서 제거된 것처럼 보일 때조차도 어떤 정체성은 재현을 발견하는 반면 다른 정체성은 무시되고 침묵된다. 특정한 행위 방식과 존재 방식, 특정 종류의 정체성과 계급에 접합된 특정한 관심, 특정한 정치적 이해관계들 모두 재현을 필요로 한다. 이 모든 것은 종종 월스트리트 점령 운동의 총회General Assemblies에 의해서 무시되었다(은연중에 백인, 남성, 이성애적 신체를 특권화하면서). 심지어 모든 종류의 집단적 재현이 총회의 민주주의 질서가 시작되는 단계에서부터 배제되었을 때조차도 그러했다 (Sharma 2014a 참고). 우리는 재현 비판의 고갈 이후에도 라라 크로프트가 무엇을 재현하는지에 대해서 결코 말할 수 없을지도 모른다. 하지만 우리는 결코 재현이 사실은 물질적 효과를 가진 물질적 실천이라는 점을 무시할 수 없다.

## 실재론realism에서 관념론idealism으로…

이상의 내러티브는 불완전하다. 이는 과거 수십 년 동안 미디어연구에서 사용된 재현의 역할만을 다루고 있다. 특히 정체성의 정치와 접합된 재현에 대해서만 다루고 있다. 정체성에 대한 관심과 문제가 실제 투쟁에서 무시되거나 방해물로 위치 지어져서는 안 되기는 하지만, 재현에는 정체성만 관련된 것이 아니며 그 이상의 것이 존재한다. 이 문제는 나중에 살펴보게 될 것이다. 지금은 재현이 왜 문제가 되었는지에 대한 전체적 그림을 보여 주기 위해서 우리는 과거 수십 년 동안 존재했던 서구 사상에서의 기술적 맥락과 역사적 궤적에 대해서 살펴볼 것이다. 이들 모두 정체성과는 큰 관련성이 없어 보인다. 재현을 거부하는 최근의 경향의 또 다른 근거는 서양 철학에서 실재론과 관념론 사이의 오랜 논쟁을 다시 불러일으키고 있다. 이는 컴퓨터와 데이터는 그 기능 면에서 본질적으로 비물질적이라고 가정했던 1990년대 사이버컬처의 위선적인 판타지에 대한 보수적 대응과 연관되어 있다(Munster 2014, 327-28). 재현 비판에 대한 피로와 함께, 실제의 삶이 어떻게 언어와 이미지를 통해서 구성되는지에 대해 토론하는 이론적 패러다임에 대한 피로도 존재해 왔다. 이는 부분적으로 재현 비판에 대한 피로 내지는 고갈이라는 관점이 기술의 물질성을 간과하기 때문이다. 하지만 위의 사례에서 나타나듯이, 구성적 관점으로부터의 분리는, 정치가 "리얼리티"에의 관여에서부터 나올 것이라는 거친 가정에 경도되면서 복합적인 정치적 목표를 간과하는 결과를 낳았다(Sterne 2014, 123). 이는 실재적 물질성real materiality과 비실재적irreal이라고 가정되는 재현, 이미지, 그리고 말 사이에 문제적인 분리를 만들면서, 고대 그리스까지 거슬러 올라가는 오랜 철학 논쟁을 반복하고 있다.

비물질성에 대한 유토피아적인 기술적 믿음에 대해 미디어 이론가들이 가지고 있는 부정적 반응은 설명하기 쉽다. "사이버스페이스"는 흔히 물리적 실재와는 분리되어 존재하는 또 다른 세계로 그려졌다. 거기에서 신체와 정신은 물리적 한계에 의해서 제한받지 않는 것으로 가정되었다. 그러나 인터넷에 대한 우리의 메타포가 마치 인터넷이 모든 곳에 존재하며 또한 어느 곳에도 존재하지 않는 것처럼 사유하게 만들지라도, 컴퓨터와 데이터가 물리적 형태를 결여하고 있는 것은 아니다. 우리가 기술과 맺는 상호작용은 종종 인간에게 단순하게 지각되지 않는 물리적 파동과 주파수를 포함하는 "무선성wirelessness"의 경험과 관련되어 있다(Mackenzie 2010). 소셜미디어의 데이터는 인간이 지각할 수 없는 방식으로 공간에 확산되어 있는 서버 팜server farms상에 존재한다(Bollmer 2016b; Hogan 2015). 인터넷은 아주 물리적인 측면에서 보면, 특정한 지리적 위치를 가진 일련의 한정된 전선, 파동, 신호들이다. 그 위치는 대부분의 인터넷 사용자들이 지각할 수 없다. 디지털 미디어의 물질성을 보여 주는 가장 좋은 예시는 DoD 5220.22-M이라는 1991년 미 국방성 문서로, 이 문서는 "미 산업 안전 프로그램 운용 매뉴얼Operating Manual for the National Industrial Security Program"이다. 이 매뉴얼은 미 국방성에 의해서 승인된 데이터 삭제 방법을 나열하고 있는데 여기에는 데이터를 삭제하고 덮어쓰는 기술, 하드 드라이브를 "삭제degauss"하는 자기장의 사용 방법, 그리고 옵션 M("파괴destroy: 해체disintegrate, 소각incinerate, 분쇄pulverize, 파쇄shred, 용해smelt") 등이 포함된다. 실제로 옵션 M은 하드 드라이브 원판platter을 물리적으로 구부리고 파괴하는 데 해군 연구소의 자석을 활용하는 내용을 포함하고 있다. 매슈 커센바움Matthew Kirschenbaum이 지적하고 있듯이(2008, 25-26), 우리가 컴퓨터의 저장 미디어에 존재하는 정보 흔적을 마치 일반적인 인간의 소비를 위해서 쓰인 것처럼 인식할 수는 없지만, 컴퓨터 포렌식 관련 기술들 ―손상되거나 삭제된 데이터의 복구와 수리를 위해 하드 드라이브를 열어 보는 것― 은 우리 데이터의 얼마나 많은 부분이 영구적일 수 있는지, 특히 단지 그 데이터들이 인간 의식을 넘어서 존재한다는 이유로 어떻게 일시적이고 비물질적인 것으로 가정되는지를 잘 보여 준다. 미 국방성은 기밀 유지를 위해서 저장 미디어를 물리적으로 파괴해야만 하는 것이다.

미디어 이론에서 물질적인 것을 강조하는 것은 다양한 측면에서 기술이 작동하는 방식에 대한 부정확한 이해를 교정하는 일이라고 볼 수 있다. 이것이 실재론과 관념론 사이의 역사적 분리와 어떻게 연관되는지 설명하기는 보다 더 어렵다. 철학적 범주들을 결코 변하지 않는 것으로 보아서는 안 되겠지만, 그리스 시대 이래로 철학에 〔존재했던〕 수많은 일반적 분류 방식은 오늘날까지도 존재하고 있다. 서론에서 살펴보았던 현존과 부재 사이의 분리가 그러한 예시이다. 또 다른 대립이 〔바로〕 관념론 철학과 실재론 철학 사이의 분리이다. 이는 한 사람의 정신 내부의 상징적 내용물과 한 사람의 사유를 넘어 존재하는 세계의 실재적, 물질적 존재 사이의 차이와 관련된다. 미디어연구에서 이러한 분리는 미디어에 대한 재현적 이해 방식(이미지는 재현을 넘어서 존재하는 실재를 내재적으로 반영하지 않는 정신적, 이데올로기적 실천들을 통해서 리얼리티를 만들거나 구성한다는 것이다) 사이에 존재하는 차이들을 특징짓고 있다. 그 차이는 다음과 같은 예시에서 나타나기도 한다. 사이버스페이스는 특정한 〔장소〕, 그리고 물질적인 분석(미디어란 물리적 구성물을 통해서 리얼리티를 구체화시키는 기기들이다) 안에 존재하는 신체들의 물질성에 기인하는 것이라기보다는 정신에 기반을 둔 "공감각적 환영consensual hallucination"이라는 주장이 그 예시이다. 하지만 많은 현대의 "실재론" 철학자가 물질성과 실재론을 동일시하는 것은 아니다. 이는 5장에서 다시 살펴볼 것이다. 물질성으로의 전회는 현재의 정보와 기술에 대한 이론에서 나타나는 간단한 문제를 해결하고자 하는 것으로 보일 수 있지만, 그럼에도 불구하고 과학과 인문학 사이에 존재하는 더 큰 대립의 기반이 되었던 오랜 논쟁을 다시 불러일으키고 있으며, 또한 리얼리티로부터 언어와 재현을 무의식적으로 분리시키는 방식에 개입하고 있다.

관념론 철학은 세계가 사람의 정신 속에 있는 관념에 의해서 구성된다고 주장한다. 가장 명시적인 관념론은 (다소 환원적이고 부정확하기는 하지만) 아일랜드 태생의 철학자인 조지 버클리 주교Bishop George Berkeley에 의해 제기된 것으로, 여기서 세계는 오직 사람의 의식적 정신 속에만 존재한다고 주장된다. 세계에 대한 주관적 지각이 외부 세계를 존재하게 만든다는 것이다. 어떤 버전의 관념론은 많은 대륙 철학에 중심적이다. 현상학, 또는 해석학 같은 철학 분파 전체는 에고, 또는 자아를 지각하고 해석하는 것의 우선성을 가정하면서 시작된다. 후설Husserl과 헤겔Hegel 같은 근대 철학자, 그리고 보다 최근의 수많은 포스트모던 이론가들은 주관적 의식과 해석이 외부 세계를 가능케 하는 것으로 본다(이러한 관점들은 보통 "관념론"에 대한 비판이 주장하는 것보다는 조금 더 복합적이긴 하다). 물질은 관찰되기 전까지는 구분할 수 없음을 주장하는 양자 물리학에 대해 사유하는 한 방식은 그것을 관념론 철학의 연장으로 바라보는 것이다.[4] 〔이들은〕 우리가 경험할 수 있는 순수한, 매개되지 않은 외부 세계란 존재하지 않는다고 본다. 즉 의식이 우리의 지식을 만드는 데 핵심적이라는 말이다.

극단적으로 보았을 때, 관념론은 유아론solipsism이 될 수 있다. 유아론은 우리가 알 수 있는 유일한 것은 의식과 정신이 존재하고 있다는 사실뿐이라는 철학적 주장이다. 유아론은 르네 데카르트Rene Descartes의 유명한 주장, "나는 생각한다, 고로 존재한다cogito ergo sum"를 통해서 생각해 볼 수 있다. 데카르트는 『제일철학에 관한 성찰Meditations on First Philosophy』에서 〔자신이〕 마치 신에 의해서 기만당하거나, 또는 악마에 의해서 조종당하고 있는 듯이 외부 세계의 현실을 이해하는 그의 능력을 의심한다. 이런 극단적 수준의 의심을 가지고 데카르트는 내가 생각하기에 내가 존재한다 ─또는 보다 정확하게, 나의 신체가 아니라 나의 정신이 존재한다─

---

4  이는 양자 이론의 대중적 확산 과정에서 형성된 잘못된 해석으로, 양자 물리학을 서구 근대성에서 나온 해석과 현실에 대한 관념론의 믿음으로 회귀시키는 왜곡이다. 유물론적 페미니즘 시각에서의 양자 이론에 대한 설명으로는 버라드(2007, 247- 352, 457f138) 참조.

고 결론짓는다(2006, 13-19). 데카르트는 사유의 존재가 오직 나의 사유가 존재함만을 보여 줌에도 불구하고, 〔사유의 존재가〕 사유를 행하는 의도를 지닌 존재를 전제한다고 보고 있다. 데카르트의 오류는 유아론의 핵심으로, 그는 유아론을 통해서 정신과 신체는 근본적으로 분리된 것이라는 이분법적 믿음을 주장했다. 이는 수많은 대중적 사이버컬처 판타지에서 나타난다. 인간 의식은 신체로부터 다운로드될 수 있으며, 또한 다른 곳으로, 로봇의 몸이나 컴퓨터 시뮬레이션, 또는 다른 사람의 신체로까지 업로드될 수 있다는 환상이 그것이다. 우리는 실험용 용기 안에 든 두뇌일 뿐이거나 심지어는 물질성으로부터 추상화된 완전히 탈신체화된 의식일 수도 있다. 우리는 정신(또는 악마)이 우리 경험의 총체를 구성해 놓았음을 알 도리가 없다.

　─극단적 형태의─ 관념론은 초기 디지털 미디어에 대한 많은 믿음, 특히 캐서린 헤일스Katherine Hayles(1999)가 "포스트휴머니즘"이라 불렀던 것에서 핵심적인 역할을 했다. 포스트휴머니즘 ─보다 정확하게는 "트랜스휴머니즘"(Wolfe 2010)─ 은 사이버네틱스의 역사에서 나온 담론이다. 1990년대 기술찬양론자technophiles와 "기술적 특이성technological singularity"을 기대했던 이들 사이에서 인기가 높았던 버전에서는 인간 의식이 컴퓨터 소프트웨어와 유사하다는 주장이 제기되었다. 정신은 인간 신체로부터 추출될 수 있으며, 컴퓨터 프로그램이 호환 가능한 아키텍처와 구동 시스템을 갖춘 어떤 시스템에서도 구동될 수 있는 것처럼 정신도 다른 유사 시스템에서 구동될 수 있다는 것이다. 이런 믿음을 가진 이들은 가까운 미래에 우리는 생물학적 신체와 분리되어 합성 기술 유기체로서 살 수 있을 것이라고 주장한다. 그리고 이런 미래의 꿈과 함께 세컨드 라이프, 또는 오큘러스 리프트Oculus Rift〔가상현실 기술〕와 같은 일상

생활 기술 인터페이스들이 만들어졌다.

포스트휴먼의 미래에서 인간의 신체를 떠난다는 것은 인간이기를 떠난다는 것을 의미하는 게 아니다. 인간성은 기술의 사용을 통해서 완성되기에 포스트휴먼의 미래는 계몽적 휴머니즘의 이상을 성취한다. 정신은 물질로부터 완전히 분리된 순수한 이상적 실체로서 상상력과 정신적 합리성에 의해서만 제한받으며, 세계 창조의 유일한 행위자가 된다. 체현embodiment과 물질성은 피해야 할 것, 버려져야 할 것으로, 탈신체화된 실체로서 존재하는 인간 본질의 표현에 있어서 한계이다(Wolfe 2010, xv). 인터넷에 대한 논의에서 이런 포스트휴먼의 관념이 영속화되는 것은 기술의 역사를 공부한 많은 이에게는 화가 나는 일이다. 왜냐하면 부분적으로는 그 주장이 틀린 것으로 밝혀졌음에도 불구하고 여전히 사라지지 않고 있기 때문이다(컴퓨터 코드에 기반을 둔 정신 모델이 1990년대에 인기가 높았고 인공지능 발전에서 여전히 나타나고 있지만 오늘날의 정신과 의식에 관한 신경과학 이론들은 정신, 두뇌, 신체가 분리될 수 있다는 믿음을 받아들이지 않고 있다). 정보는 물질적 제한으로부터 자유롭다는 믿음, 또는 인간은 본질적으로 정보 패턴이라는 믿음은 휴대폰, 소셜미디어, 그리고 "정량화된 자아quantified self"의 생산을 돕기 위해 발명된 도구들에 대한 일상적 상상 속에서 흔히 나타난다.

극단적 형태의 관념론은 유용한 철학이 아니다. 〔그러한 관념론에 따르면〕 결국 사람은 필연적으로 자신의 정신 속에 갇히게 된다. 그러나 오늘날의 많은 이론은 관념론의 보다 약화된 버전을 사실로서 받아들인다. 이 버전은 언어와 이미지를 통해서 걸러진 어떤 해석의 경험 없이는 세계를 알 수 없다고 주장한다. 우리는 어떤 관념이나 형식을 세계에 투사하며, 그 결과 언어와 사유를 통해서 세계를 만들거나 구성하게 된다. 이러한 세계의 구성은 어느 개인의 정신에서 내재적으로 나오는 것이 아니라 재현을 통해서 영속화된다. 앞에서 이루어졌던 재현에 대한 우리의 토론에서처럼, 말과 이미지는 우리의 정체성과 타자와의 관계를 이해하는 방식에 영향을 준다. 이 정체성은 자연스러운 것이 아니라 사회적으로 구성된다. 예를 들어, 말은 그 말이 묘사하는 사물이나 경험 속에 영구적으로 내재해 있지 않다. 대신에 말은 특정 언어 체계를 넘어서 번역할 수 없는 자의적인 체계적 차이를 수행한다(de Saussure 1972 참조). 많은 이가 대중 저널리즘으로부터 영어 단어에서는 나오지 않는 경험이나 사물을 묘사하는 다른 언어들을 찾아볼 수 있었다. 심지어 어떤 중요한 말(독일어의 샤덴프로이데schadenfreude〔샤덴프로이데는 남의 불행을 보면서 느끼는 기쁨이라는 의미〕 같은 단어처럼)은 우리가 경험하는 것, 그리고 타자와 관계 맺는 방식에 대한 우리의 상상을 재구성하는 데 사용될 수 있다. 위에서 살펴본 정체성의 재현과 같이, 이런 말과 이미지는 한 개인으로부터 나오는 것이 아니라, 그 말과 이미지의 유통이 리얼리티를 구성하는 것이다. 이때 그 리얼리티의 기원은 인간의 인식 너머에 존재하는 세상의 물질적 사실성에 내재하는 것이 아니다.

다른 한편, 실재론은 세상이 인간의 의식 너머에 존재한다고 주장한다. 객체와 사물은 인간의 주관적 정신 바깥에 실재로서 존재하고 있다는 것이다. 실재론은 때때로 일상생활에서 우리가 세상에 대해 생각하는 것과 다르지 않다. 우리는 사람과 우리 주변의 사물은 실재하는 것이며 우리 의식의 단순한 투사가 아니라고 생각한다. 우리 주변의 사람들은 애니메이션이 아니며 우리 의식에 의해서 존재하는 환영도 아니다. 우리는 다른 사람들의 생각을 알 수 있는 방법이 없음에도 ―다른 사람들이 생각 자체를 하고 있는지, 심지어는 그들이 존재하는지조차 확신할 수 없음에도― 이를 믿는다. 실재론은 세상에서 우리의 행위 방식에 있어서 핵심적이다.

관념론, 또는 실재론으로 불릴 수 있는 많은 상이한 입장이 존재한다. 그중 어느 것도 완전히 상호 환원적이지 않다. 하지만 관념론은 리얼리티 구성에서 언어와 재현의 역할을 인정하는 입장들을 공격하기 위한 어떤 것이 되었다. 버클리 주교에 의해 발전된 강한 버전의 관념론을 믿는 사람은 거의 없다. 하지만 대륙 철학의 비판적 전통을 따르는 많은 이는 언어, 재현, 그리고 의식이 우리의 경험을 생산한다는 약한 버전의 관념론을 신뢰한다. 여기서 외부 현실은 사물과 범주들로 이루어지는데, 바로 이 사물과 범주를 통해서 우리는 외부 세계를 이해한다. 철학자 캉탱 메야수Quentin Meillassoux(2008)는 이 시각을 "상관주의correlationism"라 불렀다. 어떤 면에서 우리는 외부 현실이 우리 정신 안에 있는 질서 있고 담론적으로 생산된 콘텐츠와 "상관correlate"되어야 한다고 생각하기 때문이다. 결과적으로 우리는 언제나 외부의 물질성을 인간의 의식을 명령하는 재현 범주들로 환원하기 때문에 결코 세상의 물질적 현실에 다다를 수 없다.

유물론과 실재론은 완전히 통합될 수 없다. 왜냐하면 여기서 모두 다루고 있지는 않지만 여기에는 수많은 변형이 존재하기 때문이다. 하지만 기술의 물질성으로의 전회는 실재론으로의 전회와 맥락을 같이한다. 두 관점 모두 재현의 언어적, 구성주의적 측면을 거부하기 때문에 이 두 입장의 접합 지점이 존재한다. 만약에 미디어연구가 재현에 관심을 가져 왔고 이 관점이 수많은 다른 환경에서 고갈된 것처럼 보인다면 오늘날 미디어연구는 어디를 보아야 하는가? 특히 이 질문은 만약에 우리가 미디어에 대한 우리의 관심을 오랫동안 뒷받침해 온 정체성과 차이에 대한 정치적 관심을 유지하고자 한다면 적절한 것이다. 우리는 디지털 미디어가 모든 것을 어느 정도 비물질적 이미지로 바꾸어 놓았다는 시각을 거부해야만 한다. 하지만 우리는 퇴행적인 방식, 즉 우리 일상생활의 구성에서 재현이 더 이상 존재하지 않는다거나 어떤 영향도 없는 것처럼 여기는 "리얼리티"에 동조하면서 재현 비판의 정치적 목적을 간단하게 무시하는 방식으로 구성주의를 거부하지는 않도록 주의해야만 한다(Sterne 2014 참조). 그리고 또한 오늘날의 실재론으로의 전회 이전에 존재했던 많은 유물론적, 또는 실재론적 철학들은 철학자 엘리자베스 그로스Elizabeth Grosz가 "실체 없는 것the incorporeal", 또는 "물질적인 것, 또는 실체 있는 것 안에 존재하는 관념적인 실체"라고 불렀던 것과 연관된다. 그로스는 보다 확장되고 덜 환원적인 유물론을 발전시킬 필요성을 주장한다(2017, 5).

어떤 면에서 이 책은 이런 문제들에 대응하기 위한 시도이다. 나는 미디어 연구가 역사적으로 관심을 가졌던 정치적 질문들에 개입할 수 있는 도구를 제공함과 동시에, 세계를 오직 언어와 이미지만의 인간적 한계로 환원할 수 없는 것으로 개념화하고자 한다. 우리는 미디어가 물질적이며, 또한 이후에 더 자세히 논의되고 있듯이, 재현에만 집중하는 것은 리얼리티 생산에 있어서 비인간적 행위자들의 역할을 간과하는 경향이 있다는 점을 인식해야만 한다. 더 큰 맥락에서의 논쟁으로 인해, 그리고 디지털 미디어라는 맥락 때문에, 사물이 재현되는 방식에만 집중하는 것은 오늘날에는 특히 효과적이지 않다. 하지만 재현에 대한 정치적 관심은, 그것이 시민의식이든 평등과 차이의 배분, 그리고 정의를 위한 투쟁이든, 단순히 과거의 유물인 것처럼 무시되어서는 안 된다. 따라서 1장의 결론에서는 재현을 물질적이며 담론적인 실천 —리얼리티를 묘사하고 반영하는 실천이 아닌, 리얼리티를 수행하는 실천— 으로 규정하는 작업을 수행하고자 한다. 재현의 수행성을 강조함으로써 우리는 기술의 물질성이 재현 비판의 관심과 상호교차될 수 있는지에 대해서 살펴보기 시작할 수 있다. 이는 재현을 대체하고자 하는 것이 아니라 재현이란 무엇이고 무엇을 하는지에 대한 우리의 이해를 확장하고자 하는 것이다.

## 수행적 실천으로서의 재현을 향하여…

서론에서 언급했듯이, 나는 "수행perform"이라는 단어와 관련된 단어들을 사용할 때 수행적 발화에 대한 언어철학자 오스틴의 이론을 따르고 있다. 『말과 행위: 오스틴의 언어철학, 의미론, 화용론How to Do Things with Words』(1975)이라는 제목으로 출판된 일련의 강연에서 오스틴은 서양 철학자들이 전통적으로 "진술statement"을 언제나 참이나 거짓으로 판단 가능한 어떤 사실을 단순히 "묘사describe"하거나 "진술state"하는 것으로 간주해 왔다는 점에 주목한다(1). 이런 의미에서 말이란 존재하는 어떤 것을 얼마나 잘 거울처럼 비추는지에 따라서 판단되는 방식으로 외부 리얼리티를 반영하기에 존재하게 된다. 오스틴은 철학자들 대부분이 현실을 구성하는 데 있어서 정신과 재현의 힘에 대한 관념적 믿음을 나타낼 때조차도 말이란 외부 세계의 물질성에 대한 비물질적 반영에 다름 아니며, 그리고 하나의 진술은 일종의 실재적 객관성에 얼마나 잘 접근하는지에 따라 판단될 수 있는 것처럼 생각한다고 주장하고 있다.

하지만 오스틴은 이러한 시각이 객관적으로 틀린 것이며 그 증거는 우리 일상생활에서의 수많은 상이한 진술의 존재에서 찾아볼 수 있다고 주장하는데, 그에 따르면 그 진술들은 물질적 변화를 묘사하는 것이 아니라 그 변화를 수행하는 데 기여하고 있다. 오스틴은 다음과 같은 예시를 제시한다. "'네 합니다I do'(이 여성을 여러분의 법적 배우자로 받아들인다는 의미로) ─결혼식에서 말하는 경우… '나는 이 배를 《퀸 엘리자베스》라고 칭한다' ─선측에 〔예를 들어, 샴페인〕 병을 부딪칠 때 말하는 경우… '나는 내 시계를 내 형제에게 남긴다' ─유언장의 경우."(5) 이런 예시들이 수행적 발화이다. 이를 통해서 오스틴은 리얼리티를 말과 이미지의 세계와 분리된 어떤 것으로 규정하는 모든 시도에 의문을 던진다. 반대의 시각이 있을 수 있다. 이런 진술들은 크게 발화되지 않으며 공식 문서에 모두 쓰여 있고 실제 변화를 수행하는 것은 문서화라고 말이다. 하지만 비록 쓰여 있다고 해도 이 말들이 어떤 것을 행한다는 사실은 변하지 않는다. 계약은 묘사description가 아니다. 오스틴의 예시에서 수행적 발화는 외부 세계를 반영하는 것이 아니라 법적, 재정적, 그리고 사회적 의미를 가진 물질적 변화를 가져온다.

철학자 주디스 버틀러는 『젠더 트러블Gender Trouble』(1990)에서 오스틴의 언어론을 확장하여 젠더를 수행적인 것으로 설명한다. 버틀러는 젠더를 누군가의 "존재is"로 설명하지 않고 누군가가 "행하는does" 것이라고 주장한다. 오스틴이 논의한 수행성의 표현들처럼, "여성적", 또는 "남성적"인 것으로 규정된 의례, 상징, 규범들은 특정한 젠더를 가진 신체들을 생산한다. 많은 사람은 버틀러의 젠더 이론을 관념론, 또는 구성주의의 극단적 형태로 간주했다. 남성이 여성처럼 입고 행동하거나 여성이 남성처럼 입고 행동하는 드래그drag의 실천과 관련된 버틀러의 예시들 때문에, 버틀러는 "진짜" 신체와 "진짜" 생물학적 성은 중요하지 않다거나, 또는 젠더가 하나의 역할 수행이라는 의미에서의 "수행성"이라고 주장하는 것처럼 보인다. 하지만 이는 버틀러에 대한 흔한 오해이며 버틀러가 주장하려는 바가 전혀 아니다. 드래그의 사례를 통해서 버틀러가 주장하는 바는 젠더라는 자연적 사실은 전복된다는 것인데, 하지만 이는 오직 "젠더가 헤게모니적 젠더로 생산되어 자연적인 것과 독창성에 대한 이성애적 주장에 도전하는 유사 구조를 반영하는 정도만큼"(1993, 125)만 그러하다는 것이다. 많은 버틀러 저작의 독자에게, 본질적으로 남성은 남성적이고 여성은 여성적임을 가정하는 이성애적 젠더 수행성의 자연성을 대체하는 데 있어서 드래그를 통한 젠더 전복적 행위는, 어떻게 신체가 남성과 여성이란 무엇인지를 구성하는 데 있어서 아무런 역할도 하고 있지 않은지를 보여 주는 것이라고 사유된다. 〔이에 따르면〕 중요한 것은 어떤 해석과 타자들에 의해서 무언가 문화적으로 인식할 수 있는 것으로 이해되는 젠더의 상징적인 외적 표출이라고 가정되는 것이다. 남성성과 여성성은 물질적 사실이 아니라 관념적 구성물로 여겨지며, 타자에게 남성적, 또는 여성적으로 보이는 특정한 방식에 의해서 영속화되는 것이라고 이해된다. 성sex —즉 신체의 생물학적 물질성— 은 젠더를 재현하는 상징적 수행과 연관되면서 사라지는 것처럼 보인다.

오해해서는 안 된다. 버틀러에 대한 이러한 관념론적 해석은 틀린 것이다. 이는 부분적으로는 수행성에 대한 버틀러의 강조 때문이다. 오스틴이 말을 물질적 실재에 개입하는 것으로 보기보다는 묘사하는 것이라고 가정한다고 비판했던 많은 철학자와 같이, 버틀러의 일부 독자들은 그가 다루는 젠더의 상징적 실천이 인간 신체의 물질적 실재를 없애 버리는 것으로 가정한다. 버틀러는 『의미를 체현하는 육체Bodies that Matter』(1993)에서 이러한 관점에 대한 거부 의사를 명확하게 하고 있다.

일부 젠더 "구성" 모델에 의해서 전제되고 있는 문화와 자연 사이의 관계는 문화, 또는 사회의 행위성을 자연상에서 이루어지는 것으로 전제하면서 자연은 그 자체로 문화의 필연적인 상대방으로서, 사회 바깥에 수동적인 표면으로 존재한다고 전제된다. … 만약에 젠더가 성의 사회적 구성이고 구성물의 수단들 말고는 "성"에 대한 어떠한 접근도 불가능하다면, 성은 젠더에 의해 흡수될 뿐만 아니라, "성"은 접근할 방도가 없는, 전 언어적prelinguistic 위치에 자리하고 있는 허구, 어쩌면 환상과 같은 것이 되어 버린다. (4-5)

버틀러는 물질matter(또는 의미)을 문화에 의해 완전히 결정되는 것으로 위치 짓는 관념론적 관점에 관심이 없다. 하지만 버틀러는 현실을 구성하는 말과 이미지의 권력을 부정하고 싶어 하지도 않는다. 신체는 그 물질성 안에서 의미를 갖는다. 하지만 신체가 신체란 무엇이며, 무엇을 하고, 다른 신체와 어떤 관계를 맺는지에 대해 우리가 이해하는 방식을 구성하는 의미화의 과정에서 벗어나는 것은 아니다. 버틀러는 "구성주의의 이러한 개념화 대신에 내가 주장하고 싶은 것"은 "장소site나 표층으로서의 물질matter 개념이 아니라 시간의 경과에 따라 경계, 고정성, 그리고 우리가 물질이라고 부르는 표층의 효과들을 발생시키며, 시간의 경과에 따라 안정화되는 물질화의 과정으로서의 물질 개념으로의 회귀이다"(9)라고 말한다.[5] 버틀러가 "물질화"라는 용어를 사용할 때 버틀러는 특정 형태의 물질matter이 상징, 실천, 그리고 재현과 연관되어 의미를 갖는 matter 과정에 주목하고 있는 것이다. 버틀러는 물질성의 중요성을 부정하지 않는다. 다만 〔그는〕 물질성과 우리의 관계가 어떻게 물질적 실재와 상징적 의미, 양자가 우리의 경험과 지식을 구성하는 과정인지를 보

5   따로 표시되지 않는 경우, 인용에서의 모든 강조는 그 인용의 원저자에 의한 것이다.

여 주고 있다.

여기서 버틀러는 "성"과 같은 것은 반복적 행위를 통해서 등장한다고 주장하고 있다. 이 반복 행위들은 정체성에 대한 규범들에 따라서 인식되고 이해되는 성의 능력을 통해서 "물질화한다." 우리는 언제나 신체는 물질적으로 존재한다는 전제를 가지고 시작해야 하며 신체들은 그 신체의 물질성으로부터 연유하는 특정한 방식으로 작동함을 이해해야 한다. 하지만 우리는 이 신체들이 물질화하는 방식에 대해 ―담론적 방식을 제외하고는― 이해하고 있지 못하다. 여기서 담론적 방식이란 신체를 분류하고, 신체들을 정치적, 의학적, 그리고 법적 제도에 의해 인식되도록 만들며, 그리고 정상적인 것과 병적인 것에 대한 믿음에 기반을 두고 이들을 정반대편에 위치시키는 방식을 말한다. 이를 통해서, 신체는 무엇을 행하여야 하는지, 어떤 신체가 성공하고 실패하는지, 그리고 교정되어야만 하는지에 대한 질서 부여와 규정짓기가 이루어진다. 담론적 방식은 신체가 물질화의 방식을 통해서 의미를 갖는 방식에 대한 이해만큼이나 중요하다. 물질화 방식은 어떤 신체가 그 한계를 넘어서 표시되지 않는 신체로서 존재하는 방식을 이해하기 위해서 신체를 있는 그대로 파악하고 분류하는 방식이다. 모든 신체는 물질적이지만 모든 신체가 물질화하는 것은 아니다. 오히려 두 가지의 접합은 물질화한 것으로 여겨지는 것들을 가시화하고 인지 가능하게 만드는 데 일조한다. 이는 모든 물질을 포함하지는 않는 범주이다.

버틀러의 주장은 미디어연구와 문화연구에서 흔하게 오독되어 왔고 계속해서 오독되고 있다. 버틀러의 이론은 그의 수행성 이론의 핵심인 물질성에 대한 복잡한 정의를 간과하는 구성주의 패러다임과 빠르게 겹쳐지게 된다. 이 점에서 라라 크로프트에 대한 우리의 논의로 되돌아가는 것은 도움이 된다. 만약 〔우리가〕 이 장의 시작에서처럼 크로프트를 물질적 실재와 다소 분리된 방식으로 "여성"을 반영하거나 재현하는 이미지로 사유했다면, 우리는 이제 크로프트를 "여성의 신체"에 대한 특정한 접합을 수행하는 이미지로, 즉 다른 수많은 물리적 실천과 행위들의 반복으로 생각해야만 한다. 크로프트는 포르노그래피의 한 캐릭터로도 등장한다. 그는 한창 인기가 높았던 시기에는 잡지 표지와 광고에도 등장했다. 그의 아바타는 《툼 레이더》의 플레이어들이 특정 게임에서 마주치는 캐릭터이다. 그의 이미지는 욕망을 조정하고 정동적, 성적, 그리고 경제적 의미의 신체 규범들을 규정한다. 이 과정에서 가치 ―즉 어떤 신체가 의미를 갖고, 또 〔어떤 신체가〕 의미를 갖지 않는지― 의 위계에 따른 상이한 신체 구분 방식은 "여성"이 어떻게 행위해야 하는지, 여성 게이머는 어떻게 행위해야 하는지, 그리고 남성과 남성 게이머는 어떻게 행위해야 하는지를 규정하는 실천들을 통해서 판단된다. 이들은 단순히 정확하거나 부정확한 것으로 판단되는 재현들이 아니라, 이미지에 대한 집착과 이들이 만들어 내는 관계들을 통해서 물질적으로 수행되는 행위의 장소들locations이다.

앞에서 살펴본 "어니타 사키지언 때리기" 게임의 사례에서는 행위의 수행적 측면이 훨씬 더 명확해진다. 즉 이 게임은 플레이어로 하여금 한 여성에 대한 폭력의 행사를 용인하는 것이다. 비디오 게임 문화에서의 재현을 관념적인 것으로 간주하는 것은 엄청난 성차별적 상상을 영속화한다. 왜냐하면 게임은 "실재가 아니"라고 간주되기 때문이다. 지금까지 주장해 온 것처럼 이러한 행위들은 수행적이며, 남성의 행위와 여성의 행위 방식, 그리고 남성과 여성의 내부작용 방식 ―이는 적절한 행동의 한계를 은연중에 규정짓고 특정한 신체가 더 이상 "물질화하지" 않기 때문에 이를 비물질화하면서, 다시 "남성"과 "여성"의 존재를 그 물질성 안에서 규정하게 된다— 을 규정하는 관계들을 영속화하는 데 일조하고 있다. 사키지언이 (사람이라기보다는) 하나의 이미지가 됨에 따라, 그가 자신의 집을 떠나고, 하기로 했던 강연에서 총격 위협(그의 비디오 "표현 대 여성" 중 하나가 발표된 후에 벌어진 일이다)을 받을 정도로까지 그를 괴롭히는 것이 용이해진 것이다. 그의 신체는 더 이상 의미를 갖지 않는 것이다. 왜냐하면 그가 특정한 신체와 행위는 적절한 것으로, 그리고 다른 신체와 행위는, 그들의 물질성 안에서, 부절절한 것으로 인식하는 차이의 체계에 부합하지 않기 때문이다. 하지만 "더 이상 의미를 갖지 않는다 cease to matter"는 것은 여전히 물질적이다. 그것은 상상적인 것으로 무시될 수 없는 실제 행위, 실제 신체, 실제 관계들과 연관되기 때문이다. 성과 젠더의 물질성은 순전히 인간 신체의 생물학적 사실로부터만 연유하는 것이 아니라, 무엇이 신체이고, 신체는 무엇을 행하며, 그리고 어떻게 상호 연관되는지를 결정하는 관계적 연관으로부터 나오는 것이다. 성과 젠더의 물질성은 순전히 재현적인 세계로 흘러가는 것이 아니라, 재현이 관계를 수행하고 생산하는 물질적 행위가 되는 방식을 강조한다.

어떤 면에서 이는 우리를 이 장의 시작으로 되돌리는 것처럼 들릴 수 있다. 즉 우리는 방금 수행성 개념을 통해서 재현 개념을 재규정함으로써 재현 개념을 구제했다. 이는 어느 정도 사실이다. 나는 재현 비판의 정치적 중요성을 우리가 간과하지 않도록 계속해서 같은 주장을 반복해 왔다. 그러나 이 시점에서, "재현"이라는 용어는 말과 이미지의 권력을 적절히 묘사하는 데 적절치 않을지도 모른다. 캐런 버라드(2007, 46-47)가 말하고 있듯이, 우리가 "재현"을 사용할 때, 우리는 물질세계와 상징세계 사이에 존재론적 분리를 가정하고 있다. 버틀러의 수행성에 대한 강조를 통해서 우리는 이러한 잘못된 이분법을 피할 수 있다. 재현은 물질적인 것이라고 말하는 것만으로는 충분하지 않지만, 동시에 재현은 그것이 만들어지는 물질적 조건들 때문에 현실의 재현 생산에서 행위하며 행위되어진다. 버라드는 다음과 같이 말한다.

수행적 접근은 한편에 재현이 있고 다른 한편에 재현을 기다리고 있는 존재론적으로 분리된 어떤 것이 있다는 재현주의의 주장에 의문을 던지면서, 재현의 실천이나 수행성뿐만 아니라 그 생산적 효과와 조건에 주목한다. 수행적 [접근]은 앎knowing은 거리 두기에서부터 나오는 것이 아니며, 재현하기representing는 세계와의 직접적인 물질적 연관으로부터 나오는 것이라는 사실을 고려한다. (49)

과학철학자 버라드는 페미니즘 이론과 물리학의 역사로부터 나온 사상들을 뛰어나게 엮어서 실재론-관념론의 이분법을 제거하고 재현을 수행적 실천의 한 형태로 개념화한다. 재현은 물질적 행위의 결과이며, 지식을 구성하는 데 있어서 물질적 효과를 가지고 있다. 지식을 재현하는 우리의 방식은, 무언가를 쓰고, 기록하고, 커뮤니케이션하는 데 있어서 기술이 가지고 있는 물질적 가능성으로부터 나오는데, 이는 물질화 과정의 결과로 신체들에서 나타나는 차이와 유사점을 만들어 낸다. 그리고 우리에게 중요한 점으로, "인간"은 이러한 새김들을 만들어 내는 힘을 가진 유일한 존재가 아니다. 오히려 인간 신체와 기술적 어셈블리지의 상이한 접합들이 "인간적"이란 것은 무엇인지, "신체"란 무엇인지, 무엇이 신체로서 받아들여지는지, 무엇이 재현될 수 있는지, 그리고 어떻게 기록되고 이해되는지의 질문들을 낳는다.

# 결론

1장은 재현 비판의 실패에 대한 기나긴 내러티브를 검토하면서, 동시에 재현이 미디어연구와 문화연구를 오랫동안 특징지었던 정치적 관심에서 핵심적임을 주장했다. 〔이를 위해〕 미디어연구가 어떻게 전통적으로 이데올로기와 헤게모니 같은 개념들을 통해서 재현을 이해하고 비판해 왔는지를 검토하면서 시작했다. 이미지를 일관된 방식으로 해석하지 못하는 무능력, 디지털 미디어를 덜 실재적인 것으로 이해하는 잘못된 방식, 그리고 현대 이론에서 실재론으로의 전회 등을 포함하는 수많은 이유로, 재현 비판은 이제 정치적, 지적 실천으로서 그 수명을 다했다는 정서가 있다. 하지만 미디어연구에서는 재현을 강조하는 정치적 이유들이 오랫동안 존재해 왔다. 그 이유는 시민권의 실천 및 정체성의 정치와 직접적으로 연관되는 것이다. 우리는 미디어에 대한 더 물질적인 이해를 도모하는 과정에서 이러한 정치적 관심을 무시할 수 없다. 따라서 〔우리는〕 수행 유물론을 도입함으로써 이미지와 말을 물질적 실재로부터 분리해 내는 구성주의적, 또는 관념론적 방식을 제거하고 재현 비판의 문제를 재구성했다. 주디스 버틀러와 캐런 버라드의 저작을 통해서 우리는 재현을 물질적 실천으로 재구성하여, 특정 신체가 물질적으로 존재하게 되는 방식을 어떻게 수행하고 있는지와 더불어 새김의 기술적 가능성에 의존하는 신체들과 실재 세계에서의 행위에 대해서 신체가 가지고 있는 물질적 능력 사이의 관계에 대해서 살펴볼 수 있다. 수행성을 강조함으로써 우리는 신체가 물질화하는 방식을 구성하고 결정하는 재현의 권력에 따라 재현이라는 것을 신체와 기술의 재현하는 물질적 능력 때문에 나타나는 어떤 것으로 개념화할 수 있다.

다음 2장에서 우리는 수행성에 대한 버라드의 이론화에 의해서 제시된 핵심 개념을 더욱 확장시킨다. 여기서는 충분히 발전되지 않은 개념으로, 그것은 새김inscription이라는 개념이다. 버라드는 어떻게 기술의 물질적 특성이 특정 측면만을 기록할 수 있었는지(동시에 다른 측면은 무시하면서)에 대하여 주목하고 있다. 기억을 돕는mnemonic 다른 반복적 테크닉과 함께 새김을 강조하는 것은 역사, 문화, 그리고 시간 그 자체의 경험을 구성하는 데 있어서 기술의 중심성을 강조하는 것이다. 하지만 신체가 어떻게 물질화하고, 신체들이 상호 간에 어떻게 물질화하는지를 규정하는 데 있어서 핵심적인 것은 새기는 —어떤 것은 기록하면서 다른 것은 기록하지 않는— 기술의 물질적 능력이다.

# 2장

# 새김과 테크닉

## 방주Marginalia[1]

대부분의 미디어는 일정 기간 동안에 그 미디어를 특징짓는 특정한 물리적 형태에 맞는 기록을 통해서 무언가를 저장하도록 되어 있다. 〔예컨대〕 사진은 필름 표면에 비친 빛을 저장하고, 〔그 빛을〕 빛에 반응하는 종이의 화학약품을 통해 고정하여 영구적으로 만드는 것이다. 엘피 레코드는 표면에 파인 홈을 통해서만 소리를 저장할 수 있다. 디지털 미디어는 다양한 것들을 저장할 수 있지만, 이진수 정보로 전환될 수 있거나 하드 드라이브에 자기장으로, 또는 디브이디DVD와 블루레이Blu-Ray 디스크 위에 빛을 반사하는 물리적 홈으로 쓰임으로써만 가능하다. 이러한 기록 행위는 이 장에서 명확하게 설명되고 있는 이유로 완전히 정치적이다. 저장하고 기록하는 미디어의 물리적 능력은 그 미디어가 현실에서의 참여와 현실에서의 결정에서 차지하는 역할을 결정짓는다. 이런 물리적 능력에 주목하는 것은 미디어 분석의 목적을 재구성하게 만든다.

지금까지 이 책 전체에 걸쳐서 언급하고 있듯이, "텍스트text"는 오랫동

---

**1** 보통 방주(marginalia)란 책 등의 페이지 테두리 부분에 남겨진 메모나 흔적, 낙서와 같은 텍스트를 말하는데, 이 책에서는 이런 일반적 의미에 더해서 좀 더 광범위한 의미로, 어떤 승인된 공식 "텍스트"를 넘어서 존재하는 또 다른 종류의 코멘트를 의미하는 것으로도 쓰이고 있다.

안 미디어연구에서 연구하는 사물을 공통적으로 지칭하는 용어였다. 연구되는 사물이 "텍스트적textual"이지 않고 영화, 예술작품, 비디오 게임, TV 쇼, 또는 노래여도 마찬가지이다. 그럼에도 불구하고 우리는 다양한 형태의 미디어가 마치 문학작품인 양 취급해 왔다. 이는 모든 재현의 의미가 그 콘텐츠의 "의미"에서 발견된다는 믿음을 영속화시켰다. 마치 페이지에 있는 말들이 비평가에 의해서 "독해"될 수 있는 것처럼 여겨진 것이다. 문학 연구를 위한 많은 모델은 모든 미디어 형식으로 확장된다. 그리고 아이러니하게도 이 모델은 문학의 물질적 특정성을 다루지조차 않는다. 문학은 인쇄에 한정된다. 그 인쇄의 특정성(예를 들어, 인쇄 이외의 기술에서 말과 그 배치가 재구성되는 방식)에 대해서 말하지 않는다면, 우리는 문학에서, 그리고 문학이 어떻게 의미를 만들어 내는지에 대해서 무언가를 간과하게 된다. 이러한 접근 방식은 부분적이다. 왜냐하면 미디어의 물질성과 그 물질성이 어떻게 미디어를 독해, 시청하거나, 아니면 소비하는 것을 통해서 만들어지는 의미들과 결합되게 되는지를 간과하기 때문이다. 물질성으로의 전회와 기록이 어떻게 해석을 재상상할 수 있는지를 보여 주는 하나의 예시를 들어보자. 이 예시는 문학과 연관되어 유물론적 접근이 어떻게 매우 논쟁적이게 될 수 있는지를 보여 주는 놀라운 예시이다.

시인이자 수필가인 수전 하우Susan Howe는 『인클로저Incloser』(1993)라는 에세이에서 청교도 목사인 토머스 셰퍼드Thomas Shepard의 『자서전Auto-biography』편집자가 편집 과정에서 셰퍼드의 오리지널 텍스트의 86페이지에 해당하는 빈 페이지를 삭제한 것을 비판한다. 하우의 에세이 제목은 보통 "가두다enclose"로 사용하는 단어에 대해 웹스터 사전에서 부여한 철자(inclose)로부터 따온 것이다. 여기서 "인클로저incloser"란 웹스터가 "둘러막는" 사람, 또는 사물에 대해서 제공했던 명칭이다. 셰퍼드의 『자서전』은 식민지 뉴잉글랜드의 문화를 이해하는 데 있어서 핵심적인 역사 문헌으로, 작은 노트의 전반부에 쓰여 있다. 〔그런데〕 만약 셰퍼드의 오리지널 노트를 읽을 때, 이를 거꾸로 들어서 반대로 뒤집어 본다면 또 다른 글을 발견할 수 있다. 『자서전』과 잘 맞지 않는 것처럼 보이는 이 글을 셰퍼드의 편집자들은 "메모notes"라고 불렀다. 편집자들은 셰퍼드 글의 출판을 준비하는 과정에서 빈 페이지들을 삭제하면서 사람들이 그 메모를 읽기 위해서는 그 노트를 반대로 뒤집어 거꾸로 돌려야 한다는 사실을 간과해 버렸다. 왜 이 빈 페이지를 포함시켜야 하는가? 이 공백은 텍스트의 일부로서 어떤 기능을 가지고 있는 것인가(또는 메모를 왜 거꾸로 인쇄해야 하나)? 이 공백, 또는 셰퍼드 노트의 공간적 지향성은 셰퍼드의 글을 이해하는 데 있어서 왜 중요한가? 많은 이는 아마도 편집자와 같은 생각을 할 것이다. 빈 페이지들은 텍스트 자체의 일부가 아니며 우리가 『자서전』을 읽거나 이해하는 데 별로 중요한 영향을 미치지 않기 때문에 삭제해 버려도 된다는 것이다. 오직 말들만이 중요하다고 생각할 수 있다.

하지만 하우는 텍스트가 하나의 물질적 객체이며 페이지 위에 있는 말들 그 이상의 것을 포함한다고 주장한다. 단어들 자체의 모양, 종이 위의 공백, 글쓰기의 물질성, 이런 것들은 모두 물질적 객체로서 텍스트의 일부이며 모든 재출판에 반드시 포함되어야 한다. 글쓰기의 이러한 공간적 요소는 노래와 기억의 구술적 테크닉인 시의 역사와 관련되며, 이는 인쇄의 탄생 이래로 표현 수단으로서 글쓰기의 잠재성과 한계를 탐구하기 위해서 말들의 위치에 대해 페이지 위에 다양한 실험을 수행해 온 하우와 같은 시인들에 의해서 재해석되어 왔다. 미디어의 물질성과 시에 쓰인 "의미"는 연관되어 있다. 미디어 이론가 프리드리히 키틀러Friedrich

Kittler(1990b)에게도 그렇듯이, 하우에게 있어서 시란 무엇이 쓰일 수 있으며 어떻게 "글쓰기"가 표현될 수 있는지를 변형시키는 특정 기술들과 연관되어서만 존재하는 어떤 것이다.

문예비평가 월터 벤 마이클스Walter Benn Michaels는 하우의 견해에 동의하지 않는다. 〔그는〕 물질성에 대한 하우의 주장이 문학, 의미, 감각, 그리고 "진실"이라는 개념을 완전히 약화시키는 것이라고 보는 것이다. 만약에 우리가 물질성을 심각하게 받아들인다면, 누군가 "시를 쓰고 있는지, 아니면 그림을 그리고 있는지"(2004, 5)에 대해 무관심할 수 없다고 말한다. 우리가 물질성을 강조할 때 문학이나 시의 해석이란 개념은 의미의 해석에 의해서 드러나는 "지식"에 대한 것이 아니게 된다. 여기서 의미의 해석이란 마이클스에게 있어서 저자의 의도를 판단하는 것이다. 마이클스는 물질성은 글쓰기를 텍스트적인 것이 아닌 시각적인 것으로 변형시켜 문학과 시에 있어서 "진실"의 존재를 차단시켜 버리게 되며, 모든 해석은 단지 주관적 경험의 정교화에 다름 아니게 된다고 주장한다.

만약에 마이클스의 주장을 믿게 된다면, 〔우리는〕 저자의 의도와 주관적 경험 사이에서의 선택에 직면하게 된다. 하지만 또 다른 옵션이 있다. 다행스럽게도 (아이러니하게도 마이클스가 저자의 의도를 강조했을 때) 마이클스는 하우의 핵심 포인트를 간과하고 있다. 하우에게 원본 문서가 중요한 이유 중 하나는 방주marginalia —여기서 방주란 페이지 테두리 부분에 남겨진 메모 흔적, 낙서나 휘갈겨 쓴 메모와 같은 텍스트, 그리고 어떤 승인된 공식 "텍스트"를 넘어서 존재하는 또 다른 종류의 코멘트를 말한다— 가 편집 과정에서 흔히 삭제되기 때문이다. 하지만 여백은 역사적 사건들에 대한 사실적 증거를 찾을 수 있는 장소이다. 그 이유는 간단하다. 모든 미디어와 함께 무언가가 쓰이고 기록되며 새겨진다. 그 무언가는 의도적인 것이 아닐 수도 있고 명백하게 "텍스트적"이지 않을 수도 있으며, 또는 "의미"가 없을 수도 있다. 이 방주가 왜 중요한지를 설명하기 위해서 우리는 토머스 셰퍼드의 『자서전』에 대한 하우의 논의를 다시 살펴볼 수 있다.

셰퍼드는 "율법폐기론 논쟁Antinomian Controversy" —"무가 은총 논쟁Free Grace Controversy"이라고 불리기도 한다— 에서의 그의 역할로 인해 역사적으로 중요한 인물이다. 1636년에서 1638년까지의 시기에 매사추세츠Massachusetts주에 있던 한 청교도 집단 —가장 유명한 인물로 앤 허친슨Anne Hutchinson이 있다— 은 청교도 목사의 정통 가르침과 분리된 종교적 믿음을 주창하기 시작했다. 교회의 권위에 도전하고자 하는 그의 믿음과 의지로 인해 영향력 있는 종교 지도자였던 허친슨은 심판을 받아 매사추세츠주에서 추방되었다. 이 사건은 미국 종교의 자유 역사에서 중요한 유산이며 식민지 아메리카에서의 젠더 관계와 갈등의 중요한 사례이다. 허친슨으로 인해 우리는 종교적 믿음이라는 이름의 권위에 대항해 싸웠던 —적어도 단기간이고 패배했지만— 역사적 여성 인물을 발견하게 된다.

허친슨과 같은 인물들은 전형적으로 역사가 진행됨에 따라서 잊혀간다. 발터 베냐민이 말했던 유명한 말처럼, "야만의 기록이 아닌 문명의 기록은 없다. 문명의 기록이 야만으로부터 자유롭지 않듯이, 야만은 또한 한 소유자로부터 다른 소유자로 전달되는 방식에도 얼룩을 남긴다."(1968, 256) 또는 역사는 승리자에 의해서 쓰이며 역사는 역사적 투쟁에서 패배한 주변부의 저항자들을 소멸시키고 망각시킨다. 역사를 말하는 것은 이러한 갈등을 반복하는 것이며, 〔이는〕 역사를 우연성에 의해서라기보다는 신의 은총에 의해서 주어진 결과처럼 여기는 행위이다. 역사에서 "승리"하지 못한 이들 ―수많은 여성뿐만 아니라 일상생활에서 찾아볼 수 있는 대부분의 개인을 포함하여― 이 잊히는 일은 너무 흔하다. 예를 들어, 노동자의 역사는 노동자와 농민들이 권위 있는 역사 문헌에 나타나지 않기 때문에 과거에 대해 간접적으로 조사해야 한다. 여기서 권위 있는 역사 문헌은 지배계급의 교회에 의해서 쓰이는 경향이 있다 (Thompson 1963 참조). 하우는 매사추세츠주에서 ―셰퍼드와 같은― 남성들이 여성들의 간증을 문서화하는 일을 담당했던 시기의 다른 여성들의 흔적을 찾기 위해서 셰퍼드의 글을 들여다보았다. 많은 간증이 셰퍼드의 일기 속에 적혀 있었다. 이는 베냐민이 말했던 것처럼, 율법폐기론 논쟁을 이해하는 방식이 교회의 야만에 의해 영향을 받고 있음을 의미한다. 그러나 주변부를 살펴보면 우리는 이 야만이 배제하고자 했던 역사의 흔적들, 미디어의 물질성으로 인해 나타나는 흔적들을 발견할 수 있다.

셰퍼드는 같은 임무를 맡았던 다른 이들처럼 누가 말할 수 있는 권리를 가지고 있는지, 그리고 누구의 목소리가 청취될 권리가 있는지를 규정하는 규범이 주어진 상황에서 간증을 기록하는 데 있어서 특별히 훌륭한 임무를 수행하지는 않았다. 셰퍼드와 허친슨이 살았던 시대는 사회적, 종교적 억압이 극심했던 시기였다. 개인은 자신의 믿음에 대해 공개적으로 말할 수 없거나 말하려 하지 않았다. 여성들의 간증이 청교도의 권위에 의해서 쓰인 역사의 많은 부분을 차지하고 있다는 사실은 그 자체로 주목할 만한 것이다. 이 간증들은 신속하고 무관심하게 쓰였으며, 증언자들의 이름을 지워 버리는 용어와 상징이 사용되었고, 그들이 누구인지에 대한 간접적인 힌트만을 남겼다.

글쓰기의 물질성은 텍스트 안에 정동affect, 움직임, 그리고 글 쓰는 신체의 다른 흔적들을 텍스트 안에 새긴다. 그리고 텍스트가 인쇄되어 편집된 글들로 변할 때 이들은 사라진다. 이는 권위적 인물에게 글쓰기의 임무가 주어진 상황에서 이 역사적 시기에 〔그 역할이〕 핵심적이었음에도 불구하고 오직 잠정적으로만 기록되었던 여성들의 흔적을 지워 버린다. 여성들은 잠재적으로 편집 과정에서 그 존재가 사라지는 것이다. 셰퍼드와 그 편집자들은 "둘러막는 사람들inclosers"로서 행위하면서 무엇이 쓰이고 무엇이 기억되는지를 둘러싼 경계를 만들었다. 손글씨에서 인쇄 언어로 변화하는 과정에서 텍스트의 물질성도 마찬가지로 "둘러막는" 데 일조하게 되며, 무엇이 텍스트 안에 있으며 무엇이 텍스트 바깥에 있는지의 경계를 만들게 되는 것이다. 텍스트의 물질성을 망각하는 과정에서 역사의 일부였던 여성들은 더 이상 물질화되지 않는다. 하우가 말하고 있듯이, "우리가 문학의 경전들과 중심 내러티브의 한복판으로 들어갈 때, 우리는 우리 자신을 권력의 정당화, 망각의 연쇄, 포섭의 장치들에 위탁시키고 있는 것이다."(1993, 47) 하지만 우리는 페이지의 테두리, 주변부의 낙서들, 쓰이거나 잊힌 다른 역사의 흔적들을 살펴보면서 다른 방식의 독해를 수행할 수 있다. 하지만 이런 흔적들이 삭제된다면 이들은 더 이상 물질화되지 않는다.

오늘날 이런 종류의 삭제는 "프라이버시"와 "개인정보"라는 이름으로 법적 권위의 도움을 통해서 이루어지기도 한다. 크리스 크라우스Chris Kraus는 허구, 회고록, 예술비평, 그리고 이론적 사유를 담은 그의 소설 『아이 러브 딕I Love Dick』에서 클라스 올든버그Claes Oldenburg와 해나 윌키Hannah Wilke라는 예술가들의 이야기를 풀어놓는다. 이들은 1969년부터 1977년까지 연인으로 동거하고 동료로서 함께 작업도 했다.

1985년 클라스 올든버그는 미주리대학 출판사에 출판금지 명령을 요구한다. 이 출판사는 해나 윌키의 첫 번째 주요 회고록에 실릴 작품과 원고들을 한 권의 책으로 출판하기 위해 준비하고 있었다.

클라스 올든버그는 자신의 "프라이버시"를 보호하기 위해서 다음의 내용들을 삭제할 것을 요구했다. 1) 클라스와 해나의 8살짜리 조카가 함께 나오는 "생활용품 광고"의 사진 한 장. 2) 해나의 글에 있는 그의 이름에 대한 모든 언급. 3) "예술가들 장난감을 만들다Artists Make Toys"라는 공동 제작 포스터 사본. 4) 해나 윌키의 텍스트 "나는 반대한다I Object"에 있는 그와 해나 사이에 주고받은 서신에서 나온 인용들.

클라스의 명성과 해나 윌키를 보호할 의지가 없었던 미주리대학은 올든버그로 하여금 해나 윌키 삶의 커다란 부분을 삭제 가능하도록 했다. 『지우개, 지우-그이Eraser, Erase-her』 ─ 윌키의 후기 저작 중 한 저작의 제목. (1998, 217-18)


이 이야기를 통해서 크라우스는 어떻게 개인의 삶들이 상호교차되는지에 대해서 지적하고 있다. 삶이란 자신의 이미지와 자아에 대한 통제를 상실함을 의미한다. 하지만 이 통제는 문서, 새김, 그리고 예술작품에 대한 법적 규제를 통해서 다시 획득될 수 있다. 여기에 미래에 〔그 삶에 대한〕 증거로 무엇인가가 존재하는 것을 허락하거나 금지시키는 기록하는 미디어의 권력이 결합된다. 이 권력은 특정 개인들과 그들의 관계가 물질화되는 것을 허락(또는 거부)할 수 있다.

마이클스는 물질성에 위협을 느끼는 많은 문학비평가처럼 사물의 물질성으로의 전회는 ─물질성이 시와 문학 연구를 예술사, 고고학, 그리고 미디어 이론으로 변형시키는 것처럼 보임에 따라서─ "진실"로부터 멀어지는 것이며, 우리가 알 수 있는 유일한 것은 특정 사물에 대한 개인화되고 주관적인 경험이라고 믿는다. 그에게 있어서 물질성은 저자가 의도했을 때만 중요할 뿐이다. 자신의 존재가 편집되고 삭제된 여성들, 삭제된 흔적들, 법에 의해 파괴된 관계들은 그에게 중요치 않다. 유일하게 중요한 것은 셰퍼드가 그의 낙서로 무언가를 의미하는 것을 의도했는지의 여부, 또는 윌키나 올든버그가 그들의 저작이 이해되는 데 있어서 다른 저작의 존재가 중요하다는 점을 의도했는지의 여부이다(그들의 관계가 두 사람의 저작이 이해되는 방식에 있어서 중요하다는 명백한 사실에도 불구하고).

물질성은 단지 주관적인 것, 또는 그렇지 않은 경우 중요치 않은 것이라는 마이클스의 주장은 우리가 이미 살펴본 이유로 틀린 것이다. 물질성은 우리를 주관적인 느낌이나 저자의 의도로 이끄는 것이 아니라 하나의 미디어는 무언가가 쓰이고 이후에 저장되도록 한다는 객관적 사실로 이끈다. 이는 해석, 의도와 상관없이 그러하다. 하우가 주장하고 있듯이, 물질성은 잊힐 수 있는 역사적 사실에 대한 증거를 제공한다. 율법폐기론 논쟁의 경우에서처럼 물질성은 중요하며, 현재의 시점에서 물질화되지 못할 수 있는 여성에 대한 증거를 제공한다. 올든버그와 윌키의 사례는 기록에 대한 법적 규제가 어떻게 하나의 관계가 물질화되지 못하게 만들 수 있는지를 보여 준다.

이는 의미와 저자의 의도를 기록하고 기억하는 데 사용되는 미디어에 의해서 유발되는 특정 효과들에 주목하게 만든다. 시간이 지남에 따라서 무엇이 존재하게 되는가? 기록은 어떻게 경험의 조직화를 가능하게 하는가? 미디어는 어떻게 신체가 존재하고 행하는 방식을 형성하는가? 미디어는 어떻게 기억을 변형시키는가? 미디어는 어떻게 무언가가 발생하도록 하는가? 미디어는 무엇을 수행하는가? 이런 질문들은 우리가 감각, 경험, 창의적 표현을 이해하는 방식뿐만 아니라 우리가 "문화"라 부르는 것과 역사와 기억의 가능성을 규정하는 실천들에 대해 다양한 함의를 가진다. 1장에서 주장했듯이, 우리는 이런 점에서 재현에 대해서 재고해 볼 수 있다. 즉 재현의 문제를 "해석"(종종 주관적인 것으로 무시되는)의 관점에서 보는 것에서 벗어나 —하지만 동시에 결코 해석을 완전히 제거하지는 않는다— 미디어의 구체적인 특성, 그리고 미디어가 무엇을 하는지의 시각에서 다시 생각해 볼 수 있다. 우리는 무언가가 물질화되는 물질성에 대해 이해할 필요가 있다.

독일 미디어 이론가 마르쿠스 크라예프스키Markus Krajewski는 "봉사자server"와 "하인servant"의 역사에 대한 뛰어난 연구에서 미디어의 이해는 필연적으로 주변부 인식론epistemology of the marginal을 요구함을 보여 준다. 이는 하우의 주장처럼 페이지의 테두리에 주목해야 함을 의미할 뿐만 아니라, 지식이 어떻게 종종 표시되지 않고 숨겨진 신체와 물질성의 행위와 행위성을 통해서 존재하게 되는지를 이해해야만 한다는 것을 의미한다. 역사는 "하찮은 (것으로 추정되는) 행위, 일상적 작동, 지역적이면서 몸짓과 연관된 암묵적 지식으로 가득하다."(2018, 13) 우리는 말하지 않지만 그럼에도 불구하고 모든 지식의 가능한 진술에 필수적인 "서발턴subalterns"의 행위와 행위성에 주목해야 한다. 이는 실제 사람들 —부르주아 컨트리 하우스에서 눈에 띄지 않는 크라예프스키의 하인들, 또는 셰퍼드의 노트에 잠정적으로만 쓰여 있는 여성들— 을 포함하며, 또한 쓰인 것을 기록하지만 "쓰기"가 존재하는 데 필요한 행위자로 인식되지 않는 미디어와 기술의 "하인들"을 포함한다.

이 장은 미디어가 어떻게 쓰이도록 하는지 —또는 반대로 거부하는지— 에 주목하면서 미디어의 수행성에 대한 이론화를 지속적으로 시도한다. 미디어는 새김inscriptions의 발생을 가능케 한다. 이론가 빌렘 플루

세르Vilem Flusser가 말하듯이, "쓰기Writing는 '흠집을 내다to scratch'라는 의미의 라틴어 'scribere'에서 나온 것이다. 그리고 그리스어 'graphein'은 '파는 것to dig'을 의미한다. 따라서 쓰기란 원래는 무언가를 가지고 쐐기 모양의 도구(철필)를 사용하여 하나의 객체를 파는 행위이다."(2011, 11) 새김이 지칭하는 바는 각 미디어의 물질적 특성, 그리고 그 물질성이 어떻게 파는 행위를 가능케 하여 무언가가 쓰이고, 조직화되고, 조작되며, 나중에 복구될 수 있도록 하는지에 관한 것이다. 우리는 미디어의 물질성에 의해서 결정지어진 특정한 방식으로 미디어에 흠집을 낸다.

이 장에서의 "쓰기writing"에 대한 우리의 이해는 매우 광범위하다. 쓰기는 점토판clay tablet 위의 흠집에서부터 종이 위의 연필 자국, 필름에 기록된 빛, 모션 캡처와 퍼포먼스 캡처에 의해 기록된 데이터에 이르기까지 다양하다. 엄밀히 말해, 이것들이 모두 물리적으로 파는 행위에서 비롯된 흠집들은 아니지만, 그럼에도 불구하고 이들은 새김의 형식들로 무언가를 써 내려가는 것, 시간이 지나도 무언가가 지속되도록 하는 것들이다. 여기서 우리의 관심은 —적어도 첫 번째 관심은— 상징적인 것이 아니다. 새김은 상징이 될 수 있으며 이러저러한 형식으로 "의미"를 저장할 수도 있지만, 우리가 좀 더 관심을 가지고 있는 것은 관계, 신체, 지식을 생산하는 데 있어서 특정한 효과를 가지고 있는 각기 다른 미디어의 각기 다른 물리적 특성들이다.

3장에서 우리는 미디어 사이의 시간적 차이를 살펴보기 위해서 미디어 이론가 해럴드 이니스Harold Innis의 용어들을 사용할 것이다. 새김은 미디어의 시간성에 핵심적이며, 상이한 종류의 새김은 상이한 기간 동안 지속된다. 하지만 이 장에서 우리가 집중할 것은 기록을 위한 미디어의 물질적 사용이다. 새김이 가장 중요한 용어이긴 하지만 우리는 쓰기writing, 새김inscription, 문서화documentation의 용어를 다소 혼용하여 사용할 것이다. 쓰기는 특정한 종류의 새김이며, 문서화는 새기는inscribe 미디어의 능력에서 나온 특정한 실천이다. 이 장에서 우리는 이 용어들의 의미를 차츰 구분해 나갈 것이다. 왜냐하면 이 용어들이 동의어는 아니기 때문이다.

다른 방식으로 이야기해 보자. 새김은 데이터의 기록 방법이다. "데이터"라는 용어의 기원은 라틴어 'datum'에서 나온 것으로, "주어져 있다given"라는 의미이다.[2] 새김이란 무언가 "주어진" 것을 기록하는 것이며, 그 새김을 통해서 그것은 나중에 "주어질" 수 있다. 이는 단지 인간 경험에만 한정될 필요가 없다. 새김은 인간의 지각을 넘어 컴퓨터에 의해 독해되고 감각된다. 또한 수행적인 것으로서 물질성의 핵심 개념에 가장 중요한 점으로, 우리는 새김을 테크닉technique과 연결시킬 것이다. 특정한 새김은 우리가 내재화하고 영속화하는 실천들 —우리가 실천하는 테크닉, 또는 기계에 의해서 수행되는 테크닉— 을 통해서 신체적 수준에서 존재하게 된다. 우리가 우리의 몸을 움직이고 도구를 사용, 행위를 수행하는 방법을 학습함에 따라서 우리는 문화적 차이를 영속화시키는 경험과 행위 방식을 우리의 신체 안에 "쓰고" 있는 것이다. 그 문화적 차이는 우리가 개인으로서, 그리고 다른 사람과의 관계에서 우리가 누구인지를 이해하는 데 있어서 핵심적이다.

새김이 무엇을 하는지, 그리고 물질성 안에서 새김이 무엇을 수행하는

---

2 롭 키친(2014)의 주장에 따르면 오늘날 많은 형태의 데이터는 "주어진" 것이 아니라 "취해진 (taken)" 것으로, capta라는 단어가 더 적합하다. 이 용어는 우리의 데이터가 어떻게 종종 우리의 의지와는 반대로, 또는 우리가 알지 못하는 사이에 우리로부터 뽑아내지는지를 잘 보여 준다. capta라는 단어는 일반적 용어가 아니라서 우리는 "data"라는 용어를 사용할 것이다.

지를 효과적으로 보여 주기 위해 또 다른 예시, 음악과 소리와 관련된 새 김의 의미에 대해서 살펴보자. 이 예시는 일시적이며 비언어적으로 보이는 "쓰기"의 중요성과 어려움을 동시에 살펴보기 위해서 선택된 것이다. 종이 위의 말은 종이 위의 말로서 경험된다(Kittler 1990a, 7; Rotman 2008 참조). 소리와 진동은 종이 위의 표식으로 경험되지 않는다. 하지만 우리는 다양한 방식으로 소리를 쓰는 방식을 가지고 있다. 음악과 소리와 관련한 새김의 예시들을 통해서 우리는 새김과 문서화에 대해서 살펴볼 것이다. 여기서는 캐런 버라드, 프리드리히 키틀러, 그리고 또 다른 미디어와 쓰기에 대한 이론가인 마우리치오 페라리스Maurizio Ferraris의 저작들을 살펴볼 것이다. 그리고 이론가들의 새김과 문서화에 대한 설명이 어떻게 미셸 푸코Michel Foucault의 담론 이론과 연관되는지에 대하여 살펴볼 것이다. 이 장의 토론은 새김에서 시작하여 테크닉에 대한 토론으로 더 확장되며, 그리고 난 뒤 문화적 차이라는 (정치적) 문제에 다시 주목하면서 쓰기, 문서화, 그리고 새김에 대한 우리의 논의를 재구성할 것이다.

## 소리를 기록하기

영국의 작곡가 코닐리어스 카듀Cornelius Cardew의 작품 《트리티스Treatise》 (1967)의 악보는 전통적인 음악 표기법을 제거한, 완전히 추상적인 형상, 선, 형태들로만 이루어져 있다. "시각적 악보graphic score"로 지칭되는 작품, 《트리티스》는 일반적인 음악 작품과는 전혀 다르게 보인다. 이 악보는 조직화된 즉흥연주를 위한 가이드이다. 즉 그것은 여전히 "쓰인" 가이드이며, 카듀의 악보에 대한 수많은 상이한 연주 해석은 같은 음악에 대한 연주로 간주된다(Dennis 1991; Anderson 2006 참고). 연주될 때마다 전혀 다르게 들리는 음악을 위한 하나의 악보가 있다는 것은 무엇을 의미하는가? 우리가 만일 두 개의 다른《트리티스》연주를 들었다면, 우리는 동일한 음악을 듣고 있는 것인가? 전통적인 의미에서 "독해"될 수 없는 음악 표기법이 있다는 것은 무엇을 의미하는가?

보통 음악가는 악보를 "읽을" 수 있다. 왜냐하면 악보에 있는 상이한 상징들이 무엇을 의미하는지 알기 때문이다. 악보는 일종의 "언어"이다. 악보의 언어를 공유하는 모든 음악가에 의해서 동의된 일련의 공식적인 규칙이다. 이 언어를 통해서 종이 위에 쓰인 것들이 개별 음악가, 또는 음악가 집단에 의해서 연주된다. 악보는 말 그대로 소리의 새김은 아니다. 특정한 소리의 배치가 최대한 비슷하게 계속 반복적으로 재생산될 수 있도록 만들어진 것이다. 악보와 유사한 시스템이 무용과 모션에도 있다(음악만큼이나 표준화되고 일반적이지는 않을지라도). 여기서는 신체의 움직임들이 종이 위에 표식들로 번역되는데, 공연자가 그 표식들이 무엇을 재현하는지를 이해하고 있다면 이 표식들도 "독해"될 수 있다(Salazar Sutil 2015 참고). 음악 표기법의 기본 형태, 보표staff의 선들, 낮은음자리표, 또는 높은음자리표, 셈여림표, 반음올림표와 반음내림표 등은 모두 연주자에게 무엇을 연주하고, 어떻게 연주할 것인지에 대하여 말하고 있다. 하지만 이 "쓰기"는 직접적 의미에서 진짜로 음악의 "번역translation"은 아니다. 키틀러는 다음과 같이 말한다.

미디어는 또 다른 미디어의 미디어이다. 따라서 미디어는 번역될 수 없다. 메시지를 한 미디어에서 다른 미디어로 전달하는 것은 언제나 메시지를 새로운 표준과 물질에 맞게 변형시키는 것과 연관된다. … 치환

transposition이 필연적으로 번역을 대체하는 것이다. ⋯ 모든 치환은 어느 정도는 임의적인 조작이다. 치환은 어떤 보편적인universal 것에도 호소할 수 없으며 따라서 반드시 틈을 남긴다. (1990a, 265)

악보는 소리의 재생산을 가능케 하는 쓰기의 일종이다. 그러나 쓰기는 시각적이며, 청각적이지는 않다. 쓰기에서 소리로, 그리고 그 반대로의 전환에는 (상징적) 간극이 존재한다. 《트리티스》의 악보는 이 문제를 한계까지 이끌고 간다. 보표의 선들은 원과 사선으로 되어 있고, 음표는 거의 무작위로 등장하는 점들로 되어 있으며, 보통의 악보에 있는 박자표 숫자들은 무작위로 널려 있는 것처럼 보인다. 연주자들에게는 직접적인 지시가 전혀 제공되지 않으며 추상화abstraction는 연주자들이 악보를 "독해"하기 위해 고안한 규칙들을 근거로 해석되어야 한다. 《트리티스》를 작곡하면서 카듀는 악보를 무언가 똑같은 ─거의 똑같은─ 소리들로 계속해서 재생산할 수 없는 것으로 변형시킨다. 오히려 카듀는 음악 쓰기의 표준 방식을 거부함으로써 발생하는 우연성, 종이 위에 쓰인 음악 표기법이 무언가 다른 어떤 것으로 확장될 가능성을 받아들인다. 하지만 이 과정에서 종이가 가지고 있는 상징적 참조를 통해서 소리를 저장할 수 있는 수단으로서의 의미는 더 이상 유효하지 않게 된다. 소리를 지시하는 종이 악보의 권위가 도전받게 되고 악보의 시각적 요소들과 음악 연주의 청각적 요소들 사이에 존재하는 상징적 연결성은 재사유된다.

다른 종류의 음악 기록에 대해서는 이것이 적용되지 않을 수 있다. 1857년 프랑스의 출판업자이자 서적상이었던 에두아르레옹 스코트 드 마르탱빌Edouard-Léon Scott de Martinville은 인간의 귀 모양과 그것이 청각적 진동을 감지하는 방식을 모방해 흑지, 또는 흑유리 위에 철필을 사용하여 음파를 말 그대로 새기는 "포노토그래프phonautograph"에 대한 특허를 획득했다. "포노토그램phonautograms"이라고 불리는 스코트의 기기, 포노토그래프에 의해서 음악의 재생산을 위해서 만들어진 인쇄물은 2008년 디지털 파일로 전환되기 전까지 전혀 재생되지 않았다. 악보와는 달리 이 포노토그래프라는 인쇄물은 음악가가 "독해"할 수 있는 어떤 것이 아니다. 스코트의 포노토그래프는 이러한 도식으로 표현된 근사치 대신에 소리를 변환시켜transduce, 하나의 에너지에서 다른 에너지로 전환시킨다. 포노토그래프는 소리를 "듣고" 그것을 쓰는 기계를 통해서 소리를 기록한다. 음악가가 독해할 수 있는 상징을 통해서 시각적으로 소리의 근사치를 표현하지 않는다. 하지만 동시에 우리는 포노토그래프에 의해 쓰인 것을 그것이 어떤 청각 미디어로 전환되기 전에는 들을 수 없다. 스코트의 발명은 소리 기록의 역사에 있어서 매우 중요하다. 이것은 나중에 전화기가 된 기술인 토머스 에디슨Thomas Edison, 에밀 베를리너Emile Berliner에 의해서 발명된 유사 기술보다 시기적으로 먼저 나온 것이다. 이 기술들은 모두 음파의 에너지를 무언가 다른 에너지로 —즉 말 그대로 철필의 진동에 의해서 만들어진 새김이든, 스피커 방식에 의해서 소리로 전환되는 방식이든(포노그래프와 그래머폰의 방식이다), 또는 전기 에너지로 전환시키는 방식이든(전화기의 경우이다)— 전환시키는 방식에 의존하고 있는 것이다. 이 전환을 위한 초기의 도구들은 약간 소름끼치는 것이었다. 〔이들은〕 인간 신체를 활용하여 인간의 청각을 기술적으로 측정했다. 1874년 알렉산더 그레이엄 벨Alexander Graham Bell은 "귀 포노토그래프Ear Phonautograph"의 발명가 중 하나였다. 이 기기는 "손잡이나사thumbscrew가 부착된 나무 대에 달려 있는 인간의 귀"를 사용한 것으로, 음파를 흑유리 위에 기록했다(Sterne 2003, 31). 귀 포노토그래프는 오늘날 우리가 사용하는 수많은 기술의 직접적인 선조이다. 우리가 전화를 받을 때, 또는 레코드를 들을 때, 우리는 소리를 쓰기로 변형시키기 위해서 시체의 귀를 사용했던 기기로부터 나온 기술들을 사용하고 있는 것이다.

이런 예시들은 우리가 함께 생각해 보아야 할, 하지만 서로 환원 가능하지 않은 두 개념, 즉 새김과 변환이라는 개념을 확장시킨다. 앞에서 말했듯이, 새김은 무언가를 쓰고 저장할 수 있는 미디어의 특정한 능력을 의미한다. 변환은 사운드 아트에 대한 역사연구자인 더글러스 칸Douglas Kahn이 말하듯이, "(기계역학, 또는 전자기와 같이) 더 큰 에너지 분류 안에, 또는 그 사이에 존재하는 한 가지의 에너지 상태를 다른 에너지 상태로 이동시키는 것"이다(2013, 7; Mackenzie 2002 참조).[3] 우리는 기계적 에너지만을 가지고 있었다. 음파의 진동은 철필을 떨리게 하며 이 철필이 기계적으로 흔적을 만드는 것이다. 모든 소리 기록은 비슷한 방식으로 작동한다. 〔이 기록은〕 종종 기계적 파동을 전자기적 에너지로 변환하는, 즉 예를 들어, 광통신케이블에 의해 인터넷으로 전달되는 방식으로 작동하기도 한다. 소리의 기록은 소리의 물질적 새김에 의존한다. 즉 소리를 다른 상태로 전환시키는, 청각적 파동에서 미디어에 흔적을 남기는 철필의 움직임으로 전환시키는 다양한 도구들을 통해서 이루어진다.

카듀의 《트리티스》에서 보이듯이, 무언가 상징적 형식으로 문서화된

---

3 기계 에너지와 전자기 에너지의 차이는 파동의 종류 사이의 차이를 의미한다. (소리와 같은) 기계적 파동은 하나의 미디어가 에너지를 한 장소에서 다른 장소로 이동시키는 것을 필요로 한다. 만약에 공기 미립자가 없다면 소리란 있을 수 없을 것이다. 물이 없으면 해변에 부딪치는 파도도 없을 것이다. 달리 표현하면, 기계적 파동은 진공 상태에서 존재할 수 없다. 반대로 전자기 파동은 전하를 띠고 있는 입자들(charged particles)의 진동에 의해서 생산되며 진공 상태에서도 존재한다. 전자기 파동의 예시로는 빛, 라디오 전파, 마이크로웨이브가 있다.

어떤 것이 존재한다. 《트리티스》는 새김이지 소리가 아니다. 대신에《트리티스》는 표기법의 도식적이고 시각적인 형식을 지원하는 인쇄와 종이의 역할을 강조하고 있다. 카듀가 우리에게 제공하고 있는 것은 적어도 소리의 상징적 근사치일 뿐 소리의 식각 자체가 아니다. 즉 〔그것은〕 입과 귀가 아니라 손과 눈에 의한 기록이다. 종이 위에서 작동하며 인쇄 기계에 의해서 재생산되는 것이다. 《트리티스》는 또한 전통적인 음악 표기법의 전제들 일부에 의문을 던진다. 왜 우리는 종이 위의 상징들과 우리가 듣는 소리 사이에 직접적 연관성이 존재한다고 가정하는가? 왜 다른 형태의 음악 표기법은 안되는가? 이런 방식의 소리 쓰기는 무엇을 하고 있는가?

다른 한편, 포노토그래프는 소리 에너지의 변환이다. 우리의 귀가 소리로서 인지하는 물리적 파동에서 소리를 미디어에 위치시키는 수단으로의 전환이 일어나는 것이다. 여기서 우리는 다른 형태의 쓰기 방식 ―즉 악보에 있는 음악 표기법과는 다른 "시각적legible", 또는 "독해readable" 방식을 통해서이긴 하지만― 을 마주하게 된다. 소리가 쓰기로 전환되었다가 다시 소리로 전환되는 과정에서 우리는 이 쓰기를 또 다른 방식으로 살펴볼 수 있다. 소리의 기록(또한 영화와 미디어와 함께)을 통해서 우리는 키틀러가 "시간축의 조작time-axis manipulation"이라고 불렀던 것에 대해 살펴볼 수 있다. "시간축의 조작"이란 소리와 시각 정보를 늦추거나, 가속화하거나, 뒤집거나 하는 것을 의미하는 것으로, 알파벳이나 음악 표기법에 의존하는 상징적 쓰기에서는 불가능하며, 또한 기록되지 않은 소리를 가지고는 불가능한 것들이다(2017; Krämer 2006). 소리 쓰기는 다양한 방식으로 경험의 시간성을 변형시킬 수 있도록 한다. 이는 단지 인간이 경험하고 감각하는 것뿐만 아니라 특정 데이터를 기록, 분리, 전도reverse, 재

결합, 그리고 분석하는 방식에서 나오는 인식론적 변형까지도 포괄한다.

이제 미디어의 수행적 능력이라는 점에서 새김과 문서화의 함의에 대해서 살펴볼 차례이다. 이후 자세하게 살펴보고 있듯이, 물질성의 수행성에는 세 가지 측면이 있다. 이 과정에서 우리는 미셸 푸코, 캐런 버라드, 프리드리히 키틀러, 마우리치오 페라리스, 그리고 베른하르트 지게르트와 같은 이론가들의 주장을 통합하여 지금까지 정교화시킨 수행적 물질성의 모델을 발전시킬 것이다. 그 세 가지 측면이란 (1) 역사 수행하기로서의 미디어, (2) 사회적 관계 수행하기로서의 미디어, (3) 신체 수행하기로서의 미디어다. 이 세 가지 측면들은 상호 연결되는 것이지만 하나씩 차례로 살펴보기로 하자.

## 역사: 담론과 아카이브

미디어의 물질성과 우리가 현재의 관점에서 과거를 경험하는 방식을 연결시키는 방법을 찾기 시작한 것은 미셸 푸코의 저작을 통해서, 그리고 푸코가 담론과 아카이브를 규정하는 방식을 통해서이다. 『지식의 고고학Archaeology of Knowledge』(1972)에서 푸코는 역사를 진실의 목적론적 전개가 아니라, 담론 안에서 사물의 창조 및 질서와 연관된 상대적으로 비연속적인 순간들의 연속으로 바라볼 것을 주문한다. 그의 방법을 전통적인 방법과 구분 지을 뿐만 아니라, 특정 사물의 존재를 "자연적인" 것이나 단순히 주어진 것으로 받아들이지 않도록 하는 것은 이러한 비연속성에 대한 강조이다. 사물은 생산되어야만 하는 것이고, 그 존재를 유지시키는 과정으로 인해 유지되는 것일 뿐이다. 이 과정은 신체, 정신병, 의

료 행위 등을 포함한다. 푸코의 가장 잘 알려진 사례로, "광기"는 어떤 내재적인 상태가 아니라 인간 신체와 능력을 특정화하고 조직하는 실천들로부터 나오는 것이며, 이 조직화의 실천은 역사에서 극적으로 변해 왔다(2006). "광기"는 심리학자와 정신과 의사에 의해 사용되는 도구들, 테스트, 테크닉, 그리고 특정한 신체 상태를 규정하고 분리시키기 위한 수단들과 그 신체들을 "광적인" 것으로 규정하는 실천들로 인해 하나의 사물로서 존재할 뿐이다. 정신병의 진단은 검사를 위한 물질적 수단들—사진에서부터 청진기, MRI 기계 등 정신병원에서 사용되는 도구들—과 신체들이 조직화되는 일련의 범주들을 필요로 한다. 담론은 언어적이거나 상징적인 것을 의미하는 것처럼 보이지만 푸코에 따르면 담론은 언어뿐만 아니라 무언가를 보고, 시각화하며, 또한 그것을 다른 방식으로 이해될 수 있도록 하는 능력, —예를 들어 청진기는 과거에는 불가능했던 방식으로 신체를 들을 수 있도록 만들면서 의사들이 환자의 신체를 감각하는 방식을 완전히 변화시켰다(Sterne 2003, 99-136 참고)— 그리고 무엇이 보이는지에 대하여 무언가를 말할 수 있도록 하는 능력과 연관된다. 담론은 말speech이 발생하게끔 하며 —즉 그 사람의 정체성, 또는 행위를 규정하는 어떤 것을 말하도록 만들며— 신체가 진실의 객체로 나타나게 되는 거대 구조 내에 신체를 위치시키는 테크닉을 필요로 한다(Foucault 1978).

푸코의 다양한 연구의 공통점은 가독성legibility의 특정한 조건의 등장을 검토하는 방식에 있다. 가독성이란 다양한 개념들이 "진실"로 이해되고 신체가 그 진실과의 관계에 의해서 질서 있게 자리 잡게 되는 방식을 말한다. 푸코에게 있어서 권력이란 보기, 말하기를 위한 다양한 기술에 따라서 구조화되는 내재적인 힘이다. 보기와 말하기의 기술은 사회 영역들과 그 안의 신체들을 조직화한다. 권력이 내재적이라는 의미는 누군가가 권력을 다른 사람보다 더 많이 소유할 수 없다는 것이며 물질적 현실 외부에 존재하는 "상위의 권력higher power"이란 존재하지 않는다는 것이다. 권력은 모든 것의 "내부"에 존재한다. 힘의 어셈블리지assemblage —여기에는 기술, 새김, 실천 등이 포함된다— 가 함께 작동하여 신체를 조정하고 행위하게끔 하는 것이다.

담론 객체의 출현에 필수적인 조건, 즉 역사적 조건은 만약에 누군가가 무언가에 대해 말하고자 할 때, 그리고 여러 사람이 그것에 대해서 다른 것들을 말하고자 할 때 필수적이다. 또한 그것이 다른 사물과의 관계 속에서 존재하고자 할 때, 즉 유사성, 근접성, 거리, 차이, 변형의 관계를 맺고자 할 때 필수적이다. 우리가 볼 수 있듯이, 이 조건들은 다양하며 눈에 띄는 것이다. 이는 아무나, 아무 때, 아무것에 대해서 말할 수 없음을 의미한다. 또한 무언가 새로운 것에 대해 말하는 것이 쉽지 않음을 의미하며 우리의 시각을 넓히거나, 집중하거나, 또는 주의해야 한다고 말하는 것, 또는 새로운 것이 갑자기 뜬금없이 나타났다고 말하는 것으로는 충분치 않음을 의미한다. (1972, 44-45)

푸코에게 있어서 담론이란 어떤 사물에 대해서 무언가를 말할 수 있는 능력이다. 이는 그 말해지는 것 안에서 특정한 것을 생산하며, 사물들을 분류하고, 사물 사이의 규칙과 차이를 기록하며, 사물들을 안정화시킨다. 담론은 물질적이면서도 물질성을 조직한다. 푸코는 책은 "아무리 많은 사본이나 판본이 만들어지든, 그것이 얼마나 많은 물질을 사용하고 있든," 담론이 각 사본을 동일한 것으로 규정함에 따라서, 일련의 동일한 책들로 인식될 수 있다고 말한다. 하지만 담론적 규칙은 의문시되거나 경계를 가질 수 있다. "예를 들어, 문예사가에게 있어서 저자의 동의와 함께 출간된 책과 저자 사후에 출판된 책은 동일하지 않다. 책이란 동일하고 단일한 전체의 표현 중 하나가 아니기"(102) 때문이다. 푸코는 물질성의 중요성을 인식하고 있지만 물질성을 담론적인 것보다 선제적인 것으로 여기지는 않는다. 객체와 사물의 질서는 물질적인 것과 담론적인 것 사이의 연결로부터, 무언가를 보고 경험할 수 있는 수단들, 그리고 무언가 말해지는 것에 대해서 말할 수 있고 다른 사람들에 의해서 해석되고 이해될 수 있는 어떤 것을 말하는 수단들로부터 나온다.

캐런 버라드의 푸코에 대한 해석에 따르면, 물질적인 것과 담론적인 것은 "내부작용적intra-active"이며 물질적인 것은 "언제나 이미 물질적-담론적이다. 즉 물질화된다는 것mattering을 의미한다."(2007, 153) 버라드에게 있어서는 "물질적"이라 불리는 것과 "담론"이라는 것 두 가지가 존재하는 것이 아니다. 둘은 서로 상호작용 하면서 둘 사이의 차이를 "상호작용interact" 하고 유지한다. 둘은 구분되지만 서로 환원되지 않으면서 서로를 완전히 관통한다. 이것이 버라드가 말하는 "내부작용적intra-active"의 의미이다. 버라드(그리고 푸코)는 또한 "새김"의 의미를 복잡화시키고 있다. 왜냐하면 버라드가 주장하듯이, "자연은 문화의 흔적을 기다리는 수동적 표면도 아니고 문화적 수행의 최종 산물도 아니기 때문이다."(183) 오히려 우리는 우리가 만든 (물질과 언어 사이의 구분이든 자연과 문화 사이의 구분이든) 구분(또는 "단절cuts")에 주목해야만 한다. 왜냐하면 그 구분은 오직 우리의 물질적 실재 안에서만 벌어지고 있으며 그들을 구분된 것으로 만드는 "흔적"이 신체에 남기 때문이다. 특정 흔적은 정확히 말하면 존재론적이지 않다(우리가 특정 시기에 구분의 흔적을 남길 수 있다는 것이, 예를 들어 자연과 문화 사이에 명확하고 영구적인 구분이 존재한다는 것을 의미하지는 않기 때문이다). 그러나 그 구분은 우리의 세계가 특정한 방식으로 특정한 국면에서 물질화되도록 만든다. 새김이란 무언가를 구분되는 것으로 규정한 흔적이다. 이 흔적은 끊임없이 변화하는 보다 거대한 내부작용적 전체 내에 위치하고 있다. "내부작용성은 '사물들'을 합치거나 분리시킨다. 이 과정은 외부로부터 진행되는 것이 아니며 단번에 최종적으로 진행되는 것도 아니다."(178-79) 우리가 물질을 조직화하는 데 사용하는 범주들은 물질로부터 분리되거나 그 위에 존재하는 것이 아니다. 오히려 그 범주들은 내부에서부터 그 물질 안에 "쓰이"거나 "새겨진다." 그리고 이 과정은 그 범주들이 "물질화되는" 방식을 바탕으로 해서 특정 신체의 위치를 규정하고 분배하며 통제하는 세상을 조직화하고 이해하는 "단절"들을 통해서 반대와 차이를 만들어 내는 데 일조한다.

미디어란 이런 과정이 발생하는 하나의 방식이다. 여기서 미디어는 외적인 결정 요소가 아니라 세계의 내부에, 그리고 그 일부로서 존재하는 수단이다. 푸코의 『지식의 고고학』에서 가장 중요한 개념 중 하나가 역사적인 것의 선험성the historical a priori이다. 이 개념은 오늘날 말해진 모든 것은 내재적으로 과거에 말해진 것들, 또는 진실이나 거짓으로 여겨지는 것들에 의존한다는 사실을 지칭한다. 푸코에게 있어서 역사는 물질화되는데, 왜냐하면 우리가 현재를 조직화하는 방식이 과거에 의존하면서 동시에 그것과는 구분되기 때문이다. 현재를 조직화하는 물질적-담론적 수단들은 과거로부터 내려온 것이지만 단순히 연속적인 발전의 형태는 아니다. 이보다는 연속적인 단절, 탈구disjuncture, 역전, 그리고 재상상에 더 가깝다. 진술들의 역사적 집합이 말 그대로 생산된 모든 문화 텍스트는 아니지만 〔이는〕 푸코가 "아카이브"라고 말했던 것을 구성한다. 아카이브라는 개념은 물질적 현존이라는 측면에서 과거가 가지고 있는 우연성contingency과 부분성을 강조하는 개념이다.

아카이브는 먼저 말해질 수 있는 것의 법칙, 즉 진술의 등장을 특이한 사건으로 만드는 시스템이다. 그러나 아카이브는 또한 다음의 내용들을 결정적으로 규정하는 법칙이다. 즉, 말해진 모든 것이 무작위한 형태로 무한대로 축적되는 것은 아니며, 단절 없이 연속적으로 기록되지도 않고, 외부의 우연한 사건으로 인해 사라지는 것도 아니지만, 〔이것들은〕 다른 형태로 함께 합쳐지며, 복잡한 관계들에 따라서 통합되고, 특정한 규칙들에 따라서 유지되거나 흐려지기도 한다. 이 법칙은 말해진 것들이 시간의 흐름 속에서 동일한 속도로 사라지지 않음을 의미한다. 즉 반짝이는 별들처럼 어떤 별들은 실제로는 더 멀리에 있지만 우리에게 더 가까운 것처럼 반짝거리며, 또 다른 별들은 실제로는 더 가까이 있지만 이미 희미해지고 있다. 아카이브는 빠르게 사라짐에도 불구하고 진술의 사건을 보호하며 미래의 기억을 위해 사라짐으로써 그 위치를 보존시킨다. 아카이브는 진술 ─사건의 시작점에 바로 위치하는 진술─ 사건을 체현하고 또한 시작부터 그것이 말해질 수 있는 가능성의 체계the system of its enunciability를 규정한다. (1972, 129)

따라서 아카이브란 저장하는 모음집collection이 아니라 과거에 대한 선택이자 삭제의 지점, 즉 현재 안에서 과거를 물질화하는 방식으로 과거를 분류하고 정돈하는 체계이다. 아카이브는 담론의 가능성에 질서를 부여하고 유지시킨다. 말해질 수 있는 것은 우리가 말할 수 있는 사물과 객체들을 만들어 낸 과거를 필요로 한다. 이 장의 초반부에서 살펴본 것처럼, 이것이 방주의 존재가 수전 하우에게 그토록 중요한 이유이다. 편집이라는 실천은 아카이브와 연관된다. 과거에서 중요치 않다고 여겨질 수 있는 것을 삭제할(따라서 "둘러막을inclosing") 수 있다. 방주를 "진술"(단순 낙서나 끄적임이 아니라)로 인식할 수 있는 능력은 아카이브의 수행성에 있어서 핵심이다. 그러나 하우가 주장하듯이, 방주란 정확하게 말해서 어려운 과정을 겪고 겨우 물질화된 이들에 관해서, 그리고 이들에 의해서 새겨진 정보를 찾아볼 수 있는 장소이다.

우리가 미디어의 물질성의 수행성과 그것이 역사와 기억에 연관되는 방식에 주목하기 시작할 수 있는 것은 이 두 개념 —역사적인 것의 선험성과 아카이브— 을 통해서이다. 이 점에서 푸코의 이론에 대한 가장 중요한 발전이 이루어진 것은 프리드리히 키틀러의 기술적 새김의 기능으로서 아카이브에 대한 개념화이다. 푸코에 대한 언급에서 키틀러가 말하고 있듯이, "모든 권력은 아카이브에서 나오고 아카이브로 회귀하지만", 푸코는 "쓰기 자체가 도서관에 도달하기 전에 〔이미〕 커뮤니케이션 미디어라는 점"을 간과했다고 주장한다(1999, 5; Tuschling 2016). 아카이브를 기술적인 것으로 재개념화하는 키틀러의 작업은 미디어고고학자인 볼프강 에른스트Wolfgang Ernst에 의해서 더욱 발전된다. "아카이브의 기능은 데이터의 저장과 보존이라는 지금까지의 기능을 넘어선다. 아카이브는 수동적으로 데이터를 수집하는 것이 아니라 무엇이 잊히도록 허용되는지를 결정함으로써 무엇이 아카이브에 저장되고 보존될 수 있는지를 적극적으로 규정한다."(2013, 139) 우리가 쓰는 데 사용하는 도구들은 능동적으로 역사를 형성하며, 더 나아가 무엇이 저장될 수 있는지, 또는 저장될 수 없는지에 대한 선택을 통해서 현재의 시점에서 무엇이 말해질 수 있으며 기억될 수 있는지를 결정하는 것이다. 미디어는 그것이 저장되는 과정을 통해서 "역사"를 써 내리고 배제시키는 도구로 작동함으로써 행위하는 것이다. 푸코적인 의미에서, 미디어는 그 새기는 능력을 통해서, 즉 진술을 쓰고 그 독해 가능성을 영구화할 수 있는 도구를 제공한다는 의미에서 아카이브를 구성하게 되는 것이다.

아카이브의 실천은 정보를 조직하는 도구와 테크닉에 의해서 더욱 발전된다. 예를 들어 도서관은 저장, 참조, 그리고 기억 —인덱스 카드, 파일 캐비닛, 데이터베이스와 같은 기술에서 찾을 수 있는 것처럼(Krajewski 2011 참고)— 을 위한 정교한 시스템이다. 또 다른 비슷한 예시로 수직 파일 캐비닛은 20세기 초반에는 새로운 기술이었다. 파일 캐비닛에 대해 알고 있다면, 종이서류를 수평으로 쌓아 놓는 수평형에 반대되는 수직형 파일에 대해서 잘 알 것이다. 수직형 파일은 종이 서류를 특정한 방식으로 조직하는 물질적 기술이며 파일 캐비닛 안에 정보를 전문적으로 보관하고 복구하는 일을 담당하는 사람들의 작업을 (훈련 과정을 통해서) 특정한 방식으로 유도한다. 미디어와 서류 작업에 대한 역사 연구자인 크레이그 로버트슨Craig Robertson에 따르면 서류의 보관, 분류, 그리고 〔서류가〕 조직될 수 있다는 사실은 손 —주로 여성들의 손— 과 손가락의 능란한 움직임을 강조하는 특정한 정보 관리 방식을 유도하게 된다.

파일 관리자의 손은 서류 보관의 재현과 훈련에 있어서 핵심적이다. 그것이 주로 여성의 손이었다는 사실은 서류 보관이 20세기 초 사무실을 재편했던 업무의 전문화 및 여성화 과정과 접합되는 과정에서 젠더라는 범주가 어떻게 활용되었는지에 대한 이해에 있어서 중요하다. 이러한 방식의 정보 작업은 기계적 손재주 —남성들에 의해서 여성이 태생적으로 가지고 있다고 여겨졌던 하나의 "기술skill"— 의 중요성을 강

조하면서 오늘날 사무실에서 처리 절차procedure의 중요성을 증대시켰다. (2017, 959)

    나는 로버트슨의 수직 파일링에 대한 주장을 활용하여 서류 보관용 파일 캐비닛의 수행적 물질성에 따라서 새김과 아카이브의 의미를 그려 보고자 한다. 여기서 중요한 것은 파일 캐비닛이 스스로 특정한 형태의 지식과 실천을 "결정"한다는 점이 아니다. 오히려 버라드의 논의를 따라서 파일 캐비닛이 상호 연결된 관계들의 거대 생태계 내에 배태된 독립된 객체로서 "내부작용적"이라는 점이다. 세계를 생산하고 우리가 그 안에 존재하게 되는 방식이 바로 이 생태계이다.

    독일의 미디어 이론가 코르넬리아 피스만Cornelia Vismann(2008)에게 있어서 서류는 법에 물질적 기반을 제공하며 행정, 또는 사실 판단, 즉 국가가 사실을 결정하고 관리하는 조건이 되도록 하는 기반이고, 또한 법 앞에 법적 권리와 능력을 소유한 존재라는 주체를 생산한다. 파일 캐비닛의 예를 통해 살펴보자. 파일 캐비닛은 아주 일상적인 것으로 보이지만 근대 주체와 근대 국가의 생산을 담당하는 주요 물질적 실천의 핵심이다. 파일 캐비닛은 종이 서류를 보관하고 분류하도록 만들어진 물질적 사물이다. 종이는 그 자체로 일종의 새김을 가능하게 하는 물질적 특성을 가진 기술이다(그리고 종이는 펄프로 만들어졌기 때문에 지구의 "자연" 생태계와 연관된다). 종이의 물질적 특성은 그 특성을 문서화하도록 만들어진 관료적 서식에서 찾아볼 수 있게 되었다. 서식은 담론적 객체이다. 서식에 있는 체크박스는 신체와 실천이 널리 알려지고 제도에 의해 인식되는 방식을 형성하는 일종의 새김들을 제한하고 강제한다. 서식은 아카이브를 규정하는 것을 돕는다. 많은 서식이 오직 "남성", 또는 "여성"에 대한 체크박스만을 포함하고 있다는 점은, 오랫동안, 예를 들어 건강보험, 투표, 또는 다른 제도 관행과의 관계에서, 젠더가 새겨지고 결정되는 방식을 규정해 왔다. 예컨대, 인구 조사의 조직화는 인구가 인식되는 방식과 그 결과로 정부 재정이 분배되는 방식, 대의제 선거구가 배치되는 방식 등을 결정한다. 이러한 실천들은 이론가 얼루쿼르 로잔 스톤Allucquère Rosanne Stone(1995, 41)이 "독해 가능한 신체"라고 말한 것 ―즉 쓰기와 문서화의 법적, 의학적, 그리고 심리학적 실천에 의해서 생산되는 "신체"― 과 연관된다. 또한 이는 이런 실천들이 신체가 무엇이며, 제도적 양식들에서 그 신체들에 대해서 쓰일 수 있는 것들을 통해서 무엇을 행하는지를 결정한다. 서식에 다른 종류의 응답을 포함시키는 것은 제도적으로 인식되고, 수행되며, 승인되는 범주를 확장시키거나 재발명할 수 있는 것이다. 오늘날 많은 서식이 젠더에 대한 "다른" 체크박스를 제공하고 있다는 점, 또는 하나의 인종보다는 다수의 인종을 선택 가능하도록 하고 있다는 사실은 젠더와 인종이라는 범주들이 서류에 새겨지는 방식을 통해서 젠더와 인종이 제도적 구조에 의해서 인식되는 방식을 변화시키고 있다. 서류 보관의 실천이 문서들이 분류되고 평가, 상호 참조되는 방식을 형성시키고 있는 것이다. 하나의 서류 파일은 특정한 공간성과 시간성을 지니며 보관될 수 있는 것(즉 예를 들어 특이한 형태의 사물이나 액체 샘플, 또는 다른 객체들보다는 수직적으로 보관될 수 있는 파일)만을 포함시키는 것이다. 다시 말하면, 다른 종류의 파일링 시스템이 만들어질 때까지만 가능한 것을 포함시키는 것이다. 인터넷에 앞서 파일링 시스템이 상상되는 방식을 형성하면서 나왔던 다양한 기술들 ―예를 들어, 배니바 부시 Vannevar Bush의 "메멕스memex", 또는 테드 넬슨Ted Nelson의 "프로젝트 제너두Project Xanadu"― 은 연구자, 과학자, 그리고 관료들이 문서를 상호 참조할 수 있도록 디자인되었다. 이 방식은 오늘날 월드와이드웹을 특징짓는 하이퍼링크에 앞서는 것으로, 파일 캐비닛과 디지털 아카이브(관계형 데이터베이스에서 가장 잘 나타나는)가 각각 데이터를 조직하는 상이한 방식 사이에 존재하는 차이를 보여 준다.

추가적으로 파일 캐비닛의 물리적 형태는 실천과 이 실천이 훈련되는 방식에 영향을 준다. 사람들은 파일 캐비닛을 사용해 정보를 효과적으로 저장하고 복구하는 것을 배워야 하며, 이러한 실천은 충분한 연습을 통해서 별다른 생각 없이 수행된다. 로버트슨이 강조하듯이, 이러한 실천은 균등하게 배분되지 않는다. 즉 젠더에 대한 믿음과 특정한 신체의 능력은 이 기술이 사용되는 방식과 그 사용 방식이 훈련되는 방식을 낳는다. 파일 캐비닛은 특정한 방식으로 젠더를 물질화하며, 이는 여성의 신체와 그들의 손재주 기술에 대한 믿음의 결과이다.

## 사회적 관계: 문서성Documentality

파일 캐비닛과 그 양식에 대한 토론은 새김이 역사적으로 행위하는 방식에서 시작하여 새김이 사회적 관계를 생산하는 방식으로 나아간다. 양식과 같은 객체는 역사와의 관계를 보여 준다. 즉 그 양식에 쓰인 것이 곧 기억되는 것이며 미디어가 기록하는 것이 곧 남겨진 것이 된다. 마찬가지로 새김은 현재 시점에서의 사회적 관계를 수행한다. 누가 행위하는가? 누구의 신체가 기록되는가? 어떻게? 누가 그 기술의 사용법에 대해 훈련받는가? 이 모든 것은 이탈리아의 철학자 마우리치오 페라리스가 새김과 문서화documentation의 산물을 "사회적 객체"로 이론화하는 방식과 연관된다. 페라리스는 다른 방식 중에서도 푸코의 관심을 수정하여 강력한 이론적 관점을 제공하고 있다. 오늘날 새로운 종류의 실재론을 주창하는 다른 많은 이론가보다 훨씬 먼저 이루어진 페라리스의 실재론으로의 전회는 푸코의 많은 저작이 영어로 번역되는 동안 영미권 국가에서 거의 무시되어 왔다(Ferraris 2014a, 2015 참고). 여기서는 페라리스의 전체 이론 중에서 작은 부분만을 살펴본 후 나중에 실재론에 대한 그의 주장들을 다시 검토할 것이다. 이 장에서는 페라리스가 "문서화"라고 말했던 것의 의미와 새김과 문서화가 사회적 관계를 수행하고 유지하는 데 있어서 어떻게 본질적인지에 대해서 검토하고자 한다.

페라리스는 이 세상에는 세 종류의 객체가 존재한다고 주장한다. 첫째, 자연적 객체로, 이는 인간과는 무관하게 존재하는 것이다. 자연적 객체는 "공간과 시간에서 위치를 차지하며 주체에 의존하지 않는다."(2013, 33) 자연적 객체로는 흙, 숲, 미네랄 등과 같은 사물들을 대표적인 것으로 생각해 볼 수 있다. 둘째, 관념적 객체로, 이들은 독립적이고 개별적이며 공간과 시간 밖에 존재한다. 또한 그 존재를 알거나 동일시하는 사유 주체와 독립되어 있다. 마지막으로, 여기서 가장 중요한 객체로, 사회적 객체가 존재한다. "객체=새겨진 행위… 자연적 객체와 관념적 객체와는 달리 사회적 객체는 적어도 두 명의 사람이 그것에 대해 생각하고 있는 한에서만 존재하는 것이다."(43) 이 객체는 두 개인의 정신mind 안에만 문서화되기는 하지만 단순한 사유가 아니다. 페라리스가 주장하듯이, "사회적 객체는 종이, 일부 자기장 미디어, 또는 (예를 들어 일상에서 우리가 서로에게 하는 약속들처럼) 오직 사람의 머리 안에만 새겨지는 것들로 이루어진다."(1)

페라리스가 사용하는 예시인 휴대폰을 통해서 사회적 객체의 의미에 대해 자세하게 살펴보도록 하자(2014b). 페라리스는 휴대폰이 커뮤니케이션 기기가 아니라 새김과 문서화의 기기라고 주장한다. 휴대폰은 우리가 다른 사람과 말할 때 사용하는 창구가 아니다. 비록 이것이 휴대폰과 같은 미디어에 대해서 우리가 흔히 상상하고 (사용하는) 방식이긴 하지만 말이다. 오히려 휴대폰은 쓰기를 위한 기술이며 이는 휴대폰이 어떻게 새김에 의해 구성되며 새김을 생산하는지를 강조함으로써만 이해될 수 있다.

새김은 물질적 인프라스트럭처의 소유와 경영을 담당하는 텔레콤 기업들의 기업 및 경제구조를 형성한다. 다양한 휴대폰 대기업들은 정기적으로 합병되어 새로운 이름이 붙여진다. 이 기업들의 이름은 누가 특정한 일련의 인프라스트럭처(즉, 휴대폰 자체, 전선, 케이블, 중계기 등)를 소유하고 있는지를 보여 주지만 그 이름들이 인프라스트럭처로 환원될 수는 없다. 이 기업들의 "정체성은 서명signature과 문서에 있다. 즉 새겨진 행위들 안에 있는 것이다."(171) 특정 휴대폰 기업인 보다폰Vodafone에 대해 페라리스는 다음과 같이 질문한다.

보다폰의 존재는 어디에 있는 것인가? 그 답은 생각보다 쉽다. SIM 카드, 법적 증서, 그리고 주식증서 안에 있으며 이들은 모두 보다폰 지원 체계들과는 분리되어 있다. 이 모든 것은 수많은 종류의 기록이자 서명이다. SIM 카드에 있는 코드는 본질적으로 서명이다. 이는 은행 컴퓨터에 있는 비트, 즉 유전genetic 코드와 종이 위에 있는 잉크 흔적 사이에 개념적 통일성을 만들어 준다. (172)

다시 한번 〔말하자면〕 휴대폰은 커뮤니케이션의 미디어가 아니라 쓰기와 문서화의 미디어이다. 휴대폰은 구어들의 한 장소에서 다른 장소로의 이동에 관한 것이 아니라 특정한 계정 및 신체와 연결된 특정한 "주소"를 가진 미디어 기기의 발명에 관한 것이다. 여기서 특정한 계정과 신체는 그 휴대폰의 존재를 끊임없이 수행하는 법적, 경제적 문서 덕분에 존재하는 기업체와 연결되어 있다. 그 기기는 정체성과 위치를 새기는 다양한 수단들을 통해서 하나의 객체를 문서화하고 만들어 내는 것이다.

그러나 왜 휴대폰 자체가 커뮤니케이션의 미디어가 아닌 새김의 미디어가 되는가? 많은 실제 사건 범죄 예능 프로그램의 인기로 인해 우리는 재판에서 특정 시간에 누군가가 어디에 있었는지를 문서화하는 데 있어서 휴대폰이 어떻게 사용되는지 알고 있다. 유명한 팟캐스트, 《시리얼 Serial》을 예로 들면, 여기서는 살인 범죄 재판에서 사용될 증거를 재구성하는 데 엄청난 시간을 쓴다. 그 증거의 많은 부분은 휴대폰 통화가 어디에서 이루어졌는지를 문서화한 기록들과 연관된다. 휴대폰이 특정 행위, 그 시간과 장소를 문서화하는 수단을 제공하고 있는 것이다. 휴대폰이 위치를 문서화하는 데 사용하는 방법은 휴대폰이 쓰고 있다는 것을 의미하고 있다. 이 점은 페라리스에게 있어서 사회적 객체를 생산하는 것을 의미한다. 여기서 커뮤니케이션을 완전히 무시해서는 안 된다. 대신에 모든 커뮤니케이션 행위는 동시에 문서화와 쓰기의 행위라고 주장해야 한다.

사회적 객체를 규정하는 데 있어서 페라리스는 자크 데리다Jacques Derrida의 유명한 경구, "il n'y a pas de hors-texte", 즉 "텍스트 밖에는 아무 것도 존재하지 않는다there is nothing outside of the text"라고 흔히 오역되지만 실제로는 "텍스트-밖이란 존재하지 않는다there is no outside-text"(Derrida 1997,

158)라는 의미로 번역되어야 하는 문구를 활용한다. 데리다는 언어 외에는 아무것도 존재하지 않으며 모든 리얼리티는 궁극적으로 언어적(또는 텍스트적)인 것이라고 주장하지 않았다. 종종 이 경구가 그런 의미로 해석되고는 하지만 말이다. 데리다는 말장난과 "오르-텍스트hors-texte" ―프랑스어로 책에서 쪽수가 없는 페이지를 의미한다― 를 상당히 좋아했다. 엄밀한 의미에서 데리다는 쪽수가 없는 페이지는 결코 그 책의 "외부에" 존재하는 것이 아니라 여전히 책 "내부에" 존재하는 것이라는 점을 주장하고 있는 것이다. 또는 다른 버전의 주장은 프랑스어로 "법의 바깥outlaw"을 의미하는 단어(hors-la-loi)에서 시작된다. 직역하여 "아웃로outlaw"라는 단어는 "법의 바깥"을 의미하는 것으로 볼 수도 있지만, 여기서 아웃로outlaw란 오직 법과의 관계성에 의해서만 규정된다. 데리다의 유명한 문구는 "바깥"이란 그것이 "안"과의 관계성에 의해서만 바깥으로 규정될 수 있음을 의미하고 있다. 즉 바깥은 홀로 존재하지 않으며 오직 그 관계 속에서만 존재할 수 있는 것이다. 이는 서양 철학이 이분법과 변증법을 통해서 그 주장을 펼쳐 왔던 방식에서 유래한다(Wood 2016 참고). 이는 "안"과 "바깥"의 구분은 오직 내부로부터 ―이는 "바깥"은 언제나 "안"의 진실을 전제함으로써 생산되는 관계임을 의미한다― 가능한 것임을 의미한다(이 주장은 흔적은 오직 안으로부터만 가능하다는 버라드의 주장과 유사하다). 어떤 면에서 페라리스는 데리다의 실제 주장과 많은 비평가의 오독을 동시에 받아들이고 있다. 그는 데리다의 유명한 경구를 "텍스트 바깥에는 사회적인 어떤 것도 존재하지 않는다"(2013, 121)로 변형시킨다. 언어와 문서화 바깥의 세상은 존재하지만, 사회적 관계는 우리가 세계를 문서화하는 방식에 관한 것이다. 페라리스는 언어와 의미화 바깥에 세상이 존재함을, 다만 모든 형태의 사회적 관계는 새김의 유지를 필요로 함

을 주장하고자 한다.

페라리스의 많은 주장은 유용하다. 하지만 몇 가지 수정해야 할 부분도 존재한다. 페라리스는 미디어의 중요성을 인식하고 있지만 미디어를 새기는 행위에 부차적인 것으로 위치시키고 있다. 즉 기록이 미디어의 물질성에 내재적으로 연결되는 것은 아닌 것으로 보고 있는 것이다. 페라리스는 사회적 객체는 "미디어와 새김으로 이루어지지만 (돈이나 문서에서 볼 수 있듯이) 주어진 문서적 가치인 미디어는 금속, 종이, 플라스틱, 또는 실리콘이 될 수 있다는 점에서 지배적인 역할은 새김에 의해서 수행된다"(2013, 33)고 주장한다. 돈의 가치는 다양한 미디어를 통해서 새겨질 수 있으며 따라서 페라리스에게 있어서 진짜로 중요한 것은 (가치, 숫자의) 새김이라는 것이다. 물론 우리는 상이한 화폐 미디어(지폐, 크레디트, 또는 비트코인 등)가 어떻게 화폐 교환에서 사회적 관계를 근본적으로 변형시킬 수 있는지에 대해서 쉽게 알 수 있다. 따라서 새김에 대한 우리의 토론은 페라리스의 구분을 복잡하게 만들지만, 미디어와 새김이 내재적으로 연결되어 있음에도 분리되어 있다는 점은 여전히 주목할 필요가 있다.

이러한 구분은 우리를 페라리스가 어떻게 문서document의 존재를 이 장에서 대략 상호 교환 가능한 방식으로 사용하고 있는 세 개의 용어 —새김inscription, 쓰기writing, 그리고 문서document— 와 구분하여 규정하는지로 이끈다. 페라리스는 다음과 같이 말한다.

언어는 문서와 새김 사이의 관계를 드러낸다. 예전에 그 차이의 정도는 한 장의 종이였다. 기술적 맥락에서 문서와 쓰기는 종종 동일한 것, 즉 "나의 종이"는 "나의 문서"를 의미했다. 여기서 나의 문서는 예전에는 책상 서랍에 보관되었던 사물이었다. 따라서 하나의 문서는 필연적으로 하나의 법적인 물질이다. 비록 문서의 영역이 좁은 의미에서는 생체 정보나 사진이 [신분에 대한 법적 증거로서] 문서로 간주될 수 있으며, 넓은 의미에서는 녹음, 영화, 비디오, DNA가 (일반적인 증거로서) 문서로 간주될 수 있기는 하지만 말이다. 여기에서 우리는 문서화의 구조에 대해서 살펴볼 수 있다. 첫째, 물질적 미디어가 존재한다. 다음으로 미디어보다는 상대적으로 작은 새김이란 것이 존재하며, 이는 미디어의 사회적 가치를 규정한다. 그리고 마지막으로 서명이나 그와 유사한 것, 예를 들어 코드화된 디지털 서명, 전자 서명, ATM 코드, 휴대폰의 PIN 같은 것들이 존재한다. 이들은 신빙성을 각각 상이한 강도로 (점점 약화되는 순서로) 보증하고 있다. (250-51)

문서document란 그 어원을 보면 "어떤 사실을 보여 주거나 재현하는"(249) 어떤 것을 말한다. 문서는 증거적이며, 증거로서 그 물질적 존재에서 사회적 관계를 수행하고 시간이 지나도 관계를 유지시킨다. 문서는 사회적으로 진실, 또는 진짜로 간주될 수 있는 특정한 새김을 포함하면서 미디어 안에 물질적 현존을 가지고 있기에 이를 수행한다.

다시 말해서, 페라리스는 모든 새김은 미디어 안에서 만들어진다고 보지만 미디어의 물질적 특정성에는 주목하지 않는다. 아카이브에 대한 토론에서 볼 수 있듯이, 나의 주장은 미디어가 그것이 새겨질 수 있는 것을 결정하고, 새김이 증거가 되며, 그것이 검증되는 과정에서 수단이 되는 방식을 형성하는 한에서 물질화된다는 것이다.[4] 페라리스에 의해서 밝

---

4  이는 코르넬리아 피스만(2008)이 문서, 파일, 그리고 법의 관계를 설명하는 방식과 유사하다.

혀진 세 가지 수준은 그의 주장처럼 위계적이지 않다. 오히려 세 가지는 상호-구성적이며 내부작용적이다. 만들어진 새김의 종류는 그것이 새겨진 미디어에 의존하는 것이다. 또한 새김의 검증은 미디어와 그 새김의 종류에 의존한다. 우리는 디지털 미디어에 있어서 그 진실성을 가정하는 이미지의 존재에 의존할 수 없지만 그 미디어가 새기는 방식의 일부인 메타데이터와 다른 테크닉에 의존할 수 있다. 하나의 문서에 있는 이 모든 요소는 서로 연결되어 있는 것이다.

페라리스가 말한 "문서성documentality" ―이는 푸코의 핵심 개념인 "통치성governmentality"의 흥미로운 반복이다― 의 의미를 규정하는 것은 이 세 가지 수준의 복합적 작용이다. 먼저 통치성이란 무엇인지 설명해 보자. 통치성이란 세 가지 상호 관계적 요소들로 이루어진다. 첫째, 통치성이란 "정부government"라 불리는 특정한 사물을 생산하는 "제도, 절차, 분석과 고찰, 계산, 전술들의 총체"를 가리킨다. "정부"는 특정 영토에 있는 신체를 평가하기 위한 수단으로 인구에 대한 통계적 수치들을 사용한다. 또한 정치경제를 사용하여 인구와 그 노동의 가치를 계산한다. 정부는 안전 기술을 이용하여 영토의 경계에 누가 들어서며 누가 떠나는지를 관리하고 규제한다. 둘째, 통치성이란 특정한 기술과 도구, 그리고 시민들을 적절하게 관리하도록 만들어진 일련의 알려진 관행들에 의존하면서 시민을 통제하고 관리하는 수단으로서 권력의 특정한 방식, 즉 특정한 방식의 "정부"의 부상을 의미한다. 그리고 세 번째로, 통치성은 국가와 국가에 의한 법 집행이 죽게 하거나 살게 해 주는 주권적 권력에 대한 것이 아니라, 푸코가 주장했듯이, 죽게 두거나 살게 만드는 관료제적 행정에 관한 것이 되는 방식을 지칭한다(2007, 108-09). "정부"는 더 이상 특정 지리적 경계에 한정되지 않으며 인구를 관리하는 유연하고 진화하는 일련의 테크닉에 대한 것이 되는 것이다.

통치성은 푸코가 권력과 주권적 권력을 설명했던 초기의 방식과 대조해 보면 가장 잘 이해가 된다. 『성의 역사History of Sexuality』 1권에서 푸코는 "오랫동안" "주권적 권력의 특권 중 하나는 삶과 죽음을 결정하는 권리였다"고 말한다(1978, 135). 왕이나 여왕의 권위의 일부는 〔자신이〕 통치하는 이들에게 사형을 선고할 수 있는, 쉽게 말해 죽음을 선고할 수 있는 능력이었다. 이런 종류의 권력은 왕에게만 한정되지 않았다. 푸코가 주장하듯이, 이런 권력은 자녀와 노예를 죽일 수 있는 권리를 아버지에게 부여한 절대 부권patria potestas이라는 로마법에서부터 나왔다. "아버지는 자녀와 노예들에게 삶을 부여했던 것처럼 그들의 삶을 앗아 갈 수도 있었다."(135) 이는 결국 다양한 방식으로 제한되고 축소된 권력이었다. 푸코는 이런 종류의 권력은 생명을 앗아 가거나 살게 놔둘 수 있는 권력이라고 말한다.

이는 오늘날의 권력과 권위가 작동하는 방식이 아니다. 푸코는 오히려 "생명을 앗아 가거나 살게 놔둘 수 있는 고대 권력은 삶을 강화시키거나 생명이 죽음의 지점까지 이르도록 허락하지 않는 권력에 의해서 대체되었다고 말할 수 있을지도 모른다"(138)고 말한다. 이것이 푸코의 "생명권력biopower"이라는 개념이 의미하는 바이다. 특정 사람들을 죽이는 대신에 ―흔히 인구에 대한 통계 분석을 통해서 정부 부처와 기관이라는 물질적 형식에 있어서의― 권력은 생명과 신체적 실천의 형태들을 계발cultivate하거나, 또는 반대로 죽게 내버려 둔다. 이 "죽게 내버려 두기letting die"는 감옥, 정신병원 등에서 발생한다. 〔예컨대〕 사람들이 무기징역을 선고받았을 때 감옥에서, 정신의학과 심리학에 의해서 미친 것으로 판단된 사람들이 정신병원에서 그들의 여생을 살 때, 또는 노숙자가 거리에서 죽도록 방치될 때 발생한다. 개인들은 나머지 인구의 안녕well-being을 "강화하기" 위해서 감금되거나 그들의 삶이 번창하도록 허락하는 방식을 통해 결코 사회 속으로 통합되지 않도록 다루어진다. 생명권력은 인간 생명의 가치에 대한 계발이자 계산에 관한 것이다. 여기서 누구의 삶이 허락되고 누가 죽게 방치되는지의 논리를 통해서 하나의 위계가 생산된다. 장 보드리야르Jean Baudrillard는 그의 저작 『상징적 교환과 죽음 *Symbolic Exchange and Death*』 —이 책은 푸코의 『성의 역사』 1권과 같은 해에 프랑스어로 출간되었다— 에서 이 위계적 관계는 자본주의와 노동에 있어서 근본적이라고 주장한다. "일하는 자는 죽음에 이르지는 않았다. … 그리고 노동은 무엇보다도 살 만한 가치가 있다고 판단되는 것들의 기호이다. … 따라서 권력은 우리의 상상과는 반대로 결코 죽음에 이르게 하는 권력이 아니라 정반대로 살게끔 허락하는 권력이다."(2017, 61) 신체를 판단하고 그것에 질서를 부여하는 생명정치적 계산에서 핵심적인 것이 바로 이러한 관계이다. 누구의 신체가 가장 생산적인가? 누가 살도록 허용되고, 따라서 일하도록 허용되는가?

페라리스는 문서성이 통치성의 기반이라고 주장한다. 푸코가 언급했던 많은 테크닉, 인구 조사에 의존하는 인구에 대한 계산이든, 또는 여권이나 국민총생산(GDP)에 대한 경제적 계산에 의존하는 이민 통제이든 [그것은] 모두 문서화의 형식이다. 여기서 새김은 그들이 권력 시스템에 의해서 어떻게 쓰이냐에 따라서 개인을 위치 짓고 구분해 낸다(2013, 271). 우리는 페라리스와 푸코를 모두 고려해야 한다. 권력은 특정 행위와 행동을 강화하고, 특정 신체들을 더 큰 인구 집단 내의 특정 장소에 위치시킴으로써 신체를 관리하는 방법에 관한 것이다. 이는 오직 문서화의 수단을 통해서 이루어진다. 그 문서화는 특정 미디어의 새김 때문에, 즉 문서화하고 새기는 새로운 기술과 수단의 발명 덕분에 존재하며, 〔문서화는〕 정부의 잠재성과 신체에 대한 다른 통제 방식을 변화시킨다. 푸코는 "정부"라는 단어를 사용했는데, 특정한 통치성의 "정부"는 국가와 동일시되어서는 안된다. 내가 다른 곳에서 주장하고 있듯이(Bollmer 2016b), 오늘날 소셜미디어는 정부의 우선적 형식으로 여겨져야 한다. 즉 정부 본연의 영역을 넘어서 관리하고 통제하는 정부라는 의미에서 그러하다. 많은 사람이 주장하고 있듯이, 신자유주의의 맥락에서 정부의 수단은 국가의 수준을 넘어선 NGO와 기업들로 이행되었다(Brown 2015; Ong 2006). 페라리스는 이것이 발생하는 방식을 이해하는 한 가지 방식을 우리에게 보여 주고 있다. 누가 새김을 통제하는가? 누가 문서들을 관리하는가? 누가 그것들을 사용하는가? 그것들은 어떻게 사용되는가? 푸코는 또 다른 방향으로 우리의 이목을 집중시킨다. 문서화와 정부는 신체의 조정, 관리, 그리고 행위에 관한 것이다. 마지막으로 우리는 물질성은 그 새김이 신체를 문서화하고 있기 때문에 수행적이라는 점에 주목해야 한다. 새김은 그 물질성 안에서 신체들이 어떻게 행위하고 움직이며 살아야 하는지에 대하여 가르친다. 이는 가장 기본적인 습관이나 일상적으로 수행되는 실천들에서 문화적 차이를 문서화하고 등록시키는 수단으로 기능하는 테크닉의 강화를 통해서 이루어진다.

## 신체: 테크닉의 수행

내가 말하는 테크닉의 의미, 그리고 그것이 신체와 연관되는 방식(그리고 어떻게 테크닉이 일종의 새김으로 사유되어야 하는지)은 인류학자 마르셀 모스Marcel Mauss와 그가 "몸 테크닉body techniques"을 규정하는 방식에 의해 영향을 받은 것이다. 민속지 연구를 수행하던 시기에 모스는 "걷기, 또는 수영하기와 같은 예시에서 같은 타입의 모든 사물이 모두 특정한 방식으로 사회를 결정한다는 점, 폴리네시아 사람들이 우리[프랑스 사람들]처럼 수영하지는 않는다는 점, 내 세대는 현세대와는 다른 방식으로 수영했다는 점을 인식"(1992, 455)하게 되었다. 모스는 모든 사회는 걷기, 요리하기, 춤추기, 움직임, 그리고 삶의 실천들에서 찾아볼 수 있듯이 그 자신만의 습관을 가지고 있다고 말한다. 모스는 이러한 많은 실천을 묘사하기 위해서 "아비투스habitus"라는 용어를 사용하고 있다. 〔그리고〕 이런 행위들이 단순히 내재화된 습관이라든지, 또는 습득되고 학습된 능력임을 의미하는 것은 아니라는 점을 강조하고 있다. 이러한 테크닉은 우리 주변의 타자들을 단순히 거울처럼 비추고 동일시하는 방식이 아니며, 오히려 사회적 차이들이 신체에 쓰이고 일상적으로 수행되는 방식을 보여준다. 〔즉 이러한 테크닉은〕 나이에서의 차이, 계급에서의 차이, 그리고 문화에서의 차이를 표현한다. 이 테크닉은 "실용적 이유"(458)로서 존재하며 움직임(걷기나 달리기)에서, 말(악센트)에서, 또는 한 사람이 관여되는 다른 모든 실천 안에서 가시화된다.

어떤 면에서 신체는 새김을 위한 기술이다. 우리는 우리가 매일 수행하는 "습관"이 되는 특정한 실천을 신체에 쓴다. 그 습관은 우리의 "아비투스", 즉 남들에게 우리를 독해 가능하게 만드는 우리의 실천을 수행하는 습관이다. 신체는 우리 주변에 존재하는 물리적 객체들과 결합되어 특정한 기능을 수행하고 특정한 방식으로 움직이도록 훈련된다. 건축사가 지그프리트 기디온Sigfried Giedion은 그의 유명한 저작 『기계화의 지배 Mechanization Takes Command』(1948)에서 특정한 기술이 어떻게 점차적으로 미국과 유럽에서 인간 신체가 먹고, 움직이며 휴식하는 방식을 변형시키고 표준화하는지에 대하여 살펴보고 있다. 정육과 빵 굽기의 산업화 과정에서 기계는 인간 신체와 감각을 재구성했다. 신시내티와 시카고 같은 도시에서 정육점의 냄새는 도시 공간의 냄새를 다르게 만든다. 빵 반죽을 하기 위해 기계가 개발됨으로써 빵은 대량 생산되고, 표준화되고, 균일하게 잘려지고, 표백되었다. 앉거나 목욕하는 실천은 특정한 자세를 기르기 위해 고안된 의자, 그리고 물의 속도와 움직임을 위해 고안된 욕조와 함께 재창조되었다. 다른 기술은, 물리적 실천에서의 "아비투스"처럼, 신체가 살면서 "문화"를 구별하는 방식을 형성하는 매우 다른 실천들을 만든다. 우리가 세계를 사용하고 탐색하는 법을 학습해 감에 따라서, 우리의 신체는 하나의 수단으로 만들어진다. 이 수단을 통해서 우리는 보편적이지도 않으며 자연적이지도 않은 실천들을 "인식"하고 (생각 없이) 행하게 된다. 예를 들어, 음식의 기계화에 따른 실천들은 신체의 가장 근본적인 생물학적 기능인 소화 과정과 연관된다. 또한 위생과 휴식과 같은 실천들은 신체가 어떻게 앉고, 누우며, 자신을 청결하게 하는지를 형성하며, 이는 외모, 편안함, 그리고 향기에 관한 사회적 규범에 있어서의 특정한 차이를 드러낸다.

빵 하나는 특별히 주목할 만한 것으로 보이지 않을 수도 있지만, 빵이 만들어지는 방법은 문화적 차이와 매우 명확하게 관련되어 있다. 겉보기에 인공적이고 스펀지 같은 대량 생산된 "흰"빵을 로티, 라바시, 난, 바게트, 포카치아, 베이글, 옥수수빵, 피타, 또는 많은 다른 종류의 빵과 대조해 보라. 이 빵들은 각각 밀가루, 효모, 그리고 다른 재료들을 한데 모으는 구체적인 방법에 따라 만들어지며, 종종 배우고 익히기 어려운 기술에 의존하고, 온도와 습도 같은 환경적인 고려에 따라 구워진다. 어떤 것들은 매우 구체적인 정신적, 또는 문화적 연관성을 가지고 있고, 다른 맛과 질감을 가지고 있다. 예를 들어, 흰빵을 만듦에 있어 빵의 표준화는 역사적, 문화적으로 특수하며, 빵 제조와 빵 소비에 관련된 사람들의 일상생활을 완전히 재구성하는 것과 연관된다.

빵 제조는 단순히 "하는 것doing"에 관한 것이 아니라 신체가 다른 신체와 어떻게 연관되는지와 관련된 많은 관행과 연관된다. 이런 관행은 어떻게 "문화"가 중요해지는지에 있어서 핵심적이다. 기디온은 다음과 같이 말한다.

반죽하는 것은 당기고, 밀치고, 두들기는 것으로 구성된 격렬한 활동이다. 그것은 손으로 수행되었고, 많은 양의 반죽의 경우, 발로도 수행되었다. 산업화의 도래, 길드의 종말, 도시의 확장과 함께 기계 반죽에 대한 수요가 생겨났다. 기계를 통한 반죽을 통해서 더 빠르고 더 위생적인 생산이 가능할 수 있었다. (1948, 169)

여러분은 빵을 반죽하고 굽는 법을 알고 있을지도 모른다. 하지만 여러분이 소비하는 대부분의 빵은, 빵을 굽는 것이 어렵고 시간이 많이 걸리기 때문에, 〔직접〕 만들지 않았을 가능성이 높다. 여러분이 여러분만의 빵을 만든다 하더라도 여러분은 아마도 사람들이 오랜 역사 동안 사용했던 것과 같은 기술을 사용하지 않고 대신에 빵이 빨리 부풀어 오르도록 이스트를 사용하거나 특정한 종류의 반죽을 위한 밀가루를 사용할 것이다. 아마도 여러분이 먹는 빵은 기계에 의해서 만들어졌을 것이다. 이 기술들은 회전 반죽기를 사용했던 로마인들과 후기 르네상스의 실험으로 거슬러 올라가는 긴 역사를 가지고 있다. 카스티야Castile의 브라가braga라는 기계는 천장에 부착된 커다란 롤러였는데, 빵이 커다란 판 위에서 앞뒤로 움직이는 기계였다. 이 기계는 기디온이 인용하고 있는 1778년의 책에 나타나듯이, "손으로 반죽한 빵보다 더 하얗고, 빵 껍질이 바삭하지는 않지만 매우 섬세하고 너무 탄력적이지 않은"(170) 빵을 만들었다. 시간이 흐르면서, 이러한 빵 제조 기술들은 사용된 다양한 기술에 따라 빵의 물리적인 품질을 더욱 변화시키면서 다양한 방식으로 바뀌었다. 어떤 곳에서는 기계화된 빵이 제대로 부풀지 않아 가스를 넣어 인위적으로 빵을 부풀리기도 했다. 효모로 인해 빵이 부푸는 것은 종종 휘발성이 강했기 때문에(또는 대량 생산에는 너무 느려서), (효모의 발효가 아닌) 가스를 사용하여 빵을 부풀리는 관행은 빵의 냄새를 다르게 만들었다. 빵에 화학물질이 첨가되어 다르게 부풀게 된 것이다.

여기서 핵심은 어떤 빵은 다른 빵보다 더 자연스럽다는 것이 아니다. 오히려 빵 한 덩어리처럼 일상적인 어떤 것도 물질적으로 존재하는 역사적이고 기술적인 특정한 변화의 결과라는 점이다. 스펀지 같은 흰빵 한 덩어리도 음식을 대량 생산하기 위해 사용된 100년 이상의 기술 실험의 산물이다. 흰빵 한 덩어리는 특정한 시기에 특정한 장소에서 유래된 많은 기술적, 과학적, 문화적 실천의 새김인 것이다. 예를 들어, 빵의 기계화는 유럽에서 시작되었지만, 대부분은 미국의 산물이다. 전 세계적으로 흰빵의 존재는 미국에서 등장한 기술과 관행의 수출을 필요로 했으며, 이를 통해 빵 한 덩어리가 다른 빵과 기능적으로 동일해질 수 있었다. 이것은 일상생활의 가장 기본적인 측면에 새김이 어떻게 존재하는지뿐만 아니라, 특정한 종류의 빵의 세계화가 어떻게 "제국주의적"인 것으로 여겨질 수 있는지에 대한 사유 방식이다.

베른하르트 지게르트는 "문화 테크닉cultural techniques"이라는 용어를 사용하여 이런 실천의 일부에 대해서 말하고 있다(2015). 지게르트에게 있어서 "인간"의 의미, 또는 특정 문화의 의미는 "인간", 또는 문화를 다른 것과 구분 짓는 특정한 실천들과 기술들을 통해서 만들어진다. 지게르트는 문화 테크닉을 정의하는 데 아래의 다섯 가지 측면을 지적하고 있다.

1. 문화 테크닉은 개념을 낳는 실천들이다. 노래 부르기, 세기counting, 그리기, 읽기, 굽기 등은 모두 실천에서 시작된 것으로, 우리가 이 실천들에 대해 말하는 데 사용하는 개념들은 이 실천들이 과거에 수행되었던 물질적 방식들을 따른다. 따라서 우리가 빵에 대해서 말하는 방식은 오직 우리가 빵을 만들기 위해 고안된 실천들을 설명하는 방식 때문에 존재하게 된다. 언어가 실천 이후에 나타난 것이다. 하지만 오늘날 이 둘은 분리 불가능하다.

2. "문화"라고 불리는 유일한 것은 없다. 단지 여러 문화가 있을 뿐이다. 구체적인 실천과 테크닉의 차이에서 나오는 다수의 문화가 있다. 이 것은 문화적 차이가 어떻게 다른 방식의 걷기, 수영, 말하기 등을 통해 수행되는지에 대한 모스의 논의와 비슷하다.

3. 문화 테크닉은 상징적 작업을 수행한다. 문화 테크닉이 습관들을 새 김의 일종으로 포함시키는 이유 중 하나이다. 상이한 테크닉은 그것이 언어적이지는 않음에도 불구하고 특정한 상징적 구별을 표시한다. 그 구별은 자연과 문화(예를 들어, 밭갈이plowing가 땅을 "배양하기cultivating"나, 또는 "경작하기culturing"로 이해될 수 있는 것처럼), 또는 안과 밖(예를 들어, 문door이 수행하는 구분) 사이의 구분이 될 수 있다.

4. "모든 문화는 구별의 도입에서 시작된다."(14) 문화 테크닉의 실천들은 차이와 구별에 관한 것이다. 문화 테크닉은 특정한 실천에서 발견

되는 대립을 표시한다.

5. "문화 테크닉은 코드를 낳는 미디어일 뿐만 아니라… 또한 문화 코드를 불안정화시키며 기호를 삭제하고 소리와 이미지를 탈영토화한다."(15) 실천은 변하기 마련이며 정확하지 않게 이루어진다. 또한 우리가 모두 상이한 신체를 가지고 있다는 측면을 고려하면, 상이한 사람들 사이에 존재하는 해부학적 차이로 인해 다르게 수행될 수 있다. 이는 문화 테크닉이 "문화"의 실천들을 유지하지만 늘 변화할 가능성이 있다는 것을 의미한다. 마찬가지로 (빵 굽는 기계처럼) 실천들을 변화시키기 위해 발명된 새로운 기술도 우리의 실천들을 바꾸고 우리가 "문화"라고 부르는 것들을 다시 만든다.

"쓰기"가 아니라면, 이러한 실천은 신체에 문화를 "새기"는 방법으로 생각되어야 한다. 우리가 수행하는 실천은 문화적 차이를 표시하는 데 핵심적이다. 이는 의미의 측면에서 그러한 것이 전혀 아니며, 우리가 생각 없이 종종 수행하는 습관과 움직임이라는 측면에서 그러하다.


## 결론

2장은 다양한 방식으로 새김에 대해 설명했다. 새김을 물질성이라는 측면에서 주목하는 것은 미디어 안에 표시된 기술의 사실성으로부터 시작되는 역사에 대한 다른 사유 방식을 제공해 준다. 이는 과거를 다른 방식으로 바라보는 방식, 즉 다른 역사가 물질화되도록 하기 위해서 방주에 주목하는 방식이다. 새김은 역사를 넘어서 사회적 관계에 대한 다른 사유 방식을 제공한다. 우리는 테크닉에 주목하면서 어떻게 새김이 우리의 가장 일상적인 실천의 기본으로 존재하는지에 대해서 강조했다. 결국 신체란 미디어이며, 또한 정보를 저장한다. 이는 또한 문화적 차이의 정치학 —문화의 차이는 세계관에 대한 것일 뿐만 아니라 물질적 실천에 관한 것이다— 에 대한 상이한 사유 방식을 제공해 준다. 따라서 차이의 정치를 이해하는 것은 물질성이 어떻게 수행적이며, 상이한 실천이 어떻게 관련된 신체를 생산하는지에 대해 사유하는 것이다. 이는 어떤 신체가 물질화되며 어떤 신체가 제거되는지를 검토하는 것이다.

이것이 중요한 이유는 모든 미디어는 공간 및 시간과 상이한 관계를 맺고 있기 때문이다. 어떤 새김은 덧없이 사라지며, 어떤 새김은 천년 동안 지속되기도 한다. 어떤 미디어는 빠르게 움직이지만 약하고 쉽게 사라지거나 파괴된다. [반면에] 어떤 미디어는 무겁고 오랜 기간 지속되지만 쉽게 움직일 수 없다. 이제 우리는 공간-시간 유물론의 문제를 다룰 것이다. [이를 통해] 공간과 시간의 상이한 관계들이 어떻게 미디어의 유물론적 정치학을 형성하고 있는지에 대해서 살펴볼 것이다.

# 3장

# 공간과 시간

## 직물과 물감 튜브

새김inscription은 시간의 지속duration과 연관된다. 우리가 무언가를 미디어 안에 새긴다는 것은 우리가 그것이 쓰이는 그 순간을 넘어서 존재하도록 만든다는 것을 의미한다. 하지만 모든 새김이 균일하게 지속되는 것은 아니다. 돌 위에 새겨진 것은 종이 위에 쓰인 것보다 오래 지속된다. 돌이 종이보다 더 오래 지속되기 때문이다. 만약에 여러분이 어떤 기념 건축물을 짓고 있다면 그것을 종이로 짓지는 않을 것이다. 새김은 시간과 연관될 뿐만 아니라 공간과도 연관된다. 돌은 이동하기가 어렵지만 종이는 상대적으로 이동이 수월하다. 만약에 편지를 보내고자 한다면 여러분은 그걸 바위 위에 쓰지는 않을 것이다. 예시로 이메일은 인터넷의 인프라를 구성하는 전선, 라우터, 중계기 같은 물리적 미디어가 허락하는 한에서 작동되기는 하지만, 당연히 종이 편지보다 훨씬 빠르다. 종이, 돌, 디지털 인프라의 물리적 성질, 그리고 그 성질에 따라서 미디어가 갖게 되는 공간 및 시간과 맺게 되는 물리적 관계들이 특정한 새김의 사회적, 경제적, 정치적 기능을 결정하는 것이다.

미디어는 공간적, 시간적 관계를 근본적으로 변형시킨다. 이는 시간과 공간의 물리적 변형이 곧 우리가 미디어의 작동을 정의하는 방식이 될 정도로 매우 근본적인 것이다. 하지만 이 장에서 밝혀지고 있듯이, 미디어가 시간과 공간을 변형시키는 방식은 균일하지 않다. 미디어는 모든 신체를 균일하게 변형시키지 않는다. 미디어는 모든 신체를 균일한 방식으로 공간적으로 확장시키지 않는다. 또한 미디어는 현존의 시간을 동일한 방식으로 가능케 하지도 않으며 동일한 속도로 움직이지도 않는다. 미디어는 시간과 공간을 불균등하게 변형시킨다. 미디어는 다양한 신체들을 분류하는 사회적 차이의 실질적 행위자로서 기능하며, 어떤 이들이 다른 이들에게 행사하는 권력을 정당화하고 지속시키는 불평등한 관계 속으로 다양한 신체들을 위치시킨다.

몇 가지 예시로 시작해 보자. 이 예시들은 우리로 하여금 수행 유물론에서 미디어의 수행성의 특정한 양상, 즉 공간-시간 유물론의 문제에 주목하게 해 준다. 고고학자이자 언어학자인 엘리자베스 웨이랜드 바버 Elizabeth Wayland Barber가 박사 과정 중에 있었을 때, 그는 고대와 청동기 시대의 지중해 도기에 있는 문양 패턴에서 놀라운 점을 발견했다. 바버는 젊은 시절 바느질과 뜨개질을 배웠었다. 그리고 도기에서 본 문양 패턴이 직물 패턴과 비슷하다고 생각했다. 그가 박사 과정에 있었던 프로젝트의 고고학자들에게 도기 위에 새겨진 문양 패턴이 어쩌면 직물에서 유래했을지도 모른다고 말했을 때, 그의 주장은 무시되었다. 도기의 문양 패턴이 너무 복잡하다는 게 고고학자들의 주장이었다. 그리고 적어도 그가 대학원생이었던 시절, 직물에 패턴이 있다는 〔고고학적〕 증거는 존재하지 않았다. 오늘날에도 현존하는 중세 시기 이전의 직물은 거의 없다. 예외로 거의 흰색 리넨으로만 만들어진 이집트의 직물이 있지만 이는 패턴을 가진 직물이 아니었다. 하지만 그는 고고학자들의 이런 주장에 만족하지 않았다. 학문적 연구 분야에서 흔히 그렇듯이, 작은 프로젝트는 때로는 훨씬 거대한 프로젝트로 나아가고는 한다. 바버는 거의 20년 동안의 연구 끝에 패턴화된 직물이 과거에 생각되었던 것보다 훨씬 오래전부터 존재했었음을 보여 주는 기념비적인 저작(1993)을 출판했다. 이는 고고학에서 오랫동안 무시되어 왔던 사실로, 그의 저작은 직물의 고고학에서 사용되던 많은 방법론적 전제를 문제 삼았고 변화시켰다.

바버는 그동안 주류 고고학에서 이런 직물들이 왜 무시되어 왔는지에 대한 두 가지 설명을 제공하고 있는데, 바로 이 점이 우리에게 중요하다. 첫째, 직물을 직조하는 것은 오랫동안 여성들의 노동이었다. 따라서 종종 고고학자들에 의해서 간과되어 왔다. 고고학자들은 이 직물의 역사에서 여성들이 어디에 위치하고 있는지에 대해서 질문하지 않았다. 또한 일상생활에서 여성들이 무엇을 하고 있는지, 여성들의 일상적 활동이 문화와 사회의 일상적 구성에 얼마나 중심적인지에 대해서도 질문하지 않았다. 증거의 부재가 곧 사회적 활동의 부재로 받아들여졌던 것이다. 둘째, 역사적으로 여성 노동의 산물은 대부분 사라졌기 때문이다.

여성들의 노동은 대부분 음식과 옷같이 사라져 없어지는 것들을 만드는 것이었다. 우리가 만약에 여성의 역사, 또는 구체적으로 모든 단명한 직업(음식과 의복뿐만 아니라 음악과 댄스 같은 것들을 떠올릴 수 있다)의 역사를 상당 부분 복구하고자 한다면, 우리는 손쉽게 우리 앞에 놓인 증거들보다는 더 나은 증거를 필요로 한다. (Barber 1994, 286)

따라서 바버는 고고학이 발굴하는 상대적으로 지속적인 사물들, 즉 수 세기, 아니 천년 동안 지속되는 강력하고 안정적인 사물들에 대한 직접적 연구뿐만 아니라, 혁신적인 언어 분석, 인공물에 대한 미시적 탐측, 새로운 사진학과 분광학을 위한 연구들의 필요성도 주장한다. 2장에서 설명되었듯이, 우리는 주변부에 주목하고 관심을 둠으로써, 문서화되지 않은 것으로 여겨지고는 역사적으로 간과되었던 새김의 형태들을 발견하게 된다. 마르쿠스 크라예프스키(2018)는 문화 테크닉으로서 서비스의 역사에 대한 연구에서, 하인들 같은 "서발턴subalterns"이 역사에서 중대하고 결정적인 역할을 수행하고 있음을 밝힌다. 서발턴은 정보의 조정, 필터링, 그리고 물리적 공간에서의 신체 움직임에 대한 관리를 통해서 다양한 역할을 수행한다. 하지만 서발턴들은 자신의 행위에 대한 직접적 설명을 거의 남기지 않는다. 가야트리 차크라보르티 스피박Gayatri Chakravorty Spivak(1999, 269-311)이 일찍이 주장했듯이, 서발턴의 특징은 "말speech"의 부재이다. 보다 명확하게 표현하자면, 서발턴의 특징은 그들의 직접적 목소리가 담론의 영역 안으로 들어가지 못한다는 점, 즉 쓰이지 않는다는 사실에 있다. 심지어 그렇게 된다 하더라도, 그들의 목소리는 뚜렷하게 "경청되지" 않는다. 크라예프스키는 다음과 같이 설명한다.

역사 서술historiography은 어떻게 체계적인 방식으로 하인들을 잘 보이지 않게 할 수 있었는가? 이를 위해서는 "간접적인 권력"(칼 슈미트)의 작동에 대해서와 마찬가지로 간접적인 방식으로 살펴볼 필요가 있다. 체계적인 분석을 위해서는 역사학자들이 잘 주목하지 않는 경향이 있는 부수적 사건과 뒷배경, 부수적 캐릭터들과 인물들을 살펴볼 필요가 있다. 다시 말해서, 서발턴subaltern을 찾는다는 것은 주변부를 살펴본다는 것을 뜻한다. (2018, 100)

바버와 같은 학자들에게서 나타나듯이, 우리가 "주변부"를 찾는 방식은 우리가 분석에 사용하는 다양한 테크닉들과 함께 확장된다. 예시로,

바버의 연구에서 볼 수 있듯이, 심각하게 훼손되고 박물관 전시에 부적합한 것으로 보이는 선사 시대 직물처럼 우리가 보고 감각할 수 있는 것, 그리고 우리가 감각한 것에 대해서 말할 수 있는 것을 변형시키는 기술들을 우리의 연구에 포함시킬 필요가 있다. 새김의 물리적 물질성이 아카이브의 한계에 의해 규정되는 가운데에도 다른 많은 새김이 존재하고 있으며 쓰이고 있다. 단지 우리가 항상 이들의 존재를 인식할 능력을 가지고 있지는 않은 것일 뿐이다.

바버의 주장은 2장과 3장 사이의 연결점이 된다. 첫째, 우리는 여성들이 생산해 낸 물리적 사물을 새롭게 바라봄으로써 고고학적 실천이 어떤 방식으로 역사 속의 여성들이 현재에서 물질화되는 것을 허락하지 않았는지 알 수 있다. 또는 우리가 어떻게 특정 사물들을 주변부로 밀어내거나 여성들의 직물이 너무 훼손되어 유용한 지식의 출처가 될 수 없다고 여기는 방식으로 사물이 물질화되는 것을 금지시킬 수 있는지에 대해서 알려 준다. 둘째, 그러나 미디어의 지속성과 시간성 때문에 우리는 신체와 역사가 현재 속에 물질화되는(또는 그렇게 되지 않는) 방식에 대해서 알 수 있다. 바버의 연구는 과거의 모든 직접적인 물질적 증거 —실제 직물들— 가 대부분 분해되어 사라졌을 때, 역사를 간접적으로 재구성하고 있다. 도기, 또는 돌과 같은 미디어는 상당히 오래 지속된다. 직물과 같은 다른 것들은 그렇지 않다. 이것이 역사, 노동, 젠더에 대한 우리의 현재적 이해를 변화시킨다. 어떤 미디어가 오래가는 반면 다른 미디어는 그렇지 않다는 사실로부터, 우리는 직조하고 꿰매는 "여성들의 노동"과 관련된 작업과 테크닉에 대한 우리의 이해를 방해하고 왜곡시키는 역사에 대해서 알게 된다. 그리고 그 역사로부터 젠더 관계에 대한 우리의 이해 방식의 한계에 대하여 깨닫게 된다.

이 점은 오늘날 중요하다. 바버 같은 학자가 여성들을 역사의 주변부로 밀어냈던 차별 이데올로기에 의해 은폐되었던 좀 더 정확한 과거에 대한 우리의 이해를 가능케 했기 때문만은 아니다. 현재의 관계들은 종종 과거를 반복하거나 재구성한다. 하지만 이는 물리적 인공물, 즉 우리의 아카이브가 과거가 현재 속에서 물질화되도록 허락하는 한에서만 그렇다. 오늘날 가부장제가 유지되는 것은 부분적으로는 여성 노동의 역사가 남성들의 노동 생산물과 같은 방식으로 물질화되지 않는다는 이유로 무시되어 왔기 때문이다. 이 여성 노동의 역사는 수행적이다. 이는 현재 젠더의 한계와 가능성에 따라 젠더가 수행되는 방식에 영향을 미친다. 즉 노동의 중요성을 전형적인 젠더화된 방식으로 인식하는 방식, 그리고 단지 박물관에서 그들이 역사를 재현하고 전시하는 방식에 영향을 미칠 뿐만 아니라, 바느질과 요리 같은 특정한 문화 테크닉cultural techniques의 실천 방식과 교육 방식에도 영향을 미친다.

따라서 미디어가 얼마나 지속될 수 있는지는 중요하다. 하지만 미디어의 지속 능력은 공간을 가로지르는 미디어의 능력과도 또한 연관된다. 모든 미디어의 이동성은 균등하지 않으며, 또한 직물처럼 가장 취약한 미디어가 이동에는 상대적으로 더 용이할 수도 있다. 이는 두 번째 예시를 통해서 살펴볼 수 있다. 19세기 중반까지 유럽 예술가들은 물감을 돼지 방광에 담아 실로 묶어서 보관했다. 〔그리고는〕 돼지 방광에서 물감이 나오게 하기 위해서 날카로운 핀으로 방광을 찌르곤 했다. 이런 방식으로 보관되지 않으면 물감은 모두 말라 버려서 사용할 수 없었다. 그리고 심지어 그때조차도 물감을 꺼내기 위해서 찔렀던 구멍을 다시 막을 방법은 없었기에 〔물감이〕 말라 버려 사용할 수 없게 되고는 했다. 돼지 방광이 잘 닫히지 않아 물감이 쉽게 새기도 했고, 또는 방광이 터져 버릴 수도 있었다. 게다가 돼지 방광은 휴대하고 다니기에 딱히 용이하지도 않았다. 따라서 이 시대의 화가들은 거의 자신의 스튜디오 안에서만 작업해야 했다.

1841년의 메탈 물감 튜브 발명으로 이러한 상황은 변하게 된다. 런던에 거주하고 있던 미국의 예술가 존 G. 랜드John G. Rand에 의해서 발명된 메탈 물감 튜브는 스크류 마개를 가진 양철통tin으로 만들어졌다. 마개를 가진 메탈 튜브에서는 물감이 마르지 않았고 이는 예술가들이 스튜디오 밖으로 나와 자연광 속에서 야외en plein air를 물감으로 그릴 수 있게 했다. 그 당시 예술가들은 메탈 튜브의 가격 때문에 새로운 기술을 느리게 받아들였지만, 이 튜브는 자연광의 사용과 재현으로 유명한 인상주의impressionism의 발전에 핵심적이었다. 또한 이 튜브로 인해 예술가들은 새로운 색감을 실험하거나, 또는 적어도 과거 사용했던 것보다 더 많은 종류의 색을 사용할 수 있게 되었다. 돼지 방광 안에서 물감이 말라 버리는 것 때문에 예술가들은 그림의 특정 부분에 집중하여 한 번에 몇 가지의 색만을 사용하는 방식으로 그림을 그리고는 했다. 〔그러나〕 메탈 튜브의 사용으로 예술가들은 더 많은 색을 사용하기 시작했고, 또한 그림을 한 번에 전체적으로 완성될 수 있는 것으로 새롭게 인식하기 시작했다. 피에르오귀스트 르누아르Pierre-Auguste Renoir는 다음과 같이 말했다. "튜브에 담긴 색깔들이 없었다면 세잔도, 모네도, 피사로도, 그리고 인상주의도 가능하지 않았을 것이다."(Hurt 2013) 클로드 모네의 1885년작 《만포르트의 물결Waves at the Manneport》은 모네가 프랑스 북부 해안 어딘가에 자리 잡고 앉은 채로 단 두세 차례에 걸쳐 그린 것이다. 이 그림에서는 해변의 모래들을 찾아볼 수 있는데, 이는 이 그림의 공간이 메탈 물감 튜브로 인해 어떤 방식으로 변화했는지에 대한 물리적 증거이다.

직물의 취약성의 예시에서 미디어가 시간의 지속을 통해서 시간적 관계를 변화시키는 방식을 살펴볼 수 있다면, 메탈 물감 튜브의 예시에서 우리는 미디어가 어떻게 이동성과 움직임에 영향을 주면서 공간에서의 관계를 변화시키는지에 대해서 알 수 있다. 이 논제 —즉 미디어는 시간과 공간에서의 관계를 변화시킨다는 것— 는 아마도 미디어의 역사에서 가장 중요한 관찰일 것이다. 그리고 이는 캐나다의 경제학자 해럴드 이니스의 작업에서 최초로 제기되었다. 앞에서 밝혔듯이, 이 책이 현재 시점에서 미디어 이론을 업데이트하고자 하는 시도라는 점에서, 우리는 이니스의 유산, 즉 공간-시간 유물론이라는 용어로 표현된 내용을 살펴보아야 한다. 이 장은 이니스의 이론으로 시작해서 그의 주장을 공간과 시간에 대한 미디어의 관계와 연관된 보다 최근의 이론적 논의들까지 확대시켜 살펴본다. 즉 현대 자본의 속도에 대한 주장에서부터 컴퓨터 디지털 프로세스에 의해 유발된 근본적으로 상이한 시간성에 대한 주장에 이르기까지, 그리고 가속화acceleration와 기술에 대한 종말론적 내러티브에 이르기까지 다양한 주장들을 살펴볼 것이다. 하지만 우리의 결론은 소위 시간에 의한 공간의 소멸이라는 주장을 받아들이는 방식보다는 공간과 시간 모두 관계적 범주이며, 근본적으로 다중적임을 주장하는 이론들을 통해서 도출될 것이다. 3장의 결론은 새로운 기술 때문에 붕괴되어 버린 단일한 "공간"과 단일한 "시간"이 존재하는 것이 아니라, 다중적 공간들과 다중적 시간들이 존재한다는 주장을 펼칠 것이다. 그리고 공간들과 시간들이 절충되는 방식은 곧 유물론적 미디어 정치학에 있어서 핵심적이라는 점을 주장할 것이다.

# 커뮤니케이션의 편향들biases

해럴드 애덤스 이니스는 국제적인 인정을 얻은 첫 번째 사람 중 하나이고, 지금도 캐나다 역사상 가장 중요한 학자 중 하나로 생각되고 있다. 이니스는 그가 "흙 연구dirt research"라고 불렀던 캐나다의 경험적인 현장 연구에 기초하여, 한 문화의 사회적, 경제적인 특징은 그것의 천연자원에 의해 결정된다고 주장했다. 『캐나다의 모피 무역The Fur Trade in Canada』(1930)과 『대구 어업The Cod Fisheries』(1940) 같은 책들에서, 이니스는 주요 산물staples에 대한 강조 때문에 그의 시대의 지배적인 정통과는 현저하게 다른 정치경제 이론을 발전시켰다. 이니스는 자유시장이나 계급투쟁을 강조하지 않았기 때문에 자유주의 경제 이론과 마르크스주의 이론 모두에서 벗어나 있었지만, 마르크스처럼 특정한 대립과 갈등을 우선적으로 강조했다. 만약 마르크스와 엥겔스에게 "지금까지 존재했던 모든 사회의 역사는 계급투쟁의 역사"(1999, 65)라면, 이니스에게 지금까지 존재했던 모든 사회의 역사는 천연자원의 역사, 이 자원들을 수확하는 지역경제, 그리고 그들의 이동과 무역으로 생산된 불평등한 세계 관계의 역사이다. 만약 마르크스에게 소유권의 불평등과 노동의 착취에서 발생하는 갈등을 강조하는 생산실천 및 생산수단에 관련된 유물론이 있다면, 이니스에게는 지구 지형의 물리적 구성과 경제 생산의 지역적 특수성을 착취하는 세계무역에서 발생하는 갈등에서 나오는 유물론이 있다.

주요 산물에 대한 연구에서, 이니스는 국제무역이 중심과 주변부의 관계를 만들었으며, 이 관계에서 식민국들은 그들의 식민지로부터 목재, 모피, 광물, 그리고 식량과 같은 천연자원들을 수입할 것이라고 주장했다. 〔또한〕 중심부들은 자원을 상품으로 가공하여 식민지에 되팔기 위해 그것을 수출할 것이다. 이는 수출입의 경제적인 필요성을 통해 특정한 (불평등한) 국제 관계를 지속하게 할 것이고 특정 장소의 천연자원을 기반으로 한 특정 지역 관계를 만들 것이다. 예를 들어, 캐나다의 지리는 특정 지역 산업들의 발전으로 이어졌는데, 이것은 (모피와 같은) 산업들의 상품들이 〔이들을〕 전 지구적 무역 체계에 통합될 수 있는 경제 중심지로 이동시킬 철도와 같은 인프라들의 개발에 의존하게 만들었다. 경제적 교류를 설명하기 위해 "평평한flat" 네트워크 관계를 주장하는 최근의 사회경제적 모델과는 달리(예컨대 Latour 2005; Latour and Lépinay 2009; DeLanda 2006), 이니스에게는 관계의 불평등에 대한 초점이 가장 중요하다. 주요 산물의 경제적 교환은 중심과 주변부의 식민 관계를 생산하고 유지했으며, 여기서 식민적 중심부는 스스로를 유지하기 위해 주변부에서 자원을 추출했다. 따라서, 주요 산물에 대한 이니스의 경제적 분석은 그 자체로 여러 가지 면에서 중요하다. 이는 식물과 동물, 그리고 인프라를 포함한 특정한 지리적 공간이라는 거대 생태계가 경제 발전 방식을 어떻게 결정하는지, 그리고 추가적으로 세계화와 식민적 경제 체계가 어떻게 세계무역을 지역 특수성과 연결시키며, 그 과정에서 〔어떻게〕 강력한 불평등을 영구화하고 정당화하는지를 강조한다.

말년에 이니스는 종이를 검토하기 시작했는데, 처음에는 종이를 모피나 생선과 같은 주요 산물로 생각했다. 물론 종이는 천연자원의 산물이다. 하지만 종이의 사회적 역할은 모피나 생선과 달리 〔그것이〕 문서화 documentation와 커뮤니케이션의 미디어라는 점에서 중요하다. 그래서 종이로의 관심 전환은 이니스의 연구를 캐나다와 영국 사이의 제국주의적 무역 관계에서 벗어나 커뮤니케이션에 의해 생산된 훨씬 더 큰 관계의 역사의 방향으로 향하도록 근본적으로 재설정했던 것 같다. 하지만 주요 산물에 대한 이니스의 주장과 커뮤니케이션의 역사 사이에는 상당한 연속성이 있다. 이니스를 살펴본 많은 사람은 그의 경제적 통찰력, 또는 미디어에 대한 그의 주요 업적을 검토하는데, 이 두 가지를 통합적으로 보는 경우는 드물고 둘 사이의 강한 분리를 전제한다(Young 2017 참고). 그러나 이니스의 모든 작업은 특정 산업의 물리적인 특성을 통해 생산된 공간적, 그리고 시간적 관계에 투여된다. 주요 산물에 대한 그의 작업과 미디어에 대한 그의 작업은 모두 중심과 주변부 사이의 제국주의적 관계와 전 지구적 불평등이 어떻게 유지되는지에 관한 것이다. 그러나 이니스는 커뮤니케이션에 있어서, 캐나다와 영국 사이의 관계가 아니라 캐나다와 미국 사이의 관계에 대해 매우 비판적인 시각을 갖기 시작했다. 하나의 중심은 다른 중심으로 대체되었고, 커뮤니케이션 독점이 식민적 무역 관계를 대체하게 되었다(Berland 2009 참고).

커뮤니케이션에 관한 이니스의 연구는 대부분 미디어의 물리적 효과에 대한 일련의 특정하고 지역적인 주장들로 구조화되어 있는데, 여기서 미디어는 지식의 통제에 관한 추상적인 주장들과 연결되며, 나아가 보다 큰 규모에서, 커뮤니케이션의 미디어가 문명 전체의 운명을 결정하는 데 기여하는 방식에 관한 것이다. 이러한 주장들이 주요 산물에 관한 그의 연구에서 나온 것은 아니다. 다시 말하지만, 〔그럼에도〕 이니스의 모든 연구에서 가장 일반적인 질문들은 비슷하다. 이니스를 미국의 실용주의와 영국의 문화연구 전통들과 연결시킨 가장 중요한 저자 중 하나인 미국의 커뮤니케이션 및 저널리즘 학자 제임스 캐리James Carey는 이니스가 그의 경력 전체에 걸쳐 두 가지 질문에 관심을 가졌다고 주장했다. "문화와 사회 제도를 모두 포함하여 광의적인 의미로서 사회 조직의 변화의 근본적인 원인은 무엇인가?"와 "모든 사회에서 안정을 촉진하는 조건은 무엇인가?"가 그것이다. 안정성은 경제적, 정치적 변화에 적응하고 특정한 태도, 믿음, 그리고 도덕을 보존하면서, 마찬가지로 문화적인 연속성의 감각을 유지하는 문화의 능력을 나타낸다(Carey 1967, 6). 연속성에 대한 이러한 이해는 캐리의 사유에서 중심적이다. 그는 커뮤니케이션을 공간에서의 메시지의 확장이 아니라 의례의 수행, 시간의 흐름에 따른 공동체의 유지에 관한 것으로 위치시켰다. 이니스도 비슷한 관심사를 가졌다. 그는 커뮤니케이션의 새로운 기술들이 시간에 걸친 안정보다 공간에서의 확장에 너무 많이 투여된다고 보았다. 그는 이것이 사회에 손상을 주는 것이라고 보았다.

이니스는 약간 보수적인 이론가이다. 왜냐하면 특정 문화가 어떻게 물질적 현실에서의 변화(그 변화는 천연자원, 기술, 환경, 국제무역에서 연유하는 것이다)를 흡수하고 이러한 변화에서 나오는 "붕괴"의 의미를 견딜 수 있는지를 밝히고 싶어 했기 때문이다. 우리는 예를 들어, 오늘날의 많은 발전하는 기술로부터 발명가나 기업가가 가장 열심히 추구하는 가치 중 하나로서 "붕괴"를 상상하는 다른 면의 이니스를 찾아볼 수 있다. 페이스북 종사자들의 가장 잘 알려진 슬로건은 "무언가를 파괴할 정도로 빨리 움직여라Move fast and break things"였다. 이는 새로운 기술이 심오한 방식으로 사회를 붕괴시킨다는 사유로, 이니스와 실리콘밸리에 있는 사람들이 공유하는 믿음이다. 그러나 —여기에 차이점이 있다— 오늘날의 기술 산업은 붕괴를 긍정적이며 유익한 것으로, "혁신"으로 이어지는 것으로 상상하며, 기술자들은 그 사회적 의미에 대해 많이 생각하지 않은 채 "무언가를 파괴break things"하고자 한다. 이니스는 페이스북과는 달리 기술적 파괴를 역사에서 문명 전체를 약화시키고 파괴했던 것으로 본다. 따라서 그의 연구 전체는 경제적 착취와 종속의 관계이든, 새로운 기술에 의해서 생산된 (그리고 약화된) 관계이든, 물질적 변화의 붕괴적 효과를 상쇄시키는 사회적 안정의 유지에 대한 것이다.

이니스는 "역사란 끊김 없는 망web이 아니라, 날실과 씨실이 불균등한 방식으로 공간과 시간이 되어 왜곡된 패턴을 만들어 내는 직물"(1951, xxvii)이라고 주장한다. 예를 들어, 특정한 목표(마르크스의 경우 공산주의, 또는 헤겔의 경우 통합적인 "역사의 종말")의 실현을 향한 목적론적 역사 전개의 존재를 주장하는 대부분의 마르크스주의나 헤겔적인 역사 개념과 달리, 이니스는 역사란 심오하게 불균등한 것이며 목적론적 역사 궤적들은 —만약에 그것이 존재한다면— 특정 국면에서 기이한 효과들을 낳는 다양한 물리적 힘들에 의해 강하게 영향받은 것이라고 말한다. 이 힘은 천연자원과 무역뿐만 아니라 미디어 —왜냐하면 미디어와 커뮤니케이션은 사회가 지배질서의 유지, 정보의 확산, 그리고 문화적 내러티브의 영구화에 사용하는 첫 번째 메커니즘이기 때문이다— 를 아우른다. 미디어는 특정한 편향bias을 가지고 있다. 이것이 미디어연구의 유산에서 이니스의 가장 중요한 관찰이다. 미디어는 시간 편향적time-biased(미디어는 시간의 흐름에 따라 지속된다는 의미로, 예컨대 앞에서 살펴본 도기와 돌이 있다)이거나 공간 편향적space-biased(미디어가 공간을 빠르게 가로질러 이동한다는 의미로, 예컨대 옷감과 종이가 있다)이다.

마셜 매클루언을 따랐던 미디어 이론가들보다는 이니스를 더 중시해야만 하는 여러 가지 이유가 있다. 첫째, 이니스와 목적론의 모호한 관계이다. 이니스는 기술 발전에 어떤 내재적인 역사적 궤적이 존재한다고 믿는 것으로 보이지는 않는다. 기술은 사회질서를 붕괴시키고 불안정하게 만든다. 이는 확실히 "진보적"인 것은 아니다. 이니스는 사회가 미디어의 불안정한 효과를 성공적으로 흡수하지 않는 한 기술 발전의 효과를 비관적으로 보는 경향이 있었다. 하지만 새로운 기술이 내재적으로 폐허로 이어진다고 보지는 않았다. 이는 매클루언과 그를 따르는 이들의 관점과는 구분되는 것이다. 이들은 미디어의 역사 —매클루언이 "지구촌 global village"이라고 불렀던 통합으로 나아가는 역사— 를 이끄는 내재적인 궤적을 받아들이는 것으로 보인다. 새로운 기술은 결국 인류와 신이 통합되는 "오메가 포인트Omega point"라 불리는 신학적 통합을 향해 나아간다고 생각했던 고생물학자이자 가톨릭 신부였던 피에르 테야르 드 샤르댕Pierre Teilhard de Chardin처럼, 매클루언은 기술 발전이 공동체가 커뮤니케이션의 물질성을 통해서 실현되는 통합적이고 종합적인 최종점을 향해 나간다고 보았다(Bollmer 2018, 21-23 참고).

둘째, 이니스는 매클루언보다 경제적 통제 및 지배 문제, 천연자연을 축출extract하도록 만든 식민 사업이나 커뮤니케이션의 통제를 통해 권력을 행사하는 자본주의적 독점에서 나오는 불평등에 대해서 훨씬 더 관심이 높았다. 알렉산더 존 왓슨Alexander John Watson은 긴 분량의 지식인 평전에서 미래 사회에 대한 이니스의 '어두운 전망'을 강조하고 있지만, 나는 이니스의 어두운 미래 사회상이 마치 기술이 다른 사회적 관계들과 분리되어 존재하는 것처럼, 기술의 내재적인 효과로 환원될 수는 없다고 생각한다. 오히려, 〔그의〕 어두운 미래 사회상은 커뮤니케이션과 지식의 균형보다는 이 둘에 대한 경제적 통제, 그리고 공간상의 확장, 또는 시간상의 지속을 강조하는 것과 관련이 있다. 이니스가 비관적으로 생각한 것은, 파멸에 이르는 피할 수 없는 목적인telos에 대한 것이라기보다는 기술의 사회 내에서의 기능과 이 기술이 악화시키고 유지하는 불평등에 대한 것이다. 구체적으로, 그는 라디오와 텔레비전 같은 기술이 공간에 대한 통제와 맺는 관계에 관심이 있었다. 라디오와 TV는 공간을 가로질러 커뮤니케이션을 확장하기 때문에(미디어의 물질적 기능), 원거리에서 균질화하고 통제하는 역할을 한다(특정 기술의 다른 특정한 용도들과 연결된 미디어의 편향). 공간을 강조함에 있어서, 시간이 지남에 따른 특정한 공동체의 연속성과 내구성은 파괴되지는 않더라도 잠식된다. 매클루언이 텔레비전과 라디오 같은 기술을 낙관적인 것으로 보는 반면, 이니스가 〔그로부터〕 보는 듯한 것은 "오로지 서구 문명의 붕괴라고 불리는 종반전이다. 우리는 더 적게 말하고 더 적게 쓰며, 이제 중앙 정보에 의해 대량 생산된 더 많은 자료를 보고 듣고 있다. 따라서 이니스의 전망은 점점 더 어두운 것이 된다."(Watson 2006, 412) 이는 단순히 전 세계 엔터테인먼트와 문화를 표준화하는 미국의 "문화 산업" —이니스에게 반향을 일으키는 것처럼 보이는 프랑크푸르트학파의 용어를 사용하자면— 때문만은 아니다(Adorno 1991 참고). 그것은 이니스가 주변부에서 새로운 형태의 지식, 새로운 모델, 새로운 아이디어가 거의 독점적으로 등장하는 것을 보았기 때문이다. 대중매체의 산물은 거의 전적으로 뉴욕, 런던, 또는 로스앤젤레스 같은 문화 중심지에서 생산된다. 이 과정에서 이니스는 주변부에서의 사회적 연대를 지배하고 "방해"하는 새로운 종류의 문화적 권력을 보았고, 이 권력이 주변부 문화의 시간적 연속성을 파괴하고, 공간을 가로질러 메시지를 빠르게 확산시키는 미디어의 물질적 능력에 의해 강화되어 문화 중심지에 의한 지식의 통제에 기인하는 동질성으로 이어진다고 보았다.

우리가 이니스의 저작으로부터 무언가를 배우기 위해 미래에 대한 그의 전망에 동의할 필요는 없다. 미디어가 공간과 시간에서의 관계를 변화시킨다는 것을 인식하기 위해 디스토피아적이든 유토피아적이든 역사의 특정한 종말을 염두에 둘 필요도 없다. 대부분의 경우, 우리는 미디어가 보통 시간에 기반을 두고 있거나 공간에 편향되어 있다고 주장할 수 있다. 미디어는 공간에서의 확장에 편향되어 있거나 시간이 지남에 따른 지속성endurance에 편향되어 있다. 공간과 시간 사이에서 동등하게 균형 잡혀 있다고 말할 수 있는 미디어는 거의 없다. 특정한 미디어의 지배는 특정한 사회를 특징짓는 사회적 형태를 형성한다. 왜 그러한지를 설명할 수 있는 구체적인 사례를 몇 가지 살펴보자.

예를 들어, 정보를 기록하기 위해 돌을 사용하는 사회들은 종종 매우 안정적이고 지속성이 있으며, 시간이 지나도 특정한 전통을 유지한다. 그러나 이 사회들은 매우 작은 지리적 공간에 묶여 있다. 시간 편향적인 매체를 중심으로 조직된 사회의 특히 두드러진 예는 라이스톤rai stones이라고 불리는 매우 큰 돌로 만들어진 화폐를 사용하는 미크로네시아Micronesia의 야프Yap섬 주민들의 사회다. 이 돌들은 거대한 무게 때문에 완전히 비이동적이다. 그래서, 경제적 교환은 누가 특정 시간의 특정한 순간에 돌을 소유하고 있는지에 대한 현지 지식에 의존한다. 이 돌들은 시간이 지나도 특정한 형태의 교환과 경제적 관행을 영속시키지만, 공간을 가로질러 이동할 수 없어서, 야프섬 주민들의 경제는 특정한 지리적 위치에 묶여 있게 된다.

반면, 공간 편향적인 미디어는 광대한 지리적 지역을 쉽게 이동하지만, 종종 깨지기도 하고, 통제하기도 어렵다. 역사학자 베네딕트 앤더슨Benedict Anderson(2006)이 민족주의의 출현을 "상상된 공동체"로 묘사한 방법의 핵심 요소인 민족주의의 역사에서 종이와 인쇄print는 중심적이다. 인쇄는 공간을 가로질러 이동함에 있어 낯선 사람들이, 비록 이 공동체가 궁극적으로 추상적이고 비인격적인 것일지라도, 그들 자신을 더 큰 사회적 전체, 깊은 유대감을 가진 공동체의 일부로 상상할 수 있게 해 준다. 이러한 유대감의 강도는 놀라운 것이다. 사람들은 민족주의의 이름으로 그들의 나라를 위해 죽는다. 동료 시민들과 보고 이야기하는 것 대신에, 우리가 같은 신문, 책, 잡지를 읽는다는 사실이, 비록 우리가 그러한 관계를 공유하고 있는 사람 중 대다수를 알지 못할지라도, 우리를 하나로 연결시켜 준다. 〔물론〕 상상의 공동체는 한계를 가지고 있다. 무엇보다도, 지구 전체에 많은 언어가 있다는 사실로부터 나오는 한계이다. 인쇄물의 공유된 유통은 공간을 가로지르는 관계의 창출을 가능하게 한다. 〔그러나〕 이 관계는 소통과 이해에 있어서 언어의 한계에 의해 구속된다.

우리는 인쇄로 생산되는 관계와 돌로 생산되는 관계의 차이를 바로 알 수 있다. 돌 화폐가 교환의 미디어로서 유용하기 위해서는 같은 공동체에 속한 다른 사람들에 대한 제한되고 직접적인 개인적 지식이 필요하다. 즉 라이스톤을 가치의 저장고로 인식한다는 것은 특정 시간에 누가 돌을 소유하고 있는지를 알고, 그것을 가치의 저장고로 인식하는 지역 공동체의 일부가 되어야 한다는 것을 의미한다. 돌은 공간이 아니라 시간이 지나도 지속될 수 있는 특정한 관계를 유지하고 표시하는 역할을 한다. 반면 지폐가 미디어로 사용되기 위해서는 더 큰 조직이 가치의 저장고로서 그것의 사용을 규제하고 검증할 것을 요구한다. 나는 개인적으로 누가 그것을 썼는지 모를 경우 서면 차용증(IOU)을 어떤 가치가 있는 것으로 받아들일 수 없지만, 종이 자체는 아무런 가치가 없더라도 정부가 인쇄한 종이는 "화폐"로서 가치가 있는 것으로 받아들인다. 나는 은행 웹사이트의 컴퓨터 화면에 나와 있는 숫자들이 특정한 화폐 가치에 연결되어 있다는 것을 안다. 왜냐하면 물리적 사물, 즉 나의 저금된 돈에 대해 내가 어떤 감각적 관계를 가지고 있지 않더라도, 나는 경제 제도들에 대한 신뢰를 유지하고 있기 때문이다. 지폐(그리고 디지털 화폐)로 인해, 우리는 누군가가 그 돈이 어떤 가치가 있다는 것을 알아줄 필요가 없게 된다. 돈은 우리의 관계를 익명으로 만들 수 있게 해 주며, 가치를 보장해 줄 수 있는 무언가(보통 정부)가 있는 한, 가치의 저장고로서 존재하게 된다(Bollmer 2016b, 68-97 참고). 하이퍼인플레이션 —통화가 짧은 시간에 가치를 급격히 잃을 때— 은 교환 수단의 역할을 할 수 있는 어떤 것으로서 통화를 유지할 수 있는 정부의 능력에 대한 믿음의 상실로 인해 발생한다. 보다 광범위한 맥락에서, 인쇄를 통한 커뮤니케이션은 우리가 결코 만날 수도 없고 알 수도 없는 수백만 명의 다른 사람들과 지속되는 비슷한 종류의 사회적 관계를 가능하게 한다.

이니스는 각각의 미디어는 사회적, 지배적 구조를 변화시키는 데 있어서 강력한 효과를 가지고 있다고 주장한다(2007, 27). 하지만 이니스는 하나의 미디어에 집중하는 것, 즉 그가 "지식의 독점"이라고 칭한 커뮤니케이션의 사용을 통해 권력을 유지하는 데 있어 제도 기관을 활용하는 데 대해서는 상당히 비판적이었다. 이니스는 정부, 종교, 또는 계급이 정보의 확산을 관리함으로써 권력을 유지할 때, 그들의 권력은 미디어의 공간적, 또는 시간적 편향을 변형시키거나 재창조하는 새로운 형태의 미디어에 의해 훼손될 가능성이 높다고 주장한다. 예를 들어, 가톨릭교회는 소수의 엘리트만 읽을 수 있는 라틴어로 인쇄된 문자의 통제를 통해 오랫동안 권력(그리고 광범위한 공간적 확장)을 유지해 왔다. 그러나 베네딕트 앤더슨이 우리에게 말해 줬듯이, 처음에는 라틴어로 출판함으로써 엘리트 시장에 봉사하는 것을 내용으로 했던 인쇄자본주의는, 결국 라틴어 너머에 존재했던 거대한 시장 때문에 지역 언어로 출판하는 쪽으로 방향을 틀었다. 종교개혁은 인쇄에 있어서 이러한 변화에 크게 의존함으로써 가톨릭교회가 인쇄에 대해 가졌던 독점권을 약화시켰다. 종교개혁 기간에 마르틴 루터Martin Luther는 "그렇게 알려진 최초의 베스트셀러 작가가 되었다. 다른 말로 하자면, 자신의 이름에 근거하여 자신의 새 책을 '판매'할 수 있었던 최초의 작가가 되었다."(2006, 39) 반종교개혁이 인쇄물에 대한 독점권을 회복하면서 라틴어 이외의 언어로 출판하는 것의 확장을 제한하려고 시도했지만, 지식에 대한 과거의 통제를 유지할 수는 없었다. 유럽 전역의 가톨릭교회는 가톨릭 신자들에게 금지된 출판물들을 열거한 『금지도서목록Index Librorum Prohibitorum』, 또는 "금서 목록"과 같은 다양한 목록을 출판했다. 그 『목록』은 1529년부터 1966년까지 발행되었는데, 이 목록의 출판은 교황 바오로 6세에 의해 폐지되었다. 여기에는 허가되지 않은 성경의 번역본과 함께 이마누엘 칸트의 『순수 이성 비판Critique of Pure Reason』과 같은 작품들이 포함되었다.

이니스는 인터넷이 대중화되기 전에 사망했지만, 그의 모델은 디지털 미디어를 이해하는 특정한 방법을 제공할 수 있다. 비록 디지털 기술이 시간적, 공간적 편향을 모두 가지고 있다고 말할 수 있다 하더라도 말이다. 지구 전체에 걸친 즉각적인 메시지의 이동을 감안할 때, 디지털 네트워크는 너무 공간의 확장에 치우쳐져 있어서 시간의 지속duration을 완전히 없애 버린다. 새로운 기술은 미디어가 리듬을 지배하는 방식으로부터 오는 가속화, 즉 전 지구적인 동시성synchronicity의 감각을 만들어 낸다. 이는 이니스의 최악의 악몽의 실현일 것이다. 디지털 미디어를 통해, 중심부는 너무 완벽하게 주변부를 식민화하여, 둘 사이에는 어떠한 구분도 존재하지 않는다고 말할 수 있게 되었다. 그러나 이 견해에는 문제가 있으며, 우리는 나중에 이 문제로 돌아갈 것이다.

이것은 디지털 미디어가 어떻게 깊은 시간적 편향성 역시 가지고 있다고 말할 수 있는지에 대해서 설명하지 못한다. 디지털 미디어의 하드웨어는 흔히, 더 길게는 아니더라도, 수 세기 동안 존재할 광물과 화학물질로 구성된다. 생태학자 티머시 모턴Timothy Morton은 스티로폼이나 플루토늄과 같이 인류 문명보다 훨씬 오래 지속될 인간에 의해 만들어진 물체를 가리키기 위해 "하이퍼오브젝트hyperobject"라는 용어를 사용한다(2010, 130). 우리의 컴퓨터와 휴대폰은 (비록 우리가 이러한 기술로 만든 새김들 ─적어도 문자로 된 새김들─ 은 그 시기에는 접근할 수 없을지도 모르지만) 우리보다 훨씬 더 오래 지속될 것이다. 어떤 의미에서, 디지털 미디어는 또한 돌이나 도기와 매우 다른 방식으로, 그리고 이니스와 캐리가 시간 편향적인 미디어에 대해 생각하는 것처럼 보였던 것과는 다른 방식으로, 시간 편향적이다(Parikka 2015). 결국, 우리의 쓰레기는 사회를 시간적으로 확장하는 것에 관한 것이 아니다. 우리는 분명히 사회적 관계에서 쓰레기를 배제하려고 시도한다. 하지만 (우리가 바버로 돌아간다면) 쓰레기는 여전히 미래에 우리의 행위가 알려질 새김의 역할을 할 수 있다. 그러나 디지털 네트워크의 공간 확장 경향은, 대게는 그것들 (자체)에서 기인하는 편향이다.

이니스의 저작은 우리가 명심해야 할 많은 것을 말해 준다. 먼저, 특정한 미디어는 공간에서의 확장, 또는 시간에서의 지속과 특별한 관계를 갖는다. 이 관계들은 정치적이다. 그들은 지식에 대한 통제를 유지하고 특정한 제도적 위계구조를 정당화하거나, 또는 권위를 훼손하는 데 사용될 수 있다. 이니스가 그의 시간 대부분을 (그의 업적이 종종 이러한 거대하고, 외견상 총체적인 주장들로 이어지기도 하지만) 일반적인 주장들보다는 역사적인 세부사항에 집중하는 데 보냈다는 것은 중요하다. 이는 미디어의 특정한 효과가 중요한 것이지, 더 일반적인, 대규모의 변화가 중요한 것이 아니기 때문이다. 마셜 매클루언은 이니스를 따라 "어떤 미디어나 기술의 메시지는 그것이 인간 문제에 도입하는 규모나 속도의 변화"(1964, 8)라고 말했다. 이는 미디어가 무엇인지에 대한 좋은 정의이다. 미디어는 공간과 시간에서의 관계들을 중재한다. 그러나 이러한 일반적인 "변화들"이 미디어가 무엇을 하는지에 대해 우리에게 많은 것을 말해 줄 만큼 좋은 경우는 드물다. 우리는 즉각성과 속도에 대한 총체적 주장들이 아니라, 공간과 시간에서의 관계의 세분화된 절충들을 살펴보아야 한다. 그리고, 디지털 미디어와 디지털 네트워크에 대한 나의 간략한 논의가 암시하듯이, 이니스가 만든 공간 편향적인 미디어와 시간 편향적인 미디어 사이의 엄격한 대립은 디지털 기술의 공간적, 시간적 효과를 설명하는 데 항상 도움이 되지는 않을 수도 있다.

그러므로, 미디어가 공간과 시간을 어떻게 변화시키고, 미디어가 강화시키는 관계들이 어떻게 정치적인지 —즉 미디어가 공간과 시간에 대한 조절과 관리를 통해 친화성과 대립을 만들어 낸다는 의미이다— 를 세부적으로 살펴봐야 한다. 세라 샤르마Sarah Sharma는 "이 시간과 공간의 변화에 집중하는 것은 시간과 공간의 구조적 정치학, 특히 대부분의 인류에 대한 미디어 형태들을 높이고 가치 있게 만들기 위해 재구성되는 다른 신체와 노동에 대한 관심을 흔히 부정한다"(2012, 67)고 주장했다. 미디어는 공간과 시간에서의 관계들을 분명히 변화시킨다. 그러나 공간과 시간의 이러한 재구성이 미디어에 대한 모든 특정한 분석의 종착점이 될 수는 없다. 우리는 공간과 시간이 재창조되는 구체적인 방법들과 공간과 시간의 변화로부터 오는 차이의 정치들을 살펴봐야 한다.

이 주장에 따라서, 우리는 이 장의 나머지 부분에서 세 가지 주제에 초점을 맞출 것이다. 첫 번째는 이니스에 대한 마셜 매클루언의 해석과 관런이 있으며, 이것은 경제 관계와 제국주의적 권력에 대한 질문들을 인식과 경험에 대한 미학적이고 현상학적인 관심들로 바꾸어 놓는데, 이 주제는 4장에서 계속해서 발전될 것이다. 두 번째는 수십 년 전부터 많은 비판이론에서 공통적으로 제기된 주장들을 살펴볼 것이다. 그 주장은 다음과 같은 것이다. 기술은 시간을 표준화하며, 디지털 미디어와 새로운 기술은 "시간에 의한 공간의 소멸annihilation of space by time"에 기여한다. 그리고 디지털 기술이 가지고 있는 공간을 가로지르는 순간성과의 관계로부터 비롯되는 "가속화acceleration"가 존재한다는 것이다. 그러나 세 번째 주제는 이러한 주제들에 대한 질문과 비판으로, 어떻게 경험, 동기화, 가속, 그리고 순간성에 대한 논쟁들이 일상생활을 특징짓는 경험된 삶에서의 차이와 불평등을 너무 자주 간과하는지를 검토할 것이다. 기술은 모든 사람이 같은 것을 경험하도록 허용하지 않으며, 모든 신체를 표준화하지도 않고, 모든 사람에게 같은 속도로 가속화되지 않는다. 미디어의 시간과 공간의 정치학은 미디어가 공간과 시간을 형성할 때 나타나는 불균등함에 주목해야 한다.

## 마셜 매클루언의 지구촌

마셜 매클루언은 『미디어의 이해Understanding Media』의 도입부(1964, 21) 즈음에서 미디어는 "정확하게는 석탄과 면화, 그리고 석유처럼 주요 산물이자 천연자원"이라고 주장하면서, 여러 가지 면에서 이니스에게 빚지면서도 동시에 구분되는 비전을 제시했다. 매클루언은 지금까지 살았던 가장 중요한 미디어 이론가 중 하나였고, 지금도 그렇다. 미디어에 대한 그의 해석은 이 책에서 서술된 관점의 기반을 이루고 있다. 그의 주요 통찰은 미디어가 공간과 시간을 변화시킨다는 이니스(의 통찰)에서 시작되었다. 그러나 매클루언은 중심과 주변부 사이의 경제적, 제국주의적 관계를 강조하는 대신, 인간의 감각과 경험에 초점을 맞췄다. 그것은 천연자원이 공동체의 경제적인 삶을 변화시킨다는 것이 아니다. 천연자원은 "공동체의 전체 정신적psychic 삶을 재구성하며, 이 사실이 그 사회의 독특한 문화적인 풍미를 창조한다. 이 사실은 삶을 형성하는 각각의 주요 산물에 대한 코와 모든 다른 감각을 통해 나타난다."(21, 인용자 강조) 매클루언에게 미디어는 인간 신체와 감각의 "확장"이다. 미디어는 예를 들어, 단순히 공유된 민족주의의 의미를 창조하는 인쇄물의 역할을 통해서가 아니라, 특정한 미디어에 의한 공간과 시간의 감각적 조직화를 통해서 사회관계를 재창출하는 것이다. 이니스에게 미디어의 역할이 궁극적으로는 경제적이며 통치적인governmental 성격의 공간적, 시간적 관계들을 변화시키는 데 있다면, 매클루언에게 미디어의 역할은 경험의 공간성과 시간성에 관한 것이다.

나는 우리가 매클루언에게 접근하는 방식과 거부해야 할 것들을 알 수 있도록 하기 위해서 매클루언 주장들의 몇 가지 한계를 강조하고자 한다. 매클루언이 그의 저작 전체에 걸쳐 일종의 식민 발전 논리에 반복적으로 의존하고 있다는 점은 명확하다. 매클루언의 많은 주장은 오늘날에는 매우 문제적인 인류학 연구에 기반을 두고 있다. 그리고 이러한 연구의 활용 방식도 상당히 모호하며 기술 발전에 기반을 둔 역사적 궤적을 그리고 있다. 매클루언은 아프리카에 대한 인류학을 사용하는 데 있어 특히 서구 문화가 문자와 기술 발전 이전에 어떠했어야 했는지에 대해 묘사할 때 이를 활용한다. 그는 비서구 문화에 대한 원시적 시각을 특권화하는 진술들을 제시하면서 문자 이전의 사회는 문자에 의해서 강화된 삶의 양식보다 더 공동체적이거나 더 "통합적"이라고 주장한다. 그의 많은 책에서 이러한 예시들을 수없이 찾아볼 수 있다. 『미디어의 이해』의 한 부분에서 매클루언은 다음과 같이 주장한다.

전자 기술의 내파적(압축적) 성격은 서양인의 음반이나 영화를 부족적tribal 어둠의 심장, 또는 조지프 콘래드Joseph Conrad가 "내부의 아프리카the Africa within"라고 불렀던 것으로 회귀시킨다. 전자 정보 이동의 즉각적 성격은 촌락 생활의 통합적 상태에 있는 인류 가족을 확장시키는 것이 아니라 연결시킨다. (1964, 111)

촌락의 이러한 "통합성"은 전 이성적preratoinal이며 특히 근대적 합리성의 단선적 사유 이전에 존재하는 "무질서"의 결과임을 주장하는 매클루언의 다른 예시들도 있다. 『구텐베르그 은하계The Gutenberg Galaxy』에서 그는 음성으로의 회귀 과정에서 새로운 종류의 전자 기술 ─전신, 전화기, 텔레비전─ 은 또한 근대성의 객관적dispassionate 질서의 상실을 가져올 것이라고 주장한다.

그래서 이 역학을 알지 못한다면, 우리는 즉시 부족의 북, 완전한 상호의존, 그리고 부여된 공존의 작은 세계에 정확히 부합하는 공황 공포의 단계로 나아갈 것이다. … 공포는 모든 구술 사회의 정상적인 상태이다. 왜냐하면 그 안에서는 모든 것이 항상 모든 것에 영향을 미치기 때문이다. (1962, 32)

다시 말하면, 새로운 기술은 계몽주의의 합리성에 의해 특징지어지는 일종의 유럽적 "백인성"을 무력화시켜, 보통은 아프리카이지만 종종 비서구의 문화적 전통으로 대표되는, 쓰기와 문자에 의해 억압된 원시적 본질을 방출한다는 것이다.

문학 교수인 매클루언은 모더니즘 문학과 예술, 특히 제임스 조이스James Joyce와 윈덤 루이스Wyndham Lewis의 영향을 많이 받았고, 그의 주장은 원시주의primitivism를 포함하는 다른 모더니즘 경향과 연결되어 있다고 생각되어야 한다(예컨대 Solomon-Godeau 1989; Barkan and Bush 1995 참고). 현대 예술과 문학은 정기적으로 영감을 얻기 위해 비서구 문화를 바라보는데, 종종 [이러한 비서구 문화의] 타자성이 서구의 합리성에 결여된 일종의 활력이나 리비도적 에너지를 지니고 있다고 가정한다. 원시주의는 다른 문화들은 상이하며, 다른 실천, 기술, 지식의 형태는 상이한 사회적 형태를 가져온다는 것을 인정하기 때문에 [그것 자체는] 문제가 되지 않는다. 오히려, 문제는 원시주의에 의해 가정된 목적론, 그것의 "발전" 논리이며, 이것은 우리가 매클루언의 많은 주장에서 찾아볼 수 있는 것이다(Spivak 1999, 364-85 참조). 어떤 이는 매클루언이 구술성에서부터 문자성, 이차 구술성에 이르기까지 그가 따르는 궤적에 대해서 양가적이며, [그의] 목적론에서는 "서양"도 "동양"도, 그리고 구술성도 문자성도 특권화하지 않는다고 주장할 수도 있다. 사실, 이것은 매클루언이 자신의 업적에 대해 주장했던 것인데, 그는 [자신이] 어느 한 입장에 찬성하지도 반대하지도 않았고, 궁극적으로 "헌신하지 않았다"고 말했다. 그러나, 앤드루 로스Andrew Ross가 매클루언의 암묵적인 식민주의 정치학에 대해 명백하게 비판한 바에 따르면, "사실, 가장 설득력 있게 말하면서 지배적인 이익을 대변하는 것은 헌신하지 않는 지식인이지 돈만 주면 뭐든지 하는 사람이 아니며, 60년대의 매클루언은 이 유감스러운 진실의 가장 좋은 예 중 하나이다."(1989, 119) 로스가 보여 주고 있듯이, 매클루언의 주장은 실제로 1960년대와 1970년대에 발전이라는 미명하에 문화제국주의적 실천을 정당화하는 데 활용되곤 했다. 다시 말해서, 비록 매클루언이 그의 저작에서 커뮤니케이션의 특정 방식에 특권을 부여할 의도가 없었다고 할지라도, 우리는 그의 주장들이 액면 그대로 중립적이었다는 매클루언의 믿음을 받아들일 수는 없다. 오히려, 이러한 중립성은 서구와 나머지 세계 사이의 관계에 대한 매클루언 자신의 암묵적인 식민주의적 주장으로부터 나온 진보와 미디어에 대한 특정 주장들을 모호하게 만들었다.

따라서, 예를 들어, 야프섬 주민들의 돌 화폐 사용이 지폐의 사용에 의해 생성되는 것들과 다른 형태의 삶을 낳는다고 제안하는 것은 본질적으로 문제가 아니다. 차이의 인정 그 이상을 의미하는 원시주의는 인류학 연구가 서양의 것들보다 더 "원초적"이거나 더 "자연적"인 상태를 식별한다고 가정될 때 나타난다. 원시주의는 비서구 문화, 흔히 아프리카나 아시아 문화를 서양보다 자연에 더 가깝고 "덜 문명화된" 모델로 활용하면서 〔그 문화에〕 "문명"이 결여되었다고 가정하는 서양의 욕망을 반영한다. 문예이론가 에드워드 사이드Edward Said가 "오리엔탈리즘"(1978)이라고 명명한 서구 문화에서의 경향처럼, 서양은 더 "자연적"이고 더 "전체적"이지만 서구 문화와 계몽의 한계 이전, 또는 그 너머에 존재한다고 가정되는 아시아나 아프리카의 "타자"를 발명한다. 타자는 비이성적이고 비과학적이라고 가정되며, 자연적 충동 및 신체의 육체성과 더 연결된다고 가정된다. 타자들은 그들의 차이 때문에 "이국적"이고, 이러한 차이 때문에 서양에 의해 "욕망"된다. 명확하게 하자. 비록 오리엔탈리즘이 타자가 특정한 가치를 가지고 있다고 가정하기 때문에 긍정적인 것처럼 보인다고 하더라도, 그것은 인종주의의 한 형태이다(hooks 1992, 21-39 또한 참조).
이 모델은 아시아나 아프리카의 실제 삶에 관한 것이 아니다. 타자에 대
한 오리엔탈리즘적인 묘사는 서구 문화에서 배제된 것을 서구 "계몽주
의" 이전의 것으로 규정하려는 서구에 의해서 생산된 일련의 재현 방식
이다.

　원시주의의 문제들은 또한 우리가 이 장에서 보고 있는 바로 그 시간
성의 문제로 이어진다. 매클루언은 "원시적인" 사람들에 대한 인류학적
연구를 살펴봄으로써 타자를 "시간화"하면서 같은 현재에 존재하는 특
정한 사람과 문화가 "우리의"(서양의 우리) 역사적 과거의 표현이라고 주
장한다. 1980년대 이후 많은 인류학자에 의해 문제 제기되어 왔지만, 이
것은 인류학의 역사에서 흔한 관행이다. 인류학의 역사를 통틀어, 인류
학자는 현장 연구 수행 과정에서 "문명"에 의해 오염되지 않은 "인간의
본성"을 확인하기 위해 사람들과 문화들을 조사했다. 이는 요하네스 파
비안Johannes Fabian이 〔자신의〕 주요 저서 『시간과 타자Time and the Other』(1983)
에서 비판했던 매우 차별적인 관행이다. 파비안은 "타자의 경험적 현존
은 타자의 이론적 부재로 변한다"고 주장한다. 이는 "타자를 인류학의 시
대 외부에 두려는 공통의 의도와 기능을 가진 일련의 장치들의 도움으
로 작동되는 마법의 속임수이다."(xli) 대신에, 파비안이 말하듯이, 인류
학 및 민속지학은 우리 모두가 동일한 현재에 존재함을 인식하려는 시도
인 "인류의 급진적 동시대성"을 촉진해야 한다. 그 이후 많은 인류학자가
파비안의 조언을 따랐고, 현장 연구를 활용하여 발전과 인간 본성에 대
한 서구적 내러티브에 도전하면서 타자를 시간화하는 것을 거부했다. 그
럼에도 불구하고, 이 시간적 타자화는 은연중에 매클루언을 따르는 많은
이를 특징짓는다.

미디어 이론의 "토론토학파"를 구성한 다른 저자들, 예를 들어 에릭 해블록Eric Havelock이나 월터 옹Walter Ong과 같은 매클루언의 동시대 인물 중 일부는 매클루언의 주장을 상당히 덜 문제가 되는 방식으로 수정하거나 재해석하여, 매클루언의 인류학 사용 방식을 특징짓는 인간중심적이고 원시주의적인 편견을 제거하거나 해소하기도 한다. 특히 고전 그리스 문학에만 초점을 맞춘 해블록의 경우가 그렇다. 매클루언의 몇몇 핵심 주장을 검토하면서, 어떤 주장들이 오늘날 우리가 지지하고 사용할 수 있는 것인지, 그리고 어떤 주장들이 1950년대와 1960년대 특정 연구 단체들의 인종차별적 흔적을 고려할 때 아마도 폐기되어야 할 것인지에 대해서 고찰해 볼 가치가 있다. 내가 보기에는, 우리는 여전히 매클루언을 활용하여 미디어가 시공간에서 신체를 어떻게 확장하는지를 설명하는 데 도움을 받을 수 있다. 그의 원시주의는 미디어의 변화에 의해 주도된 역사적 발전의 한 형태인 특정 목적론을 정당화하는 데 주로 사용된다. 우리가 이 목적론을 거부하고(내가 이 장을 통해, 그리고 이 책을 통해 주장해 왔던 것), 구술 커뮤니케이션이 문자 커뮤니케이션보다 다소 전체적이라고 가정하는 것을 거부하는 한, 매클루언은 미디어가 신체와 감각에 영향을 미치는 특정한 방식을 설명하는 데 있어 여전히 유용하다. 하지만 그럼에도 불구하고 우리는 이 목적론을 폐기하기 전에 먼저 이 목적론을 이해할 필요가 있다.

매클루언이 그의 저서 『구텐베르크 은하계』(1962)로 시작하여 전개하는 가장 주목할 만한 주제 중 하나는 구술성, 또는 발화를 통한 커뮤니케이션을 중심으로 구성된 사회들과 문자성, 또는 문서로 쓰인 것을 통한 커뮤니케이션을 중심으로 구성된 사회들 사이에 근본적인 차이가 있다는 것이다(Ong 2002, 6). 문자성은 인쇄물과 함께 더욱 변형된다. 월터 옹은 "문자화된 말들은 잔여적"이라고 주장한다. "구술 전통에는 그러한 잔존물이나 침전물이 없다. 자주 전해지는 구전 이야기가 실제로 전해지지 않을 때, 그것에 존재하는 것은 어떤 인간이 그것을 말할 수 있다는 가능성뿐이다."(11) 문자성에 의해 손상되지 않은 이 구술 전통은 여기서 일차적 구술성이라 불린다. 해블록이 언급한 바와 같이, "일차적 구술성에서 인간들 사이의 관계는 (신체 행동의 시각적 인식에 의해 보완되는) 음향에 의해 배타적으로 지배된다."(1986, 65) 구술 문화의 전통은 기억과 반복을 요구하는 의례를 통해 유지된다.

그리스 문학의 특수성에 대한 해블록의 집중적 논의는 어떻게 구술 문화가 문자 문화가 되었는지에 대한 흥미로운 관점을 제공하는데, 이는 서구 전통 안에 확고하게 자리 잡고 있는 관점이다. 결과적으로, 해블록은 매클루언과 옹이 원시주의와 구전에 대해 자주 하는 방식과 같은 주장을 하지 않는다. 그렇다면, 우리가 가진 모든 것이 우리의 과거에 대한 텍스트 문서 ―일종의 문자성에 대해 말하는 문서― 일 때, 우리는 어떻게 서구의 구술성의 역사를 발견할 수 있을까? 호메로스Homeros의 『일리아드Illiad』와 『오디세이Odyssey』 같은 서사시에 대한 일반적인 가설은 "호메로스"라는 이름이 오늘날의 의미에서 "저자"를 지칭하지 않을 수도 있다는 것이다. 호메로스는 단순히 오랫동안 구전되었던 시를 적은 사람일 수 있으며, 또는 특정한 사람이 아니라 "노래에 맞게 맞추는 사람"에게 주어진 이름이 "호메로스"일 수도 있다(Graziosi 2002, 51-92 참고). 호메로스의 작품들 같은 저작들은 문서로 쓰인 것보다는 구술적 수행에 대해서 훨씬 더 많은 것을 말해 주는 구절과 요소들로 가득 차 있다. 『일리아드』에는 "선박 목록The Catalogue of Ships"이라 명명된 긴 절이 있는데, 이것은 그 이름 그대로, 트로이로 항해했던 아카이아Achaean 군대의 일부, 선장들,

그리고 각 정박지의 목록이다. "선박 목록"을 읽는 것은, 오늘날 대부분의 사람들에게는 상당히 지루한 것이다. 그럼에도 불구하고, 그것을 다시 회상하는 것은 기억의 놀라운 위업이다. 그 목록을 읽는 경험은 누군가가 그것을 정확히 암송하는 것을 듣는 것과는 매우 다르고, 이 목록을 반복하는 두 가지 형태 —정해진 문서를 읽거나 아니면 의례적으로 그것을 수행하는 것— 는 공간과 시간에서의 매우 다른 관계들을 만들어 낸다. 고대 그리스의 다른 중요한 텍스트들은 호메로스의 시처럼 구술 전통의 산물이며, 또한 오직 나중에 누군가에 의해 쓰였을 뿐이다.

다시 말하면, 글쓰기가 애초에 '저자권authorship'을 존재하게 만든 것이다. 서론에서 언급되었듯이, 『파이드로스』에서 글쓰기를 경멸하는 것은 그의 시대의 글쓰기 논쟁의 특징인데, 이는 플라톤의 대화가 근본적으로 쓰인 것이기 때문에 아이러니하다. 『파이드로스』에서 소크라테스는 글쓰기가 화자로부터 언어를 분리했기 때문에 그것을 비난했다. 해블록이 우리에게 말했듯이, "언어가 발화한 사람으로부터 시각적으로 분리됨에 따라, 언어의 근원인 사람 또한 더 예리하게 초점을 맞추게 되고 자아의 개념이 탄생하게 되었다."(113) 우리가 저자권과 (지적)재산권, 그리고 오늘날 우리의 "자아" 감각의 등장을 발견하는 것은 일차적 구술성에서 문자성으로 이행, 구두 반복과 수행에서 문서로 쓰인 것으로의 변화에서이다.

구술성과 문자성 사이에는 정보의 저장과 전송으로부터 오는 많은 차이가 있다. 월터 옹은 구술 커뮤니케이션에 의존하는 문화에서는 무역과 교육이 도제apprenticeship를 통해 이루어진다는 점에 주목한다. 구술적 수행은 "운동 경기와 같이 경쟁적agonistic"(커뮤니케이션이 경쟁, 겨룸, 그리고 전투를 위한 공간이라는 의미에서)이다. 커뮤니케이션은 예를 들어, 학문적 논쟁과 과학적 추측에서 우리가 가정하는 "객관적 거리"를 의미하는 게 아니라 참여적이고 뒤얽혀 있는 것이다. 커뮤니케이션과 기억은 "항상적homeostatic"인데, 여기서 항상성은 현재 유용하지 않은 지식이 어떻게 단순하게 폐기되는지 ―그 이유는 지식은 계속 존재하기 위해서 현재에 반복되거나 낭송되어야 하기 때문이다― 를 알려 준다. 이것들은 옹(그리고 매클루언)이 구술 문화의 사회적 조직에 대해 주장하는 요소 중 일부일 뿐이다(Ong 2002, 31-76; McLuhan 1962 참고). 그러나 구술성과 문자성의 가장 주목할 만한 차이점 중 하나는 공동체의 질문과 관련이 있다. 옹에 따르면, "구어는 소리로서 물리적으로 구성되어 인간의 내부에서 시작되어 인간을 의식적 내부, 즉 인격으로서 또 다른 인간들에게 나타나도록 하기 때문에, 구어는 인간을 밀접하게 짜인 조직으로 형성시킨다. … 글쓰기와 인쇄는 〔인간을〕 고립시킨다."(2002, 73) 글쓰기는 〔인간을〕 "탈부족화시킨다detribalize." 이 용어는 매클루언을 따르는 이들에 의해서 공통적으로 사용된 용어로, 매클루언의 주장을 관통하는 원시주의를 연상시킨다.

〔우리는〕 글쓰기와 인쇄가 어느 정도 〔인간을〕 고립시킨다고 말해야 하지만, 문자성 위에 구술성을 위치시켜 특권화하는 옹의 주장에 대해서는 약간 의심할 필요가 있다. 분명히 말은 신체적인 친밀함을 요구하는 반면 인쇄는 그렇지 않다. 목소리가 녹음되어 증폭되거나 방송되지 않는 한, 우리는 말을 들을 수 있도록 누군가와 가까이 있어야 한다. 말은 결코 정확히 같은 방식으로 반복될 수 없다. 문서로 쓰인 것이 시간이 지나도 안정적으로 유지되는 반면에, 구술 커뮤니케이션은 항상 새롭게 수행된다. 그러므로 말에 의해서 생산되는, 다른 미디어와는 상이한, 특정한 공간적, 시간적, 그리고 사회적 관계들이 있다. 심지어 읽고 쓰면서 다

른 사람들과 "커뮤니케이션"할 때에도, 인쇄와 쓰기가 우리를 혼자 있도록 허용한다는 것은 사실이다. 책을 크게 소리 내어 읽는 것은 공동체적 행위일 수 있지만(이는 구술과 공동체적 관계로 되돌아가는 것이다), 책을 읽는 행위는 혼자만의 고독한 행위이다. 하지만 우리는 베네딕트 앤더슨의 주장을 떠올려야 한다. "공동체"가 "민족"이 되도록 허용하는 것은 방대한 거리를 가로질러 이루어지는 인쇄의 유통이며, 이는 고독한 독자가 그들 중 대부분은 결코 알지 못할 훨씬 더 많은 집단의 사람들과의 관계 속에서 그들 자신을 상상할 수 있게 하는 것이다. 문자성은 커뮤니케이션의 공동체적인 측면들을 파괴하지 않으며, 그것은 그들을 근본적으로 재구성한다. 구술성도 글쓰기도 다른 미디어보다 더 "공동체적"이지 않다. 그러나 공간에 걸친 확장과 시간에 따른 지속 같은 물질적인 실천들에 의해 생겨난 공동체의 종류는 커뮤니케이션과 새김 미디어의 물질성 때문에 근본적으로 재구성된다.

글쓰기는 고립된 독자의 개인주의를 넘어 자신만의 특정한 사회적 형태를 지닌다. 문자성은 "원본" 문서의 존재를 가능하게 하는데, 이는 무언가가 쓰인 후에야 비로소 사본이나 위조와 비교될 수 있는 "원본", 즉 권위 있는 문서가 가능하기 때문이다. 인쇄를 통해서 문자성은 자신이 쓴 것에 대한 소유권과 통제권을 가진 "저자"와 더불어 사고팔 수 있는 상품으로서의 커뮤니케이션이라는 아이디어로 이어진다. 글쓰기는 단선적인 질서 감각을 낳고, 커뮤니케이션에서의 중복성redundancy을 감소시켜 준다. 미디어가 만들어 내는 관계들은 공간과 시간에서의 확장을 연장하거나 제한함으로써 다른 사회적, 감각적 효과로 이어진다.

매클루언의 가장 기억할 만한 아이디어 중 하나는 텔레비전을 묘사하기 위해 제안되었지만, 인터넷에 정기적으로 적용되어 왔다. 매클루언에게 텔레비전은 구술성, 문자성과 인쇄의 부상 이후의 이차적 구술성으로의 회귀, 그리고 말과 구술성을 묘사한다고 생각되었던 집단적이고 음성적인 즉각성으로의 회귀를 알리는 수많은 기술 중 하나였다. 매클루언은 홈 레코딩에 의한 "타임시프팅timeshifting" 이전 시기 TV 방송의 표준화된 시간과 오래된 텔레비전 수상기들의 낮은 해상도를 언급하면서, "작은 모자이크형 이미지를 통해서 TV의 짧은 역사에서 발생하고 있는 것은 바로 모든 것을 포괄하는 지금nowness에 대한 총체적 참여"(1964, 335)라고 주장했다. 매클루언에게 텔레비전과 라디오는 거리를 가로지르는 동시성을 강조하고 분산된 사람들이 동시에 같은 것을 보고 들을 수 있도록 함으로써 구술 문화로의 회귀를 알렸다. 인쇄가 "탈부족화detribalize"한다면 라디오와 TV는 "재부족화retribalize"한다(Ong 2002, 134).

매클루언은 텔레비전이 생산하는 세상을 묘사하기 위해 "지구촌"이라는 용어를 만들어 냈지만, TV에 대한 그의 주장 중 많은 것은 그것들이 쓰인 지 수십 년이 지난 후에 우리가 디지털 미디어와 인터넷을 상상하는 방식에 더 적합한 것처럼 보인다.

3천 년 동안의 전문가의 폭발, 3천 년 동안의 우리 신체의 기술적 확장에서 전문성과 소외의 증가 이후에 우리의 세계는 극적인 반전에 의해 압축되었다. 지구는 전기적으로 수축되어 한 마을에 지나지 않는다. 모든 사회적, 정치적 기능을 갑작스러운 내파 안에서 하나로 모으는 전기적 속도는 인간의 책임에 대한 인식을 강렬하게 높였다. (1994, 5)

『와이어드Wired』 매거진은 초창기에 이러한 아이디어를 위해 매클루언을 "수호성인patron saint"으로 명명했는데, 1990년대 초 실리콘밸리의 종사자들이 주장했듯이, 이 아이디어는 텔레비전보다는 인터넷에 훨씬 더 잘 적용된다. 당시에 상상되었던 것처럼, 그리고 계속 상상되고 있듯이, 오늘날 온라인 상호작용을 특징짓는 노골적 증오와 괴롭힘을 경계해야 하기는 하지만, 이를 고려한다면 인터넷은 마침내 이차적 구술성에 의해 만들어지는 공동체에 대한 매클루언의 이상을 실현할 수 있는 장소가 될 것이다.

매클루언이 TV에 대해 말하는 사실은 핵심적인데, 왜냐하면 그의 강조점은 텔레비전이 어떻게 시청자들로 하여금 멀리서 보고 들을 수 있도록 하는지, 그리고 최소한 TV가 텔레비전 방송으로 시간을 어떻게 동기화하는지에 있었기 때문이다. 비록 여러분이 집에 혼자 있다 하더라도, 여러분은 지구 전체까지는 아니더라도, 전국의 수많은 개인과 똑같은 것을 화면에서 보고 있다. 매클루언 사상의 가장 중요한 확장 중 하나는 조슈아 메이로위츠(1985)로부터 나왔는데, 그는 공간과 시간에 대한 매클루언의 주장을 일상생활에서 자아의 수행에 대한 사회학자 어빙 고프먼Erving Goffman의 주장과 연결시켰다. 고프먼에게 삶은 일종의 드라마적인 공연performance으로 생각될 수 있다. ―여기서 우리는 수행에 대한 더 구어적인 정의를 사용하고 있는 것이지, 이 책의 다른 장들에서 나오는 더 철학적인 정의를 사용하고 있는 것이 아니다― 우리는 청중이 누구인지에 대한 이해에 기초하여 우리 자신의 다른 버전을 공연한다. 직장이나 학교에서 우리는 공적인 "무대 위onstage"에 있으며, 특정 장소와 청중의 관습적인 규범에 기초하여 우리 자신의 특정한 버전을 수행하고 있다. 혼자 있는 집에서, 사적으로, 우리는 "무대 뒤편backstage"에 있으며, 다른 맥락에서는 적절하지 않을 것이라고 알고 있는 것들을 하거나 말할 수 있다. 메이로위츠는 텔레비전의 주요 효과는 우리가 보통 사적인 것,

또는 무대 뒤편이라고 생각되는 것들을 볼 수 있도록 허용하는 것이라고 주장한다. 텔레비전은 공과 사, 무대 위와 무대 뒤편의 구분을 제거하기 때문에 "적절한 행동"에 대한 이해를 변형시킨다. 메이로위츠는 "우리가 전화기, 라디오, 텔레비전, 또는 컴퓨터를 통해 커뮤니케이션할 때", "우리가 육체적으로 어디에 있는지는 더 이상 우리가 사회적으로 어디에 위치하고 있는지와 누구인지를 결정하지 않는다"(115)고 주장한다.

이 저자 중 어느 누구도 복음으로 받아들여서는 안 된다. 그들의 주장은 특정한 맥락에서 나왔고, 여기서 목적론 —일차적 구술성, 문자성, 이차적 구술성에 대한— 은 모든 종류의 문제들을 가지고 있다. 그러나 우리는 이 학자들 모두에게 동기를 부여하는 기본적인 사유를 받아들여야 한다. 다른 형태의 미디어는 물리적 물질성 안에서 공간과 시간에서의 관계들을 형성한다. 미디어가 가져오는 변화들은, 공간과 시간의 형성에 있어서 사회적 관계, 시각 문화, 그리고 —이니스가 주장했듯이— 제도적, 국가적governmental, 기업적, 그리고 식민적 권력의 유지에 놀라운 영향을 미친다.

## 디지털 미디어와 시간

디지털 미디어와 네트워크 기술이 공간과 시간을 형성하는 방식에는 무슨 일이 있었는가? 우리는 이제 디지털 미디어와 시간 사이의 관계에 관한 세 가지 다른 주장을 검토할 것이다. 이 주장들은 비교적 상호교차되어 있지만 각각 시간을 조절하는 미디어의 역할과 관련된 독특한 특수성들을 가지고 있는데, 대부분은 시간의 이론화 과정에서 어느 정도 공간적 차원도 가지고 있다. 우리는 첫째로 공간을 가로질러 시간을 동기화하는 미디어를, 둘째로 공간-시간을 압축하고 속도와 템포를 가속하는 미디어를, 셋째로 시간을 순전파feed-forward하는 미디어를 순차적으로 살펴볼 것이다.

## 시간의 동기화

존 더럼 피터스John Durham Peters(2015, 175)는 "해럴드 이니스가 우리에게 가르쳐 준 것처럼, 정치적, 경제적, 종교적 권력과 통제에 있어서 가장 심오한 미디어는 시간의 유지와 관련되어 있다"고 말한다. 시계와 달력의 표준화를 통한 시간의 측정은 지구 전체에 걸쳐 방대한 수의 인간 신체들의 생활과 작동 리듬을 결정하고 규제하는 분, 시간, 일, 그리고 주를 설정하고 명령한다. 마르크스주의 역사가이자 문화연구의 창시자 중 하나인 E. P. 톰프슨E. P. Thompson(1967)과 기술과 도시 공간의 초기 이론가인 루이스 멈퍼드Lewis Mumford(1934)는 모두, 시계가 산업자본주의 출현의 핵심이라고 주장했다. 시골의 노동자들이 시골에서 도시로 이동하면서 그들의 직업은 극적으로 변화했다. 톰프슨이 지적한 것처럼, 농업과 수산업의 시간성은 조수와 계절에 동기화되어 있고, 따라서 비록 어떤 특정한 시간 감각과 시간을 관리하기 위한 다양한 기술들과 연결되어 있다 하더라도, "그 자체로 드러나는" 것처럼 보인다(1967, 59). 이 시간성들은 환경적 힘의 특수한 생태계로부터 나온다. 즉 특정한 시간에만 미끼를 무는 물고기를 잡기 위해 기상하거나, 또는 계절의 흐름에 따라 밭을 갈고 작물들을 경작하는 것이다.

〔그런데〕 노동자들이 공장에서 일하기 시작하면서 시간에 대한 관계가 달라졌다. 그들이 한때 일출과 일몰의 리듬에 따라 살아갈 수 있었다

면, 공장은 일과 여가, 노동 시간과 쉬는 시간의 구분을 필요로 했다. 마르크스는 자신의 노동가치론에서 이를 명시적으로 밝히고 있다. 에르네스트 만델Ernest Mandel은 그것을 다음과 같이 해석한다.

마르크스에게 노동은 가치이다. 가치란 특정 기간(예를 들어 1년, 또는 1개월) 동안 주어진 사회에 존재하는 총노동 잠재력의 단편에 지나지 않으며, 그때그때 존재하는 노동의 평균 사회적 생산성을 시(또는 분), 일, 주, 월 단위의 노동으로 생산되고 표시되는 재화의 총수로 나눈 값이다. (1990, 11)

마르크스의 언어에서 상품의 가치는 "사회적으로 필수적인 노동 시간"으로부터 비롯되는데, 이는 톰프슨에 의해 도표로 표시된 노동의 일상적 실천이라는 관점에서 산업자본주의가 시간의 측정에 의존했다는 것을 의미한다. 가치가 노동에서 나오기 때문에, 노동의 측정은 노동자 신체 관리의 명확한 일부가 되고, 노동자로부터 가능한 한 최대한의 노동력을 추출하는 데 있어서의 효율성을 목표로 한다.[1]

따라서, 시간의 측정은 많은 측면에서 항상 신체, 신체리듬, 그리고 신체 움직임의 관리에 관한 것이었다. 산업화 시기 동안 시계는 노동자들이 제시간에 확실히 일하도록 하기 위해 그곳에 있었다. 시계는 노동자들이 시간을 적절하게 사용하고 그들의 신체를 가장 효율적으로 통제하

---

1  최근의 마르크스주의 이론은 노동가치론에 대한 이러한 해석 —또는 적어도 가치에 대한 주장을 펼칠 때 마르크스의 의도에 대한 해석— 이 잘못된 것이라 주장한다. 대신 이 이론가들은 노동과 가치에 대한 마르크스주의적 투쟁의 목표는 궁극적으로 이 두 가지 범주의 완전한 제거임을 주장한다. Endnotes Collective(2010) 참고.

도록 보장하기 위해 사용되었다. 흔히 테일러주의Taylorism라고 불리는, 20세기 산업자본주의의 변화는 현대 공장에서 시간 관리의 중심성을 말해 준다. 테일러주의, 또는 과학적 관리는, 세기의 전환기에 기계공과 엔지니어로 훈련받은 프로 테니스선수인 프레더릭 윈즐로 테일러Frederick Winslow Taylor의 이름을 따서 지어졌다. 테일러의 책『과학적 관리의 원칙 The Principles of Scientific Management』(1911)에서, 그는 실제로 공장 작업이 수행되는 방식을 재창조하는 일련의 원칙들을 제시했다. 테일러는 작업에서의 대다수 관행이 낭비적이고 비효율적이라고 주장했다. 〔그리고〕 그것은 움직임을 분해해서 최적화하는 과학적인 연구를 통해 특정한 움직임을 시간적으로 조절함으로써 개선될 수 있다고 주장했다. 테일러는 과학적 관리가 노동자들의 노동 시간을 줄이고 노동자와 경영자들의 삶을 개선시킬 것이라고 믿었다. 그러나 이러한 종류의 관행은 결국 비인간적인 것이었다. 〔이는〕 노동자들을 무감각한 자동기계automatons로 만들었고, 당장 수행하도록 요구되는 반복적인 움직임으로 인한 부상으로 이어졌다(Liu 2004, 90-98 참고). 주목해야 할 것은, 시간의 분할이 미디어의 도움을 통해서만 구현되었다는 점이다. 테일러와 그의 추종자들은 움직임을 도표화하는 데 영화와 사진을 사용했으며 시각적 기술을 통해서 분리될 수 있는 특정한 방식으로 시간과 움직임을 규정했다(Doane 2002; Salazar Sutil 2015 참고).

그래서 미디어의 역할 중 하나 ―특히 시계, 달력, 그리고 시간을 지키기 위한 다른 방법의 형태에서― 는 신체의 움직임을 관리하는 것이었다. 이것의 효과는 측정을 통해 시간을, 동기화하지는 않더라도, 표준화하는 것이다. 이것은 테오도어 아도르노Theodor Adorno와 프랑크푸르트학파의 미디어에 대한 주요 불만 중 하나였다. 아도르노가 언급했듯이, 그와 그의 공동 저자인 막스 호르크하이머Max Horkheimer가 만들어 낸 "문화 산업culture industry"이라는 용어는 실제 산업을 가리키는 것이 아니라, "사물 자체의 표준화"(1991, 100)를 가리킨다. 미디어와 기술은 동일한 것을 반복적으로 대량 생산한다. 반복의 가장 명백한 예시는 장르 영화에서 나타나는데 [장르 영화에는] 유사한 플롯과 스토리가 있고, 이는 반복을 위해 우연성과 의외성을 부정한다. 아도르노는 아마도 시간과 리듬을 규제하고 관리하기 위해 기술이 설계되는 방식에 주목할 때 더 정확했을 것이다. 시계, 텔레비전 프로그램 편성, 그리고 시간 관리를 위한 다른 기술들은 오랫동안 표준화된 리듬을 유도하도록 설계되어 왔으며 삶을 "업무 시간"과 "자유 시간"으로 나누어 하나는 노동을 위한 것, 다른 하나는 여가를 위한 것으로 분할했다. 아도르노의 주요 불만은 이러한 기술들이 시간을 분할하고 특정한 리듬과 삶의 방식을 강요하여 삶의 가치를 저하시키면서 삶을 관리하기 위해 존재하는 방식이었다.

프랑스 철학자 베르나르 스티글러는 아도르노와 매클루언을 모두 상기하는 것처럼 보이는데, 그는 현대 미디어의 주된 기능이 감각의 시간적 표준화에 있다고 주장해 왔다. 그의 주장에 따르면, 텔레비전은 "대중이 같은 시간적 객체를 어떤 장소에서도 동시에 볼 수 있도록 한다. … '생방송' 전송을 위한 기술로서 텔레비전은 대중들이 집단적이고 보편적으로 일어나고 있는 모든 사건을 통해 살 수 있도록 한다."(2011, 33) 그러나 시간의 동기화는 매클루언의 "지구촌"을 유도하기보다는 사회적 관계의 가능성을 막는다. 스티글러는 사회적 관계가 내가 다른 사람들과 분리된 별개의 개인으로서, 하지만 다른 사람들과의 관계에서 나 자신을 이해할 때에만 발생할 수 있다고 주장한다. 여러 면에서 스티글러는 이니스의 공포의 일부를 상기하는 것처럼 보인다. 미디어, 특히 영화의 이상한 능력 중 하나는 프리드리히 키틀러가 "시간축 조작time-axis manipulation"(2017)이라고 말한, 즉 시간을 확장, 축소, 또는 역전시키는 능력이다. 그러나 스티글러에게 있어, 텔레비전과 라디오의 글로벌 네트워크는 시간을 조작함에 있어서 모든 시간을 단일한 리듬으로 동기화하는데, 이는 스티글러가 주장하듯이, "나I"가 하나의 개인으로서 존재하기 위한 필수 요건인 차별화의 가능성을 약화시킨다. 미디어와 동기화에 대한 논의들은 매클루언의 지구촌이라는 유토피아적 종착지를 뒤집으면서, 미디어의 전 지구적 시간 흐름에 의해 생산되는 통일성이 무차별적 전체를 생산하고 인간의 상호 관계와 특이성의 가능성을 제거하는 것으로 본다.

## 시간의 가속화

산업의 역사를 통트는 미디어의 경향 중 하나가 공간을 가로질러 시간을 동기화하는 것이라면, 최근에 많은 이론가는 속도의 조정이 시간의 가속과도 연결되어 있다고 주장해 왔다. 이 주제에 대해 다른 변형된 주장들도 있지만, 대부분은 기술적 가속이 증가된 자본주의적 교환에 대한 요구와 연결되어 사회의 종말을 가져올 디스토피아적인 목적론을 제시한다. 첫째, 프랑스 작가이자 실험 건축가인 폴 비릴리오Paul Virilio와 관련된 버전은 속도와 가속이 지리 및 공간과 분리되고 있다는 것이다. 둘째, 다수의 마르크스주의 이론가, 특히 지리학자인 데이비드 하비와 관련된 관점은 속도가 새로운 방식으로 거리를 줄이고 자본을 가속하는, "공간-시간 압축"의 형태를 우리가 목격하고 있다는 것이다. 셋째, "가속주의accelerationism"라는 이름 아래 분류된 많은 젊은 이론가와 철학자의 새로운 주장이다. 가속주의는 속도와 페이스pace의 강화를 받아들이며, 가속은 하비와 같은 작가들에 의해 확인된 자본의 모순을 가져올 것이고, 자본주의가 순간성을 향한 그 자체의 추진을 통해 붕괴될 것이라고 주장한다. 가속주의자들은 여전히 속도가 사회적 붕괴를 초래할 것이라고 상상하는 것처럼 보이지만, 그들은 또한 이 사회적 붕괴가 자본주의로 하여금 내재적인 경향을 통해 스스로를 파괴하도록 할 것이기 때문에 유익한 것으로 가정한다.

폴 비릴리오에게 있어서, 각각의 새로운 기술 발명은 재해accident에 대한 동등한 잠재력을 가져다주는데, 그의 관점에서, 기술의 역사 전체는 진보의 역사가 아니라, 가능한 한 재난의 규모를 변형시키는 새로운 종류의 재해와 트라우마의 역사로 사유되어야 한다(2007). 이는 또한 미디어의 역사를 전쟁을 연장하거나 재창조하기 위한 군사 능력과 연결시키는 경향이 있다(1989, 7). 비릴리오에게 있어서, 기술은 필연적으로 죽일 수 있는 능력을 영구적으로 재창조하는 것과 연결된다. 두 번째 주제는 매클루언의 시각을 상기시키는데, 새로운 기술이 시각과 경험의 가능성을 변형시킨다는 것이다. 세 번째는 시각과 폭력에 대한 이러한 능력이 영구적 가속화와 연결된다는 것이다. 이는 원거리에서의 "실시간"(18)적 시각vision이라는 개념, 즉 전 지구적 동시성global synchronicity(1999, 13)이라는 개념에서 출발하여 지속이라는 개념(1997, 137)을 완전히 벗어나는 방향으로 나아가는 가속화를 말한다.

시간(그리고 시각)을 동기화하는 기술들은 비릴리오의 분석에서 궁극적 재난 상태로 이어지는데, 여기에서 시간과 지속 그 자체는 역사적 사유도 없고, 사건들의 순서도 없으며, 진실도 없는 영원한 현재에 자리를 내주고 부정된다. 비릴리오의 비관적 시각은 베르나르 스티글러의 시각처럼 매클루언의 시각을 전도시킨 것이다. 비릴리오는 "곧 우리는 세상의 종말을 경험할 것이다"라고 주장한다. "이는 세계의 종말론적 종결이 아니라 유한한 세계의 종말이다."(1999, 59) 비릴리오에게 있어서 유한성 이후에는 사회적 붕괴가 온다. 지구촌 대신에, 비릴리오는 기술의 동기화와 가속화가 한계라는 사유를 잠식하는 것으로 보고 있으며, 이는 신학적인 유토피아로 이어지기보다는 공간, 시간, 인류라는 사유 자체를 파괴하는 재난의 가능성으로 나아간다.

비릴리오는 특히 과장적인데, 미디어에 대한 과거 유물론적 관점의 가장 큰 문제점 중 하나가 목적론에 대한 의존이라는 것을 다시 한번 우리에게 보여 준다. 여기에는 시간과 공간에 대하여 기술의 관계가 미치는 구체적이고 특정한 효과에 초점을 맞추는 것이 아닌 신학, 즉 기술의 발전에 의해 인도되는 종말론이 있다. 그러나 비릴리오가 주목하는 일반적 경향은 특별히 새로운 것이 아니다. 마르크스는 『그룬트리세Grundrisse』에서 그것을 다음과 같이 말했다.

그리하여 한쪽의 자본은 교류를 위해 모든 공간적 장벽을 허물기 위해, 즉 시장을 위해 지구 전체를 정복하고 교환하기 위해 노력하는 반면, 다른 한쪽의 자본은 시간으로써 공간을 소멸시키기 위해, 즉 한곳에서 다른 곳으로 이동하는 데 걸리는 시간을 최소로 줄이기 위해 노력한다. 따라서 자본이 더 발달할수록, 자본이 순환하고 그 순환의 공간적 궤도를 형성하는 시장이 더 광범위할수록, 자본은 시장의 훨씬 더 큰 확장과 동시에 시간에 의한 공간의 더 큰 소멸을 위해 노력한다. (1973, 539)

마르크스는 여기서, 자본주의 기업들이 끊임없는 이윤 추구 속에서 시장의 잠재적 크기를 증가시키기 위해 지구 전체를 점진적으로 식민화하려고 노력할 것이라고 주장하고 있다. 그러니까 자본주의는 항상 공간에서 확장하기를 원하고, 공간에서 그것의 범위를 확장하기 위해 새로운 기술을 사용할 것이다. 동시에 기업들에게는 사물들이 공간을 가로질러 빠르게 이동할 필요가 있다. 결국, 가치는 시간의 함수이다. 그래서 자본은 필연적으로 그것이 가능한 한 빨리 이동할 수 있게 하는 메커니즘을 통해 공간상으로 확장하는데, 이것이 마르크스의 "시간에 의한 공간의 소멸"이 의미하는 바이다. 이 문구는 거리를 가로지르는 속도를 증가시키는 것을 의미하며, 시장을 증가시키고 특정 상품의 생산 비용을 줄이는 것이 자본주의의 이익에 부합함을 의미한다. 이러한 경향이 일종의 종말을 초래할 것이라는 비릴리오의 주장은, 앞서 마르크스가 제안한 이러한 주장의 연장선에 있다.

마르크스주의 지리학자 데이비드 하비는 일반적으로 '진보'는 전형적으로 마르크스가 비판한 용어로 생각된다고 주장해 왔다. 요컨대 진보는 시간에 의한 공간의 소멸(1990, 205)이다. 또는 서구 사상이, 하비가 제시한 것처럼, 공간성에 대한 시간성의 사유에 특권을 부여했다 하더라도, 그것은 이니스가 공간 편향적이라고 말할 기술을 통해서 그러하다. 기술은 공간에 대한 통제를 확대하고 기간을 축소시킨다. 하비가 제시한 것처럼, 산업자본주의의 역사 전체는 마르크스가 언급한 공간적 장벽을 제거하려는 모든 시도에 있어서 심오하게 공간적인 기술의 창조와 사용에 결부되어 있다. 물론 아이러니는 공간적인 기술 인프라 전체의 발명 그 자체가 공간을 제거하기 위해 실행된다는 점이다. "공간적 장벽은 특정 공간(철도, 고속도로, 공항, 텔레포트 등)의 생산을 통해서만 감소될 수 있다."(232) 따라서 하비는 마르크스와는 달리 시간에 의한 공간의 실질적인 소멸이 있었다고 믿지 않는다. 오히려 기술은 공간을 가로질러 이동하는 데 걸리는 시간을 확대하고 줄이는 데 활용되는 지리의 재창조를 만들어 낸다. 자본주의는 공간과 시간의 압축에 영원히 헌신한다.

이니스를 상기하면서, 하비는 공간-시간의 압축이 사회적 삶을 방해하고, 계급 권력을 재구성하며, "패션, 상품, 생산 기법, 노동 과정, 아이디어와 이념, 가치와 확립된 관행의 변동성과 일시성"(285)으로 이어진다고 주장한다. 〔이에 따라〕장기적인 계획에 관여하는 것이 어려워지고, 상품은 지나치게 상징적인 요소를 채택하거나 물리적 상품이 아닌 "비물질적인" 서비스가 된다. 증권이나 고빈도 거래 같은 금융 수단과 기술은 경제적 투자와 교환 관행의 변화를 이용하기 위해 발명된다. 예를 들어, 차익 거래의 관행은 특정 자산의 가치가 여러 곳에서 다를 때 발생한다. 차익 거래자는 한곳에서 더 낮은 가치로 자산을 구매하고, 다른 곳에서는 더 높은 가치로 즉시 판매한다. 오늘날에 일반적인 이러한 관행은 공간-시간의 압축을 이용하는 금융 거래에서 사용되는 특정 기술과 함께 생겨난다.

하비가 주목하는 변동성은 광범위한 마르크스주의 이론에서 특히 이상한 역할을 한다. 만약 마르크스주의의 주요 질문 중 하나가 여전히 "자본주의는 어떻게 끝날 것인가?"라면, 그 대답 중 하나는 자본주의의 변동성과 그것의 위기 경향을 수용하는 것이다. 마르크스는 『그룬트리세』에서 다음과 같이 지적한다.

사회적 생산 발전과 지금까지 존재했던 생산관계 사이의 증대하는 양립 불가능성은 쓰라린 모순, 위기, 경련 속에서 표현된다. 자본의 폭력적 파괴는, 그것의 외부 관계에 의한 것이 아니라, 자본의 자기 보존의 조건으로서, 그것을 없애고 더 높은 사회적 생산 상태에 여지를 주기 위한 조언이 주어지는 가장 두드러진 형태이다. (1973, 749-50)

이 변동성은 자본주의의 역사에서 비정상적인 것이 아니라 일반적인 것이다. 자본주의는 부분적으로 기술의 지속적인 확장과 사회를 불안정하게 만드는 시공간적 변화와 관련된 기술에 의존하기 때문에 어느 시점에서는 더 이상 통제할 수 없게 될 내부 모순을 통해 붕괴될 것이라고 여겨진다. 마크르스는 다음과 같이 주장한다.

물론, 이러한 모순들은 폭발과 위기로 이어지는데, 여기서 모든 노동의 일시적 중단과 자본의 상당 부분의 파괴는 자본주의가 스스로 종식되지 않고 생산적 힘을 완전히 사용하는 것이 가능한 지점으로 다시 이어진다. 하지만, 이러한 정기적으로 반복되는 재난들은 더 높은 규모로 반복되고, 마침내 폭력적인 전복으로 이어진다. (1973, 750)

따라서, 여기서 마르크스의 주장을 따르는 견해 중 하나는 우리가 자본주의를 종식시키기 위해 노력하고 있다면 우리는 "모순을 가속화해야 한다"는 것이다. "가속주의"라고 알려지게 된 이 정치적 견해는 새로운 기술이 가져오는 변동성이 그것만의 경향을 통해 자본주의를 파괴하려는 의도적인 시도를 더 심화시켜야 함을 시사한다.

〔그러나〕 가속주의에는 여러 가지 버전이 있고, 모든 버전이 자본주의의 파괴를 의미하는 것은 아니라는 점이 언급되어야 한다. 극우 정치와 연결된 가속주의 버전도 있고, 다른 버전은 좌파 정치의 전통적인 목표에 투자된다. 그러나 둘 다 철학자 질 들뢰즈와 펠릭스 과타리가 제시

한 마르크스에 대한 해석에 의해 알려져 있다. 들뢰즈와 과타리는 그들의 책 『안티 오이디푸스Anti-Oedipus』에서, 자본주의가 정확히 마르크스가 언급한 경향 때문에 본질적으로 창조적인 힘이라고 주장한다. 자본주의는 끊임없이 안정된 경계를 "탈영토화deterritorialize"함으로써, 확립된 질서를 훼손하고, 새로운 관계와 새로운 형태의 욕망을 생산한다. 들뢰즈와 과타리가 보기에 이는 혁명가들이 자본주의의 이러한 경향에 저항하는 대신, 확대와 심화를 향한 자본의 욕망이 생산하는 내재적인 불안정성을 받아들여야 한다는 것을 의미한다. "과정에서 철수하는 것이 아니라, 더 나아가, 니체가 말했듯이, '과정을 가속화하는' 것 —이 문제에 있어서, 진실은 우리가 아직 아무것도 보지 못했다는 것— 이다."(1983, 240) 그러므로 혁명가의 과제는, 자본주의에 저항하거나 자본주의의 외부에서 일하는 것이 아니라, 자본주의 안에서 일하고, 그것의 가장 불안정한 경향을 포용하여, 자본주의 체제를 그 한계 너머로 밀어 결국 깨지게 하는 것이어야 한다.

"혁명가"의 정치는 급진 좌파의 정치적 행동에 투자하는 것으로 가정되지만, 이 정치에는 어떠한 보장도 없다. 지난 수십 년 동안 있었던 학문세계의 기이한 이야기 중 하나가 있다. "원조-가속주의"의 사유는 닉 랜드Nick Land라는 영국 철학자에 의해 채택되고 발전되었는데, 그는 1990년대에 워릭대학University of Warwick의 교수로 있으면서 그곳에 "사이버네틱 문화연구단Cybernetic Cultures Research Unit", 즉 CCRU를 공동 설립했다. 처음에 랜드는 CCRU의 사람들과 협력하면서 —그리고 그의 아이디어들이 점점 더 극단적이게 되고 그 자신이 반동적이게 되면서— 결국 자본주의와 기술의 포용을 가속화를 통해 작동하는 혁명적인 힘으로서 간주하고, 그 과정에서 "사회"와 "인간성"을 파괴하는 일종의 정치철학을 주장했다. 랜드는 "삶이란 무언가 새로운 단계로 나아가는데, 이것을 멈출 수 있는 것이라고 생각한다면 우리는 보기보다 훨씬 멍청한 것"(2011, 317-18)이라고 주장한다. 랜드의 시각은 일종의 트랜스휴먼 사이버펑크적 미래와 유사한데, 기술적으로 증강된 개인들이 인류를 능가하는 어떤 것이 되고, 인류를 뒤로하며, 심지어 그것을 파괴한다는 것이다. 랜드에게 이것은 정말로 두려워해야 하는 것이 아니라 포용해야 하는 것이다. 랜드는 결국 1997년에 교수직을 그만두고 상하이로 이사했고, 몇 년 뒤에 인터넷에 그의 가속주의 버전을 권위주의적인 생각과 인종차별적인 이념들을 포용하며 보완했다(Sandifer 2017 참고).

랜드의 가속주의 버전은 —다시 한번 기괴하게도— 레딧Reddit에 있는 극우 기술광들과 마르크스주의적인 전통에서 글을 쓰는 사람들 모두에게 영감을 주었다. 그의 사유는 기술을 통해 사회를 적절히 관리할 새로운 종류의 철인왕의 필요성을 주장하는 우익 실리콘밸리 기술자들과 새로운 종류의 제도적 좌파 정치에 대한 영감 모두에게 먹이를 제공해 주었다. 알렉스 윌리엄스Alex Williams와 닉 서르닉Nick Srnicek은 그들의 "#가속: 가속주의 정치를 위한 선언문"에서 랜드가 "자본주의적 속도만으로도 비할 데 없는 기술적 특이점을 향한 세계적인 전환을 일으킬 수 있다"(2014, 351)는 주장을 통해 자본주의의 혁명적인 잠재력을 "가장 날카롭게" 밝히고 있다고 쓰고 있다. 그러나 그들은 랜드가 속도와 가속을 혼동하고 있으며, 자본주의는 진정한 가속의 행위자로 위치될 수 없다고 주장한다. 오히려, 윌리엄스와 서르닉이 주장하는 것은 좌파 정치가 기술공학과 사변을 받아들여야 한다는 것인데, 이 거대한 프로젝트는 유기적이고 자연적인 것에 대한 어떠한 의존도 거부하며, 대신 기술과 공학을 노동의 자동화와 인간 노동 해방을 위한 수단으로 본다. 마찬가지로,

좌파 언론인 폴 메이슨Paul Mason도 새로운 기술을 자본의 가속으로부터 나오는 위기들로부터 벗어나서 "포스트자본주의" 세계를 만들기 위한 수단으로 보고 있다(2015). 메이슨의 포스트자본주의는 노동이 완전히 자동화될 때, 그리고 부분적으로 노동이 필요하지 않기 때문에 빈부격차가 심화될 때 등장한다. 이 좌파 가속주의 저자들은 우리가 자동화를 포용하고, 기술이 우리에게 가져온 위기들을 받아들이며, 그에 대응하여, 대부분의 제도들을 사회화하고, 보편적 기본소득을 설비해야 한다고 주장한다. 반면, 랜드에게 가속은 속도에 관한 것으로, 비릴리오가 두려워했던 "재난"과 혼돈을 포용하는 것이다. 왜냐하면 좌파 가속주의에 있어서 기술을 통해 다가오는 사회의 붕괴는 새롭게 제도적으로 초점을 맞춘 형태의 사회주의에 의해 완화되어야 하기 때문이다.

## 순전파feed-forward와 시간-결정성time-criticality

동기화와 가속화 이론은 일반적으로 기술의 시간적 속도와 인간 경험과 감각의 속도 사이의 유사성을 가정한다. 기술이 시간을 동기화하기 때문에 인간의 삶의 속도도 동기화된다. 〔다시 말해〕 기술이 시간을 가속화하기 때문에 인간의 시간도 가속된다는 것이다. 미디어 이론가 마크 한센Mark Hansen은 최근에 동기화와 가속화 이론이 어떻게 인간 경험의 우선성에 지나치게 집중될 수 있는지를 보여 주는 시간과 미디어에 대한 이해를 제안했다. 오히려, 인간 경험은 기술에 부차적인 것으로 위치해야 한다. 왜냐하면 경험은 "현재 인간의 인식 방식(의식, 주목, 감각 지각 등)의 범위를 거의, 전적으로는 아닐지라도, 벗어난 미디어 기술의 네트워크 내에서의 인간의 복잡한 얽힘에 의해 야기된 근본적인 변화를 겪고 있기 때문이다."(2015, 5) 한센의 주장에는 두 가지 측면이 있다. 첫째는 미디어가 우리가 경험하고 감각할 수 있는 것을 바꾼다는 것인데, 이 것은 우리가 오랫동안 인식해 왔고 매클루언과 비릴리오가 감각과 미디 어에 대해 이야기하는 방식에서 중심적인 것이다. 미디어는 시간이 작동 하는 방식을 바꾸어서 시간을 확장하거나 축소하고, 우리가 세계를 인식 하고 이해하는 방식을 변화시킨다. 그러나 사진이나 영화 같은 미디어 가 인간의 감각에 영향을 미치는 방식은 항상 인간의 감각에 대한 직접 적인 관계로 이해될 수 있었다. 사진은 움직임에 대한 시각적, 시간적 인 간 경험을 고정시킨다. 재생되는 레코드는 소리에 대한 시간적 인간 경 험에 영향을 미친다. 그래서 미디어가 공간적, 그리고 시간적 경험을 항 상 변화시켜 왔음에도, 우리는 항상 우리 자신의 경험 안에서 직접적으 로 변화를 경험할 수 있었다. 그러나 한센의 주장의 두 번째 부분은 이 역사를 벗어나며 특히 최근의 것이다. 한센은 새로운 디지털 기술이, 주 로 인간의 행동과 행동에 대한 특정한 데이터를 기록하고 분석할 수 있 는 〔그것의〕 능력 때문에, 인간 경험이 접근할 수 없는 공간에서 인간의 감각을 예측하고 제한한다고 주장한다. 한센이 "21세기 미디어"라고 부 르는 디지털, 데이터 기반 기술은 인간 감각의 가능성을 확장시키고 "지 금까지 대체로 비가시적이었던(작동하지 않은 것은 확실히 아니지만) 감각능 력sensibility의 영역에 대한 인간의 접근을 중개"한다. 뿐만 아니라, 이러한 기술은 "모든 개별적인 접근 행위가 그 자체로 세계를 점진적으로, 그러 나 세계에 대한 감각능력을 강화하는 방식으로 확장시키는 새로운 감각 의 데이터가 되기 때문에 이 감각능력의 영역"을 추가한다(6).

다시 말해서, 디지털 기술은 광범위한 출처로부터 우리에 대한 데이 터, 즉 대부분 우리에게 알려지지 않은 데이터를 수집한다. 페이스북과 구글은 여러분이 어떤 웹사이트를 보고 어떤 광고를 보고 있는지, 그리고 여러분이 업데이트나 검색을 위해 무언가를 입력하기 시작했는지 등등을 알아낼 수 있다. 여러분이 어떤 것을 언제, 그리고 얼마나 오래 보고, GPS 데이터나 여러분의 IP 주소를 기반으로 여러분이 어디에서 휴대폰이나 컴퓨터를 얼마나 오래 사용하는지 등을 말할 수 있다. 이러한 회사들이 여러분과 여러분의 행동에 대한 데이터를 감지하고, 감시하고, 새기도록 설계된 여러분의 컴퓨터나 휴대폰에 기반하여 여러분에 대해 알 수 있는 것은 셀 수 없이 많다. 여러분은 이 데이터 중 일부에 접근할 수 있다. 예를 들어, 정량화된 자아The Quantified Self 운동은, 종종 신체적 역량을 최적화하고, 관리하고, 변형시키려는 의도로 의식 영역 밖에 존재하는 신체 행동을 식별하고 감지하기 위해 컴퓨터의 능력을 사용한다(Lupton 2016 참고). 만약 여러분이 아이폰에서 "건강" 앱을 열면, 여러분의 휴대폰이 여러분이 얼마나 많이 걸었는지, 얼마나 많은 계단을 걸었는지 등을 그래프로 표시하고 시각화하는 것을 볼 수 있다. 그러나 대부분의 경우, 우리는 컴퓨터가 우리에 대해 무엇을 기록하는지 보거나 알지 못한다. 대신, 이 데이터는 처리되고 분석되어, 페이스북과 구글의 경우, 우리에게 광고를 보낸다. 또는 넷플릭스의 경우, 우리가 즐길 수 있는 TV 쇼와 영화에 대한 제안을 줄 수 있다(또는 어떤 쇼에 자금이 지원되고 갱신될 것이고 어떤 쇼가 취소될 것인지 등). 이러한 선택들은 거의 인간의 결정에 위임되지 않고 기능적으로 자동화된다. 데이터는 우리의 시간적 경험의 속도나 템포를 직접적으로 변형시키기보다는 우리가 알고 볼 수 있는 것 그 이상으로, 또는 그 외부에서 우리의 경험에 앞서 행동한다.

"진짜 행동The real action"은 한센에 따르면 "다른 곳elsewhere에 있거나, 또는 오히려 '다른 때elsewhen'에 있다. 즉 그것은 미시-시간적이며 엄청나게 연구된, 일시적인 문화 행위자들에 의한 감각-물질적인 요청의 세부

사항 안에서 발생한다."(2015, 58-59) 디지털 미디어는 "순전파 회로feed-forward loop"를 만든다. 여기서 우리가 보고 경험하는 것은, 미디어가 우리의 신체가 어떻게 행동하고 움직이는지를 예측하는 메커니즘에 의해 미리 결정된다. 이것은 우리가 이 장에서 검토한 다른 어떤 것보다도 완전히 상이한 감각의 시간성이다. 가능한 예외로 이니스가 있는데, 이니스의 관점은 주로 인간 경험의 시간과 기술의 시간 사이의 근본적인 불일치를 가정하기 때문이다. 기술이 끊임없이 가속하는 가운데 인간 삶의 속도를 가속하는 것은 아니다. 오히려, 기술의 시간성은 인간 감각으로부터 분리되었고 인간이 인식하기 전에 인간 경험을 예측하고 형성하고 있다(Bollmer 2016a 참조).

한센의 주장은, 특히 미디어고고학자 볼프강 에른스트로부터 유래된 프리드리히 키틀러의 추종자 중 일부와 관련된 독일 미디어 이론의 한 계열과 ─동일하지는 않지만─ 유사하다. 에른스트는 디지털 미디어의 시간성은 근본적으로 "역사적 시간"의 감각 밖에 있으며, 대신 신호 처리를 위한 정량적 메커니즘과 연결되어야 한다고 주장한다. 그는 "시간-결정적 미디어 프로세스는 무엇보다도 기술-수학적[또는 '디지털'] 미디어를 통해 문화에 도입되었거나 도입된 시간 처리의 특정한 방법을 분석하는 데 전용화되어 있다"(2016, 4)고 주장한다. 에른스트는 디지털 미디어의 물질성은 궁극적으로 인간의 인식을 넘어서는 시간 흐름의 동기화와 시간의 컴퓨터적 계산에 관한 것이라고 강조한다. 스트리밍 미디어가 이런 논리를 따르는 예시인데, 그것은 인터넷으로부터 다운로드된 스트림이, 에른스트가 주장하듯이, "숫자 값으로 전송된 이미지와 소리이며… [스트림은 이러한 시간-결정적 논리를 따르는데, 그것은 '더 빨리 전송되고 더 작게 패키지화되는 것 외에는' 다른 목적이 없기 때문이다."(157)

키틀러와 에른스트 전통의 또 다른 이론가인 클라우스 파이아스Claus Pias 는 비디오 컴퓨터 게임 —특히 어드벤처 게임이나 전략 게임보다는 우리가 "액션" 게임이라고 부를 수 있는 게임들— 이 우리가 매일 컴퓨터와 하는 일상적 상호작용에서 시간-결정성이 얼마나 중심적인지를 보여 준다고 주장한다. 게임은 "그 플레이가 시간적으로 최적화된 액션 시퀀스들을 이미 결정된 옵션들로부터 생산하는 것으로 구성되어 있기" 때문에 시간-결정적인데, 이는 "컴퓨터가 어떻게 사용자를 측정하는 장치로서 등장하는가"와 연관되어 있다. 여기서 "컴퓨터는 플레이어에 대한 지식을 데이터의 형태로 생산하고 저장한다."(2017, 18)

에른스트에게 있어서 디지털 미디어의 시간-결정성은 우리가 미디어의 아카이브적 특성에 대해 사유하는 방식을 완전히 수정하기도 하는데, 이것은 우리가 2장에서 논의한 바 있는 것이다. 에른스트가 아래 인용문에서 사용하는 아르케arché는 무엇인가가 쓰이거나 감지되기 위해 필요한 규칙, 또는 프로토콜의 체계, 즉 미디어의 물질성에서 비롯된 일련의 "명령commandments", 또는 규칙을 가리킨다. 그에게 있어서 아카이브는 (푸코에 대해서도 마찬가지로 말할 수 있듯이) 미디어의 기술적인 운영으로부터 오는 이런 규칙들에 관한 것이다.

[인터넷은] 고전적인 아카이브보다 훨씬 더 시간-결정적인 명령 시스템(아르케)으로 작동한다. 아카이브의 사운드는 데이터 전송 테스트의 핑ping[2] 신호이다. … 인터넷의 진정한 아카이브(아르케의 의미에서)

---

**2** 핑(ping)은 네트워크를 통해 상대방에게 접근할 수 있는지를 확인하는 프로그램이다. 인터넷 커뮤니케이션에서 URL이나 IP를 지정하면 대상에게 에코(echo)를 요청하는 데이터를 전송하고 상대의 에코를 기다리는 방식으로 작동한다.

는 기술 프로토콜 시스템이다. 아카이브는 표준화의 순간에만 기억이
된다. (2013, 84-85)

다시 말해, 아카이브는 단순히 저장에 관한 것이 아니라 처리의 시간
성에 관한 것이다. 이러한 시간성은 디지털 미디어와 함께 과거 어느 때
보다도 더 중요해지고, 웬디 천Wendy Chun이 디지털 기억의 "지속되는 일
시성enduring ephemeral"(2011, 137)이라고 말한 결과를 낳는다. 우리는 디지
털 정보가 디지털 저장 미디어의 물리성 안에서 영원히 존재할 것이고,
스크린이나 인터넷에 표시되는 것처럼 지속적으로 새로고침 되고 역동
적이어서 시간의 지속성을 완전히 결여하고 있다고 가정한다. 여기서의
"지속성endurance"은 디지털 정보가 인간 존재보다 오래 지속되는 미디어
에 저장되는 방식, 여러 저장 장치에 반복해서 복사되는 방식 등과 관련
이 있다. 우리는 인터넷에 업로드된 것이 영원히 지속될 것이고 사라질
수 없다는 일상적인 믿음에서 이것을 볼 수 있다. 이 믿음은 미디어의 물
질성이라는 사실에 근거를 두고 있지만 정확하지는 않다. 우리는 데이
터 처리의 일시성ephemerality을 통해서 저장된 것만을 경험할 수 있는데,
이는 예를 들어 파일 형식의 특수성, 컴퓨터가 시간을 처리하는 방식의
특수성, 그리고 그 이상에 달려 있다. (게임이 만약에 처음부터 시작된다면)
1980년대의 많은 액션 기반 컴퓨터 게임을 컴퓨터의 속도를 늦추는 추
가적인 에뮬레이션emulation[3] 없이 오늘날의 컴퓨터에서 플레이하는 것은
―불가능하지는 않지만― 어렵다. 왜냐하면 이 시간-결정성과 하드웨

---

[3] 에뮬레이션(emulation)은 컴퓨터, 또는 기타 주변 장치의 기능을 다른 컴퓨터에서 구현하는 것을
의미한다. 에뮬레이션은 서로 다른 기종의 프로그램 호환성을 갖게 하기 위한 수단이다.

어 처리의 특수성 모두가 플레이에 중심적이기 때문이다. 컴퓨터의 처리가 점점 빨라짐에 따라, 게임 내의 액션도 마찬가지로 빨라진다. 우리가 화면에서 보고 경험하는 것은 컴퓨터가 시간을 물질적으로 처리하는 방식에 직접적으로 달려 있다.

디지털 미디어의 물질성은 명백하게 시간적이며, 인간의 감각과 분리된 척도로 작동하고, 인간의 경험을 미리 조절하며 결정하는데, 이는 흔히 인간의 경험 밖에 있는 척도로 기록되고 분석된 데이터들에 기반하고 있다. 한센과 에른스트는 디지털 미디어의 시간성은 ─공간-시간 압축, 또는 가속화에 대한 비릴리오와 마르크스주의 전통에서의 주장과는 대조적으로─ "미디어의 시간적 방식"에 주목하는 것이 어떻게 "거의 필연적으로 전체적인 집단 '시간' 그 자체에 대한 비판으로 이어지는지"를 드러내 준다고 주장한다. "따라서 기술적인 시간 기표signifying들을 초월적 기의signified와 항시 연결시키지 않으면서 이 기표들에 역사적 상상이라는 부담을 부여하지 않는 개념을 사용하는 것이 적절하다."(Ernst 2016, 205). 즉 유일한 삶의 시간만이 존재하는 것이 아니라, 조응하지 않고 조응할 수 없는 복수의 시간성들이 존재하는 것이다. 시간성의 다중성을 향한 이러한 전회는 우리가 정치를 시간과 시간성에 대한 모든 논의에 다시 삽입할 수 있는 공간을 허용한다.

## 시간과 공간의 차이 정치

따라서 미디어, 시간, 그리고 공간에 대한 수많은 관점이 있다. 그러나 많은 이는, 비록 매클루언의 유토피아적인 관점이 종종 디스토피아적인 관점으로 전도되긴 하지만, 매클루언을 따르는 주장을 펼친다. 매클루언은 일차적 구술성에서 문자성, 이차적 구술성에 이르는 목적론적 궤적을 따르면서, 새로운 기술이 거리distance를 붕괴시키고, 물리적 거리에도 불구하고 시간적으로 동기화되며 함께 더 가까워질 수 있는 "지구촌"의 창조를 가능하게 한다고 생각했다. 이러한 동일한 변화에 대한 비관적인 관점, 특히 다른 이 중에서도 비릴리오와 스티글러의 관점은 유사한 현상에 대하여 완전히 다른 함의를 가정한다. 〔이들에 따르면〕 이러한 기술들은 공간을 완전히 파괴하는 시간적 동기화 때문에 자아와 사회의 상실로 이어질 것이다. 기술과 시간에 대한 진정으로 비관적인 관점 없이도, 미디어의 가속화는 사회를 파괴한다고 생각된다. ―단지 이 파괴는 사회주의적인 계획과 새로운 형태의 공산주의를 위한 장소로서 재사유되어 왔다― 그러나 미디어, 공간, 그리고 시간에 대한 더 흥미로운 사유 방식은, 어떤 면에서 우리를 이니스로 되돌려 놓는다. 우리는 완전히 동기화된 시간의 단일하고 균일한 공간의 창조를 두려워하지 말아야 한다. 왜냐하면 이러한 동기화는 존재할 수 없기 때문이다. 오히려, 우리는 공간과 시간이 어떤 방식으로 다중적이고 관계적인지를 강조해야 한다. 우리가 기술들이 공간과 시간에 가져오는 특정한 문제, 또는 이익을 발견할 수 있는 것은 공간적 거리의 총체적 가속화나 붕괴에서가 아닌 이러한 관계들의 정치학에서이다. 공간과 시간은 불균등하며, 공간과 시간적 분할의 유지는 새로운 종류의 중심과 주변부를 만들어 낸다. 한센과 에른스트에 의해 묘사된 디지털 미디어의 시간성은 우리를 이 방향으로 이끈다. 즉 새로운 기술들은 시간과 공간을 평평하게 만들기보다는, 인간 인식의 이전과 인간 인식의 외부에서 인간의 행동을 결정하려고 하는 세계를 창조한다. 왜냐하면 이러한 기술들은 특별한 이해관계를 가진 기업들에 의해 개발되고 설계되기에 새로운 종류의 중심과 주변부, 새로운 종류의 지식 독점을 창출한다고 할 수 있기 때문이다. 여기서 권력은 인간의 직접적인 통제를 넘어서 유지된다.

　기존 이론들의 주요 문제점은 공간과 시간을 상대적으로 비활성적인 단수의 범주로 가정하고, 기술의 능력이 이 범주에 직접적인 영향을 미칠 수 있다고 가정한다는 점이다. 대신, 우리는 공간에 대한 다른 감각과 시간에 대한 다른 감각으로 이 이론들을 수정할 필요가 있다. 공간에 대해서라면 우리는 공간이 세 가지 명제를 통해 생각되어야 한다고 주장하는 페미니스트 지리학자 도린 매시Doreen Massey의 주장을 따라야 한다. 이 주장 중 일부는 내가 이미 한 주장과 일치하며, 그중 일부는 내가 이 책 내내 주장했던 것과도 맥을 같이한다.

1. 공간은 관계적이다. 우리는 "공간을 상호 관계의 산물로 인식해야 한다. 세계적인 것의 방대함에서부터 상세하게 작은 것에 이르기까지, 〔우리는 공간을〕 상호작용을 통해 구성된 것으로 인식해야 한다."

2. 공간은 이질적이고 다중적이며, 이질성과 다중성의 근거이고, 그 반대도 마찬가지이다. 공간은 "동시적인 복수성의 의미에서 다중성의 존재 가능성의 영역이며, 상이한 궤적들이 공존하는 영역이고, 따라서 이질성이 공존하는 영역이다. 공간이 없으면 다중성도 없고, 다중성이 없으면 공간도 없다."

3. 공간에는 존재론적인 안정성이 존재하지 않는다. 공간은 항상 과정 속에 있고, 언제나 되고 있다becoming. 우리는 "공간을 항상 형성 중인 것으로 인식해야 한다. 정확히 여기서 공간은 관계들 사이의 산물, 즉 필수적으로 실행되어야 하는 물질적 실천의 관계들 사이

의 산물이기 때문에, 그것은 언제나 만들어지는 과정에 있다. 공간
은 결코 완성되지도 않고 결코 닫히지도 않는다. 아마도 우리는 공
간을 지금까지의 이야기들의 동시성으로 상상할 수 있을 것이다."
(2005, 9)

매시의 공간에 대한 정의는 물질적, 관계적 실천들, 현재 함께 존재하
지만 항상 만나는 것은 아닌 많은 궤적을 따르는 실천들을 중요시한다.
그의 공간에 대한 사유 방식은 공간적인 것이 정치적이라고 말하는 것을
넘어, 물질성을 내부작용적인 것으로 바라보는 캐런 버라드의 논의처럼,
물질성이 어떻게 정치적인지에 대한 다른 이해를 제공한다. 이는 공간을
상상하고 질서 짓는 특정한 방식과 공간을 구성하는 관계들에 대한 가능
성에서 비롯된다.

매시의 주요 목표 중 하나는 우리가 위에서 나열한 것으로, 즉시성과
동기화를 통해 생성되는 단일하고 글로벌한 현재에 대한 사유이다.

시간이 그것이 생성되는 (공간적) 다중성에 대한 인식 없이는 적절하
게 개념화될 수 없는 것처럼, 공간은 깊이가 없고 총체적으로 상호 연결
된 순간성의 고정 상태로는 적절하게 상상될 수 없다. 닫힌 순간성의 어
떤 가정도 끊임없이 되고 있는 공간 자체의 본질적인 특성을 부정할 뿐
만 아니라, 그것은 또한 시간 자체의 복잡성/다중성의 가능성을 부정한
다. … 그리고 다시 한번 그것은 활발한 정치학을 위한 어떠한 틈도 남
기지 않는다. (76-77)

기술이 전 세계적으로 시간을 붕괴시키거나 동기화한다는 생각은 대

안적인 시간이나 공간을 상상하고 수행하는 다른 방법이 있을 수 있다는 가능성을 부정하며, 대신 공간성을 이해하고 살아가는 한 가지 독특한 방식을 특권화한다. 즉 놀랄 것도 없이, 이 방식은 서구적 형태의 자본주의와 깊은 연관이 있다. 사실, 자본주의와 새로운 기술이 균일한 지리를 창조하는 것인지 아닌지의 여부는 경험적인 질문이다. 그리고, 공간의 붕괴, 또는 소멸을 주장하는 많은 사람과 반대로, 우리는 쪼개지고splinter 교차하는 다중적 지리를 발견할 수 있다. 이 지리들은 도시를 걷거나(예컨대 de Certeau 1984), 또는 도시를 운전해서 통과하는(Thrift 2004) 삶의 공간의 통로들을 포함하며, 또한 디지털 네트워크, 하수도, 그리고 에너지 도관과 같이 많은 사람이 거의 볼 수 없거나 만질 수 없는 인프라스트럭처(Graham and Marvin 2001)를 포함한다. 이 각각의 지리는 서로 다른 관계를 만들고, 결과적으로 함께 존재하지만 단일한 "공간"으로 축소될 수 없는 다중적인 삶의 공간을 만들어 낸다.

매시는 공간을 상상하는 한 가지 방법이 다른 모든 것을 어떻게 지배하게 되었는지 ―기술자본주의에 의해서 야기된 단일하고 세계화된 공간에 대한 사유가 어떻게 공간에 대한 다른 감각을 파괴하는지― 를 언급하기 위해 "권력-기하학power-geometry"이라는 용어를 사용한다. 그러나 다른 주변 지리들은 흔히 공간의 다중성에 대한 인식보다는 주변성이 소멸함에 따라서 공간을 조직하는 지배적인 방법을 지원하기 위해 그곳에 있다. 데이비드 하비가 언급했듯이, 공간과 시간의 "압축"은 공항, 기차, 그리고 다른 교통수단을 포함하여 가속을 촉진하는 데 전용되는 기술적 인프라스트럭처 전체의 건설과 유지에 의존한다. 비록 인류학자 마르크 오제Marc Augé가 특수성과 상호교류성의 결여 때문에 이러한 이동의 공간을 "비장소non-places"라 지칭하지만(1995), 이런 공간들은 그럼에도 불구하고 특정한 관계들을 생산해 내며, 따라서 공간의 부재를 의미하는 것이 아니라 특정한 방식으로 공간을 조직화하는 상이한 지리를 의미한다. 예를 들어, 인터넷은 비록 그것이 많은 사람의 인식을 초월하여 존재하지만, 여전히 매우 물리적이고 특정한 장소에서 특정한 개인들의 노동에 의존하는 방식으로 세계를 연결시키고 있는 해저 케이블의 지리에 의존한다(Starosielski 2015 참고). 공간은 다중적이며 관계를 조직하는 다른 방식들 안에 스며 있지만, 관계들을 조직하는 한 가지 방식이 가능한 공간적 실천과 관계의 범위를 이념적으로 왜곡시키면서 다른 관계를 조직하는 것처럼 보인다.

세라 샤르마는 매시의 주장을 이니스와 다시 접하게 함으로써 더욱 발전시킨다. 차이의 지리뿐만 아니라 차이의 시간성도 존재한다. 여기서 권력의 역할은 공간과 시간을 상상하는 한 가지 방법이 다른 모든 것을 지배하는 것에 관한 것만이 아니라, 또한 특정한 직업, 기술, 실천이 어떻게 공간의 붕괴와 시간의 가속이라는 관점을 지원하고 유지하기 위해 전용되는가에 관한 것이 된다. 우리의 세계는 존재하는 시간성의 다중성을 관리하고 특정한 신체들과 속도를 우선적으로 특권화하기 위해 설계된, 샤르마가 "시간적 건축temporal architectures"이라 불렀던 것들로 채워져 있다.

시간적 건축들은 특정 주체의 시간, 즉 특권화된 시간성을 관리하고 향상시키는 구축 환경, 상품과 서비스, 그리고 기술들로 이루어져 있다. 비즈니스 트래블러들에게 시간 관리의 시간적 건축은 대부분 보이지 않는다. 대신, 비즈니스 트래블러들은 고독한 길과 탈각된disorienting 속도 문화, 즉 그들 자신의 운명을 가진 유일한 기업가로서 독립적으로 항해하고 있다고 느끼는 문화를 만난다. 속도를 따라잡기 위한 그들의 매우 실제적인 필요는 의도치 않게 다른 사람들의 노동과 시간의 불평등한 재구성을 정당화한다. 그들의 시간적 건축은 시간적 노동 시스템에 의해 지원된다. (2014b, 20)

하나의 시간성 ―자본, 비즈니스, 속도의 시간성― 이 특권화되는 동안, 이 시간성은 오로지 대규모의 장치를 ―모든 부분이 동일한 속도를 가지고 있지는 않지만― 통해서만 유지될 수 있다. 그래서, 공항에서 일하는 사람들이나 비행기를 탄 승무원들은 공항을 통해 여행하는 사람들과는 엄청나게 다른 스케줄을 가지고 있다. 택시를 운전하는 사람들은 승객들이 한곳에서 다른 곳으로 이동하는 동안 앉아서 기다린다. 비행기와 공항에서 가시광선 스펙트럼이나 신경파의 조작을 통해 시차를 완화시키는 기술은 모든 사람이 아니라 특정한 개인들의 효율성을 유지하기 위한 것이다. 이런 기술들은 일등석에서만 사용될 수 있다. 항공권 가격이 그들의 시간성이 ―공간적으로― 어떻게 조절되는지를 결정하기 때문에, 이코노미석의 승객들은 상이한 시간적 건축에 놓이게 된다. 이 다른 개인들은 같은, 또는 거의 같은 공간을 공유할 수 있지만, 그들은 같은 시간성 내에 있지 않으며, 미디어는 우리의 삶에서 특정한 시간성이 어떻게 존재하는지를 구별하는 수단 중 하나이다. "시간은 계급, 젠더, 인종, [이민자의] 지위, 그리고 노동을 포함하는 다양한 사회적 차이의 교차점에서 경험된다. … 자본은 일부 노동자와 소비자의 삶과 라이프스타일을 측정하는 시계에 부응한다. 다른 사람들은 하나의 지배적 시간성에 봉사하기 위해 그들 자신을 다시 재조정하게 된다."(138-39)

다른 말로 하면, 시간적 중심과 주변부 같은 것들이 있다. 이니스의 용어들은 공간적이지만, 샤르마는 이러한 불평등이 어떻게 서로 다른 신체들이 같은 공간을 공유하고 있을 때조차도 시간적일 수 있는지에 주목한다. 샤르마는 이것을 "시간의 생명정치경제biopolitical economy of time"라고 부르는데, 여기에서 어떤 신체들의 시간성은 다른 신체들과는 다른 방식으로 쓰이게 된다. 매시와 샤르마의 주장을 따르자면, 여기서 중요한 것은 단일한 "공간"과 균일한 "시간"이란 없다는 것이다. 가속은 모든 사람을 위한 가속이 아니다. 대신, 시간이 느려지는 특정한 신체들이 있고, 다른 순간에는 빨라지고 [다른 순간에는] 느려지는 다른 신체들이 있다. 특정한 신체들이 위치하는 특정한 어셈블리지는 결코 균일하지 않으며, 다수의 시간과 공간의 절충을 포함한다. 미디어의 기능 중 하나는 이 절충을 위한 수단으로서 작용하는 것이다.

## 결론

3장에서는 공간-시간 유물론을 광범위한 관점에서 다루었다. 처음에는 해럴드 이니스를 살펴보면서, 그가 미디어, 공간, 시간을 특정 미디어의 편향에 연결된 것으로 특징짓고 중심과 주변부의 특정한 관계를 만드는 것을 살펴보았다. 그 후에는 최근의 가속화와 동기화 이론들과 함께 이니스에서 마셜 매클루언으로 이동하는 동안, 초기에 이니스의 저작들을 특징지었던 정치적 관심사로 돌아가는 것으로 마무리했다. 공간과 시간은 다중적이고 상이하다. 미디어의 한 가지 기능은 공간과 시간을 구성하는 관계들을 변조하고 조정하는 것이다. 단일한 "공간"도 없고 단일한 "시간"도 없다. 이 범주들은 상이한 지리와 상이한 시간성을 포함하며, 공간과 시간의 절충은 근본적으로 정치적이다. 그 절충은 어떤 관계는 —중심으로— 특권화시키는 반면, 다른 관계들은 주변부에 남겨 두거나 묵살한다. 하지만 특권적 관계는 주변부에 있는 사람들에 의해 유지되는 경우가 많다.

마지막 부분에서 우리는 미디어, 공간, 그리고 시간을 상상하는 디스토피아적인 방식과 유토피아적인 방식 모두에 의문을 제기해야 한다. 단 하나의 "가속"도 없고, 단 하나의 "지구촌"도 없으며, 따라서 우리 모두가 하나로 합류하는 통합적 전체도 결코 존재하지 않을 것이고, 시스템이 붕괴하도록 강제하면서 "모순을 가속화"할 수도 없을 것이다. 오히려, 새로운 주변부들이 발명되어 새로운 방식으로 중심을 뒷받침할 것이다. 그리고 이러한 중심과 주변부의 형태는 인간의 신체와 인간관계에만 한정되지 않을 수 있다. 우리는 이미 인간의 의식 밖에 존재하는 기술을 통해 생성되는 종류의 중심과 주변부를 볼 수 있다.

그러나 의식에 대한 이 질문은 다른 곳, 즉 미디어, 의식, 그리고 두뇌에 대한 다른 주장으로 이어진다. 매클루언이 이니스의 관점에서 멀어지면서 지각과 감각의 문제로 향하는 과정에서, 그의 저작의 흥미로운 함의 중 하나는 미디어와 두뇌가 연결되어 있다는 것이었다. 다음 4장에서 살펴볼 것이 바로 이 연관성이다.

**4장**

# 신체와 두뇌

## 두뇌, 신체, 그리고 비유

매클루언과 그를 따르는 사람들의 업적에는 여러 가지 이유로 의문점
이 있다. 기술의 발전이 점차적으로 "지구촌"에 이르게 한다는(또는 매클
루언에게 빚진 사람 중에서 더 비관적인 사람들을 따른다면 점차 대규모의 재해와
사회 전체의 붕괴로 이어진다는) 목적론에 대한 그의 언급은 그러한 문제 중
하나이다. 매클루언은 또한 문제적인 인류학적 자료들에 의존하는데, 여
기서 동시대의 "타자"들은 마치 서구 역사에서 "자연적인" 것을 대표하는
것처럼 위치된다. 그러나, 이러한 문제들이 있더라도, 우리는 여전히 매
클루언이 우리에게 방대한 연구 영역을 열어 주었다는 점을 인정해야 한
다. 이것은 단지 미디어의 중요성과 시간과 공간과의 관계에 대한 그의
강조 때문만은 아니다. 미디어 이론가 마크 한센은 매클루언이, 아마도
다른 어떤 작가보다, 미디어와 인간관계에서 "체현된 수용의 역할, 즉,
체현embodiment의 적극적인 역할"을 검토하게 한다고 주장한다(2006, 298).
이 장은 매클루언을 따라 미디어와 체현 사이의 관계를 검토한다. 그러
나 신체에 주목하면서, 나는 또한 리사 블랙먼Lisa Blackman을 따르기도 한
다. 블랙먼은 최근의 다양한 이론적, 과학적, 그리고 기술적인 변화들은
신체에 대해 말하는 것이 아니라, "신체"란 과연 무엇인지에 대한 질문을
야기한다고 주장한다. 그는 "우리는 두뇌-신체-세계의 얽힘에 대하여,

그리고 우리가 인간과 비인간, 자아와 타자, 그리고 물질과 비물질 사이의 경계를 만들고자 시도해야 하는지, 그리고 한다면 어디서, 어떤 방식으로 시도해야 하는지에 대해 이야기해야 할지도 모른다"(2012, 1)고 말한다.

신체의 물리성에 대한 관심은 두뇌의 물리성을 향한 관심이기도 하며, 그 연장선에서 미디어의 물리성에 대한 관심이다. 데카르트 이원론의 가정을 따라 "정신"과 "두뇌"를 나눌 수는 없다. 대신, 신체가 가지고 있는 행동과 움직임에 대한 체현된 능력은 오직 신체와 두뇌와 미디어의 교차점에서만 발생한다. 예를 들어, 우리가 신체와 미디어, 또는 두뇌와 세계, 또는 자아와 타자 사이의 경계를 긋고 유지하는 방식은 정치적 행위이다. 이것은 물질과 미디어에 대한 우리의 이해를 다시 "내부작용적"이고 관계적인 것으로 이끈다.

한 가지 예시로 시작해 보자. 꿈을 꿀 때, 여러분은 컬러로 꿈을 꾸는가? 20세기 초의 심리학 연구에서는 만장일치로 대다수의 사람들이 컬러가 아닌 흑백으로 꿈을 꾼다고 주장되었다. 많은 연구는 응답자의 9%에서 29% 사이가 꿈에서 색을 떠올린다고 보고했다. 1950년대의 일부 연구자는 꿈에서의 색은 인위적인 것이라는 점을 강조하고 컬러로 꿈을 꾸는 것이 정신 질환의 징후일 수도 있다고 주장하면서 영화의 색 보정 과정을 따라 "테크니컬러 드림"이라고 이름 붙였다. 그러나 이러한 결과들은 1960년대에 바뀌었다. 심리학 연구에서 꿈에서 색을 떠올리는 응답자의 숫자가 갑자기 역전되었다. 1960년대에는 응답자의 69%에서 83% 사이가 컬러로 꿈을 꾼다고 보고했다. 2008년 스코틀랜드 던디대학 University of Dundee의 한 심리학자는 이러한 변화들이 1960년대의 수면과 꿈에 대한 연구 방법론의 변화라기보다는 미디어의 영향이 반영된 것이라고 주장했다(Murzyn 2008). 꿈에서의 색(또는 그것의 결여)은 대부분, 개인의 삶에서 노출된 텔레비전의 종류 ─컬러 〔텔레비전〕이든 흑백 텔레비전이든─ 의 반영이었다.

이러한 주장들은 후속 연구(즉 Okada, Matsuoka and Hatakeyama 2011)에 의해 지지되고 있으며, 〔이들은〕 미디어의 시각적 잠재력과 신체가 이미지를 생산하는 방식 사이에 어떤 연관성이 있다고 제안한다. 이 연구에 대해 많은 해석이 있지만 ─아마도 이러한 발견들은 꿈의 실제 생리학보다는 회상과 기억에 관한 것이거나, 아마도 그것들은 컬러 미디어와 대뇌생리학 사이에 직접적인 인과관계를 보여 줄 수 있을 것이다─ 최소한 미디어와 두뇌와 신체에 의해 생산되는 가장 무의식적인 종류의 사유 사이에는 연관성이 있는 것으로 보인다. 이 장은 철학, 인지과학 및 미디어 연구의 경계에서 신체, 두뇌, 사유 및 미디어, 그리고 이들 사이의 신체적, 물질적 상호 관계가 어떻게 이론화되었는지 살펴본다.

많은 철학자는 세계가 경험되도록 하는 데 있어서 체현의 역할을 강조한다. 모리스 메를로퐁티Maurice Merleau-Ponty는 신체는 외부 세계와 내부 감각을 절충하는 미디어라고 주장해 왔다. 그는 "세계란 내가 생각하는 것이 아니라 내가 경험하는live through 것"(1958, xviii)이라고 주장한다. 의식과 경험은 모호한 이상이 아니라 내 신체의 물리성과 내 신체가 내가 살고 있는 물리적 세계와 어떻게 관계되어 있는지와 연결된다. 메를로퐁티와 같은 저자들이 움직임을 위한 신체의 능력을 변형시키는 기술의 역할을 인정한 반면, 매클루언은 인간 신체의 잠재력과 감각을 재구성하는 미디어를 강조한 최초의 학자 중 하나였다. 이것은 미디어연구를 종종 그것의 범위 밖에 있는 광범위한 이론적 패러다임에 개방한다. 매클루언은 종종 미디어를 이해하는 근거를 우리가 이제서야 파악하게 되는 급진적인 새로운 방식으로 이동시키고 재창조했다.

나는 신체와 두뇌, 미디어가 어떻게 상호 연관되어 있는지 조사하는 이 관점을 신경인지 유물론이라고 부른다. 이 장의 목표는 미디어 행위의 물질성은 〔그것이〕 어떻게 체현된 감각과 두뇌의 물질성을 변형시키는지에 있다고 주장하면서, 매클루언이 제시한 인지와 감각과 관련된 몇 가지 경로를 따르는 것이다. 두뇌에 대한 질문은 종종 우리가 미디어의 물질성에 대해 이야기하는 방식의 범위를 벗어난다. 즉 정신철학에서 나온 유물론이 있지만 이는 미디어연구에서 거의 논의되지 않는다. 이 관점은 그 자체의 오랜 역사를 가지고 있다. 이 역사는 정신, 의식, 감각에 대한 논의에서 두뇌의 물리성을 강조하고 우리를 미디어연구의 많은 혁신적인 이론가에게 중심적인 하나의 물질성에 대한 정의로 이동시킨다.

이 장에서 다루고자 하는 두 번째 주제가 있다. 미디어와 두뇌의 물질성에 대한 주장은 어떤 식으로든 해결되지 않았다. 두뇌에 대해 이야기할 때, 우리는 두뇌에 대한 과학 연구에 너무 쉽게 의존할 수 있는데, 두뇌는 새롭게 떠오르는 신흥 연구 분야로, 아직도 많은 주장이 미해결 상태이거나, —꿈에서 볼 수 있는 색에 대한 우리의 예시처럼— 가능한 수많은 설명이 있다. 두뇌에 대한 지난 10여 년간의 많은 연구는 이미 부정확한 것으로 밝혀졌거나, 또는 최소한 과학자들 사이에서 많은 논쟁이 되고 있다. 인문학에서 두뇌와 뇌과학에 대한 참조는 종종 과학적 연구의 우연성을 무시하고, 특정한 저자들을 취사선택하여, 그 결과, 두뇌의 "물질성"을 이데올로기적인 지침으로 전환시킨다. 여기서 일정 범위의 관계는 "자연적인" 것으로 정당화된다(Rose and Abi-Rached 2013; Leys 2011; Bollmer 2014). 문화에서 신경과학의 적용은 많은 부분 환원적이고 기능주의적인 경향이 있고, 사유와 두뇌에 대한 보다 더 관계적인 이해를 배제한다(Sampson 2017 참고).

특히 미디어의 역사에 관한 한, 두뇌의 중요성에 대한 논의에 일부 독특한 문제들이 있기 때문에, 우리는 뇌과학에 대한 참조에 대해 건강한 회의론을 가지고 있어야 한다. 과학, 철학 및 사회이론의 주장은 종종 기술적인 것으로부터 직접 나온 모델에 의존하는 것처럼 보인다. 이것은 기술이 사상과 체현을 직접적으로 결정한다는 것을 의미할 수 있다(이는 매클루언을 따라서 우리를 신체-두뇌-세계의 얽힘에 대한 조사로 이끌 것이다). 그러나 이것은 또한 기술을 통해 드러난 동일한 논리를 표현하면서 기술과 더 큰 문화적 구성이 함께한다는 것을 의미할 수도 있다.

이러한 경향은 누군가가 기술적 비유를 생물학, 경제, 사회에 적용하거나 그 반대인 경우에도 찾아볼 수 있다. 예를 들어, 인터넷은 종종 집단적이고 세계적인 뇌로 묘사된다. 물리학자 스티븐 호킹Stephen Hawking 은 한 인터뷰에서 "우리는 이제 마치 거대한 두뇌의 뉴런처럼 인터넷에 의해 연결되어 있다"고 주장한 적이 있다(Swartz 2014). 두뇌는 종종 유물론적 정신철학의 많은 버전에서 중심적인 은유로, 컴퓨터의 일종으로 묘사된다. 기술, 생물학, 그리고 사회 사이의 은유적 통합은 긴 역사를 가지고 있고, 다른 경제적, 또는 사회적 변화를 정당화하는 데 있어서 오랫동안 중심적이었다(특히 Carey 1988; Bollmer 2016b; Liberman 2017 참고). 사회학자 뤼크 볼탕스키Luc Boltanski와 이브 치아펠로Eve Chiapello는 다음과 같이 말했다.

세계가 무엇으로 구성되어 있는지를 말하는 것은 항상 세계 위에 자연을 부여하는 것이다. 확실히 자연화 효과naturalization effect는 생물학을 사회와 연결시키는 것을 목표로 하면서 유기체 질서에서의 이식 implantation으로부터 사회적 유대를 이끌어 내거나, 또는 생리적 은유 ─과거 유기주의, 세포 분화에서의 은유가 아니라, 오늘날 연결망과 흐름을 가진 뉴런의 은유에─ 에 기초하여 사회에 대한 재현을 구성하는 학문 분야에서 특히 강력하다. (2005, 149)

　볼탕스키와 치아펠로는 "자연적" 생물학에 대한 언급을 통해 어떠한 사회적 형태를 정당화하는 생물학과 사회 사이의 연결고리를 언급하고 있는데, 이 "자연적" 생물학은 오늘날 비생물학적 구조가 두뇌와 뉴런의 은유를 통해 설명될 때 표현된다. 많은 이가 이 은유적 연결고리에 주목했다(Sennett 1994 참고). 우리는 두뇌와 컴퓨터가 물질적으로 동일해서가 아니라, 두뇌와 컴퓨터를 동일한 것으로 상상하고 종종 어떤 경향을 "자연적인" 것으로 정당화하는 더 큰 문화적 구성체로 인하여 두뇌를 컴퓨터와 유사하다고 생각할 수 있다. 오늘날, "가소성plasticity", 또는 "유연성flexibility"과 같이 신경과학에서 종종 강조되는 두뇌의 특성들은, 글로벌 자본주의 체제를 동기화하는 기술적 네트워크와 연결된 신자유주의적 자본이 작동하는 방식과 유사하다. 이 동치는 철학자 카트린 말라부 Catherine Malabou가 주장하듯이, "두뇌의 가소성은 경제적, 정치적, 그리고 사회조직 유형에 대한 생물학적 정당화를 구성하고 있으며, 여기서 중요한 것은 효능, 적응성, 변함없는 유연성과 같은 행위의 결과"(2008, 31)라는 것을 의미하는 것으로 보인다.

　따라서 이 장에서 다룰 두 가지 입장이 있다. 한편으로, 기술은 감각의 잠재성과 한계를 재구성함으로써 두뇌의 물질성을 직접적으로 변화시킨다. 다른 한편으로, 미디어와 두뇌 사이에 만들어지는 은유적 유사성은 너무 성급하게 만들어지고 물질적 현실과는 거의 관련이 없는 특정한 이념을 정당화하는 데 기여할 수 있다. 첫 번째 입장은 존재론적인 것으로, 미디어와 두뇌 사이의 실제 연결고리에 대한 설명과 분석에 관한 것이라고 말할 수 있다. 주요 존재론적 질문은 "그것은 무엇인가?", 또는 "무엇이 있는가?"이다. 이 질문에 대한 답은 현실의 첫 번째 원칙, 존재의 근본적인 범주 등에 대한 설명이다. 이 입장에서 미디어와 두뇌 사이의 연결고리를 조사하는 것은 두뇌의 존재론을 조사하는 것을 의미한다. 두 번째 입장은 인식론적이고 역사적인 것이다. 그것은 두뇌의 물질성이 무엇인지 정의하는 것에는 관심이 없고, 대신 "우리가 어떻게 알 수 있는가?"를 묻는다. 그것은 다른 기술적 도구들과 생물학적 모델을 통해서, 세계가 보이고 재구성되는 물질적 렌즈에 주목한다. 그것은 이 렌즈들이 시간이 지남에 따라 어떻게 변하는지, 그리고 두뇌, 신체, 그리고 사회는 어떻게 특정한 순간에 인기 있는 특정한 기술적 모델을 통해 영구적으로 재구성되는지를 보여 준다.

기술이 우리가 보고 행동하도록 물리적으로 허용하는 방법에 관한 것이라는 점에서 이 두 입장은 모두 물질성에 관한 것이다. 하나는 이 관계가 직접적이고 존재론적이라고 주장한다. 즉 기술적 물질성이 두뇌와 신체를 직접적으로 변화시킨다는 것이다. 다른 하나는 이 관계가 간접적이고 인식론적이라고 주장한다. 즉 기술적 물질성이 세계 전체가 (재)정돈되는 모델을 제공한다는 것이다. 존재론적 입장은 두뇌의 물질성과 그것의 기능을 기술하는 것에 관한 것이다. 인식론적/역사적 입장은 물질적 모델이 어떻게 은유적이게 되는지, 또는 물질적 기술이 어떻게 무엇이 신체에 대해 보이고 말해질 수 있는지를 변형시키는지, 그리고 다른 곳으로 이주하면서 관행과 습관, 행동을 재구성하는지를 조사한다.

우리는 이 두 가지 입장을 통합할 수는 없을 것이다. 이 두 가지 입장 사이의 긴장은 이 장 전체에 걸쳐 간간이 나타날 것이다. 하지만 이 두 가지 입장이 일치하지 않는다는 사실을 항상 명심해야 할 것이다. 이제, 나는 인지철학과 신경과학에서 유물론의 역할을 강조하고 싶다. 그리고 나서 나는 매클루언과 다수의 이론가가 어떻게 그를 따랐는지로 돌아가, 두뇌와 미디어의 존재론을 다루는 데 있어서 그의 주장을 재해석하고 확장시킨 다음, 신체와 사회가 조직되는 모델을 제공하는 것으로서 미디어와 기술의 인식론적 역할을 정교화할 것이다.

## 정신철학에서의 유물론

정신철학에서의 유물론을 먼저 살펴보도록 하자. 정신과 두뇌에 관한 유물론적 주장은, 비록 최근 몇 년 동안, 특히 영미 철학 내에서 가장 영향력 있는 사상 체계 중 하나였지만, 심각한 논란의 여지가 있다. 유물론적 정신철학은 기술과 생물학을 넘나드는 "정신"의 모델을 제공하면서, 신경과학, 컴퓨터공학, 그리고 광범위한 다른 학문들의 혁신을 총망라하는 의식에 관한 모델의 개요를 보여 주고 있다. 정신에 관한 유물론적 주장들을 둘러싼 많은 논쟁이 있지만, 여기서는 이 관점과 관련된 몇 가지 핵심 쟁점만을 다루면서 부분적으로 검토하고 있다. 나는 이러한 종류의 유물론을 철학과 심리학의 역사라는 측면에서 맥락화하려고 한다. 그리고 그 과정에서 그것이 왜 그렇게 급진적인 것인지를 보여 주고자 한다. 여기서 요점은 두뇌와 정신의 물질성은 이제 막 미디어연구 분야에서 인정되기 시작했지만, 시간이 지나면서 계속 발전하는 유익한 논쟁의 영역이었다는 점이다.

이 버전의 유물론에는 회의적인 지점 몇 가지가 있다. 즉 어떻게 많은 저자에게서 인간의 인지와 컴퓨터적인 인공지능 사이에 암묵적인 공통점이 존재하는지에 대한 것이다. 하지만 이러한 인지철학에는 훌륭한 주장들도 존재한다. 특히 영혼이나 자아같이 신체의 육체적이고 물질적인 존재를 넘어서는 형이상학적인 어떤 것도 따르지 않는 인간 경험의 모델을 만드는 것에 대한 주장들이 그러하다(하지만, 몇몇 저자가 물질에 질서를 부여하는 수단으로서 "정보"와 "패턴"에 대하여 말할 때 "영혼"이 은밀하게 개입된다는 점이 지적되어야 한다). 유물론적 정신철학은 진정으로 무신론적이다. 신학적이거나 신비주의적인 어떤 것도 따르지 않으면서 의식, 느낌, 그리고 경험을 설명하려고 시도하기 때문이다. 존재하는 모든 것은 세계의 물리적 능력으로부터 설명되어야 한다. 정신의 물질성이란 우리가 진리, 정의, 그리고 응보retribution를 희망할 때, 형이상학적인 "더 높은 권력"에 호소할 수 없다는 것을 의미한다. 따라서, 예상할 수 있듯이, 유물론의 주장과 종교의 관계는 문제들로 충만하다. 이것은 정신의 물질성이 무엇보다도 "합리성"과 "과학"에 대한 믿음을 필수적으로 요구한다는 것을 의미하는가? 비록 이 분야의 논쟁에서 가장 주목할 만한 몇몇 시각이 이것을 암시하고 있지만 나는 확신할 수 없다. 즉 유물론과 종교적 사유는 양립할 수 없다는 것이다. 그러나 여기에 포함시킨 모든 시각이 이에 동의하지는 않을 것이다. 영혼에 대한 영적이고 종교적인 주장에 대한 반감과 함께, 이 관점이 해결하려고 시도하는 문제들을 이해하기 위해서, 우리는 현대 서구 사상의 바로 그 기초 중 일부로 돌아갈 필요가 있다.

1641년에 출판된 『제일철학에 관한 성찰』에서 르네 데카르트는 다음과 같이 말한다.

나는 항상 두 가지 문제, 즉 신과 영혼이 신학보다는 철학의 도움으로 증명되어야 할 문제 중에서 가장 중요하다고 생각해 왔다. 우리같이 믿는 자들에게는 인간의 영혼은 육체와 함께 죽지 않고, 신이 존재한다고 믿는 것으로 충분하지만, 이 두 가지가 자연적인 이성에 의해 처음으로 증명되기 전까지는 확실히 어떤 종교나 심지어 어떤 도덕적인 미덕에 의해 설득될 수 있는 불신자는 없는 것 같다. (2006, 1)

그의 저작 『성찰』 전반에서 데카르트는 모든 경험이 거짓임을 받아들이면서 보편적인 의심의 입장을 제기한다. 그리고 여전히 "신은 존재하며 정신은 신체와 구별된다"(3)고 결론짓는다. 심지어 데카르트가 모든 것에 대해 의심할 때조차도 그는 자신이 "사유하는 존재a thinking thing"(15)이며 그의 사유는 그의 신체와 분리되어 있다고 알고 있다. 비록 그가 모든 경험을 악마의 망상으로 받아들여서 [악마가] 그를 속인다 하더라도 그는 여전히 생각이 존재한다는 것을 안다. ─데카르트의 유명한 말 "Cogito, ergo sum", 즉 나는 생각한다. 고로 존재한다는 말에 표현되고 있다─ 이러한 성찰을 통해, 데카르트는 특정한 문제, 즉 정신-신체의 이분법, 또는 이 말의 창조자에 어울리게, 데카르트적 이분법Cartesian dualism 을 세웠는데, 이는 정신이 체현된 두뇌라는 물리적인 물질로부터 분리되어야 한다는 믿음으로, 이 이분법은 모든 서양 철학을 형성해 왔다.

데카르트를 따르는 많은 사람은 정신과 신체, 사유와 물질 사이에 대한 그의 구별에 도전하려고 시도했다. 모리스 메를로퐁티가 의식은 단지 물리적인 신체와 그것의 움직임 사이의 경계면에서 일어난다고 주장할 때, 그는 데카르트적 이원론에 도전하고 있다. 데카르트에 대한 가장 흥미로운 반대 중 하나는 심리학의 역사와 영혼을 따르는 현실에 대한 영적 설명을 거부하기 위해 제기된 실용적인 관심에서 비롯된다. 미국의 한 학문 분야인 심리학의 창시자 중 하나인 미국의 실용주의 철학자 윌리엄 제임스William James는 심리학의 유물론적인 기반에 대해 특히 분명한 시각을 가지고 있었다. 제임스는 정신에 대한 어떤 설명도 "어느 정도의 뇌-생리학"이 "전제되거나 포함"될 것을 요구한다고 말한다(1890, 5). 제임스는 "몸의 변화가 수반되지 않거나 뒤따르지 않는 어떤 정신적인 변화도 일어나지 않는다는 일반적인 법칙을 제시하는 것이 안전할 것"(5)이라고 부연한다.

심리학에 대한 제임스의 글들은 두뇌에 대한 유물론적 관점의 초기 개요이다. 제임스는 우리의 사유와 일상적 행위를 비물질적인 "영혼"의 기능으로 남겨 둘 수 없다고 주장한다. 대신에 그것들은 과학이 두뇌와 신체, 그 기능과 작용, 그리고 관계들에 대해 알고 있는 것에 비추어 이해되어야만 한다. 제임스에게 심리학은 신체로부터 분리된 비물질적인 "사유들"에 대한 추측이 아니다. 오히려, 심리학은 두뇌와 신체의 생리에 관한 것이고, 심리학의 과학은 사유와 정신같이 겉보기에는 "비물질적인" 경험들에 대한 유물론적 설명 방식을 고수해야만 한다.

그러나 제임스는 모든 현상에 대해 유물론적이고 과학적인 설명만을 받아들이는 협소한 "이성주의자"는 아니었다. 그는 소위 형이상학적인 현상들(영성주의, 빙의possession, 방언speaking in tongs, 그리고 더 급진적인 형태의 종교적 믿음과 관행)에 관심이 있었다. 이는 그가 "신"이 이러한 현상들을 야기한다고 믿었기 때문은 아니다. 최소한 그는 신이 아무런 물리적인 변화 없이 그것들을 야기한다고 믿지는 않았다. 제임스는 심리학, 과학, 그리고 철학이 겉보기에 이상해 보이거나, 설명할 수 없거나, 이상한 현상들을 실재적이고 물질적인 것으로, 그리고 신체적인 정신 상태와 신경학에 조응하는 것으로 받아들여야 한다고 생각했다. 과학에 대한 합리적인 믿음에서 해답을 찾는 의사와 의학 연구자의 관점에 대해 제임스가 사용했던 명칭인 "의학적 유물론medical materialism"은 종교적 현상이 신체에 대한 기존의 의학적 모델로는 설명될 수 없다는 이유로 너무 쉽게 종교적 현상을 폄하하며 환각과 같은 형이상학적 "사건"을 설명되어야 할 병리 현상으로 변형시킨다(1987, 21).

제임스는 '의학적 유물론자'는 한 가지 정신 상태를 다른 것보다 우월하다고 주장한다는 면에서 한정적이고 거만하다고 생각하면서, 모든 정신 상태는 "종교적이든 비종교적인 내용이든 동등하게 유기적으로 근거를 가지고 있다"고 주장한다(22). 문제는 의학적 유물론의 유물론에 있는 것이 아니라, 그것의 정상적이고 병리적인 것에 대한 모델에 있는 것이며, 이것은 생리적 물질성에 대한 모든 주장을 약화시킨다. 제임스에 따르면, 의학은 어떤 현상을 물질적으로 설명할 것인지를 선별적으로만 선택하는데, 그 현상이란 의학이 장애disorder라고 규정하고자 시도하는 것들이다(22; Canguilhem 1989 참조). 반면에 제임스의 시각은 과학은 모든 현상을 바라보고, 모든 것을 동등하게 물질적이고 실재적인 것으로 받아들여야 한다는 것이며, 따라서 어떤 정신 상태들은 이성적인 것으로, 또 어떤 것들은 비이성적인 것으로, 그리고 어떤 것들은 "정상"으로, 또 어떤 것들은 "병리적인" 비정상으로 분류하지 않으면서, 모든 현상을 설명하는 정신과 신체에 대한 설명 방식을 고안해야 한다는 것이다.

제임스의 이론은 심리학의 기초가 되었지만, 흔히 정신과 두뇌 사이의 분리 ―즉 두뇌는 신체에 있는 "사유와 인지의 물리적 장소"라는 것― 에 초점을 맞추고 있는 다른 철학자들에 의해 다양한 방식으로 받아들여져 왔다. 데카르트 이래로 가정된 이 분리는 특히 일상적인 경험에서 이상하게 나타난다. 루트비히 비트겐슈타인Ludwig Wittgenstein은 그의 『철학적 탐구Philosophical Investigations』에서 "의식과 두뇌의 〔처리〕 과정 사이의 연결될 수 없는 간극의 느낌. 어떻게 이것이 일상의 삶에 아무런 역할도 하지 않는가?"라고 묻는다. 우리는 언제 데카르트가 그렇게 필수적이라고 생각했던 이 구분을 경험할 수 있을까? "예를 들어, 내가 내 자신의 의식에 특정한 방식으로 관심을 돌리고 놀라서 혼잣말로 '이것은 두뇌의 〔처리〕 과정에 의해 만들어져야 하는 건데!'라고 말할 때이다. 마치 그것이 내 이마를 움켜쥐고 있는 듯이."(2009, §412) 위와 같은 견해들 사이에서 일반적으로 받아들여지는 절충은 정신을 없애고 모든 것을 두뇌로 환원시키는 것이 아니라, 정신이 두뇌가 하는 일이라고 주장하는 것이다. 심리학자 대니얼 웨그너Daniel Wegner가 광범위한 실험 증거들에 의존하면서 "환각illusions"을 뇌의 물질적 기능에 부가적으로 따르는 것으로 본 제임스의 전통에 따라 주장하고 있듯이, "의식"은 인간 두뇌의 물질성의 효과인 것이다(2002). 두뇌의 물질성이 첫 번째이고, 다음으로 그 물질성이 "의식"으로 경험된다는 것이다.

이러한 종류의 유물론에 대한 가장 주목할 만한 현대의 옹호자 중 하나인 대니얼 데닛Daniel Dennett은 데카르트적 이원론을 거부한다. 그 이유는 "내가 모든 형태의 이원론이 거짓이거나 일관성이 없다는 결정적 증거를 제시할 수 있다고 생각하기 때문"이 아니라, "이원론이 신비에 매몰되어 있다는 것을 고려할 때, 이원론을 받아들이는 것은 포기하는 것"(1991, 37)이기 때문이다. 데닛은 경험과 주체성을 설명하기 위해 영혼을 허용하는 이원론의 '신비'를 받아들이는 대신, 과학과 철학 ―여기서 철학은 과학의 발견에 의존한다― 이 유물론 비판자들의 반대에 대응하여 정신(그리고 두뇌)의 물질성에 대한 설명을 제시해야 한다고 주장한다.

주목할 만한 유물론의 비판자들은, 단지 두뇌의 물질적인 "어떤 것stuff" 이 단독으로 도덕적인 책임을 가지고 행동하고, "와인을 감상하고, 인종차별을 싫어하고, 누군가를 사랑하고, 문제의 원천이 될 수" 없으며, 또한 생각하는 주체인 "나"를 설명할 수 없고, 사유와 재현이 발생하는 미디어로서의 역할을 수행할 수도 없다고 주장한다(33). 데닛과 같은 철학자들, 그리고 앤디 클라크Andy Clark처럼, 정신을 이해하는 유사한 방식을 채택한 다른 철학자들은 두뇌에 대한 심리학적이고 신경과학적인 연구에서 부분적으로 파생된 이러한 질문들에 대한 답을 생각함으로써 정신이 어떻게 작용하는지를 이해하려고 노력한다(Clark 2003, 2015; Dennett 2017 참고). 따라서 정신과 경험은 특정한 두뇌의 작용이나 호르몬과 혈액의 이동, 세로토닌serotonin이나 도파민dopamine 같은 신체 내 특정 화합물과 화학물질의 존재 여부로 환원된다.

이런 이론들에는 주목할 만한 문제들이 존재한다. 가장 중요한 문제는 흔히 "의식의 난제hard problem of consciousness"라고 지칭되는 것으로, 1995년 철학자 데이비드 차머스David Chalmers에 의해서 최초로 제시되었다. 차머스가 말한 "난제"의 의미는 정신에 관한 유물론적 이론들이 두뇌가 어떻게 작동하며, 신체가 행위하고 지각할 때 생리적으로 무슨 일이 발생하는지에 대해 많은 설명 방식을 제시할 때 이 생리적 과정들이 어떻게 주관적 경험을 낳게 되는지에 대해서 설명할 수 없다는 것이다(1997, 5). 어떤 유물론자들은 차머스의 비판을 무시하지만, 여기에는 또 다른 문제들이 존재한다. 특히 데닛은 생물학적 결정론자로, 그의 이론을 따르는 "신무신론자new atheists"라고 불리는 많은 유명한 저자의 주장은 매우 의심스럽다. 모든 경험 —"이성적"이든 "비이성적"이든— 은 유효하며 신체의 생리학을 통해서 동등하게 설명되어야 한다고 생각한 제임스와는 달리

―이는 제임스를 모든 현상을 진실이자 관계된 것으로 받아들이는 "확장된", 또는 "급진적인" 경험주의로 이끈다(Massumi 2002, 208-56 참조)― 신무신론자들은 종교를 폄하하고 정체성의 정치를 "비이성적인" 것으로 공격한다. 제임스가 철학적으로 개방적인 반면에, 데닛은 자신이 과학적 진실과 진보와 함께할 수 없다는 것을 인식조차 못 하는 것으로 보인다.

이러한 유물론적 주장들에서의 "이성주의"에 대한 옹호를 넘어서 예술과 문화는 두뇌의 물질성으로 완전히 설명될 수 있다고 주장하는 "신경미학neuroaesthetics"의 부상은 마치 특정 색깔과 패턴들이 두뇌에 영향을 미치는 방식으로 인해 다른 색깔과 패턴보다 더 낫다는 것처럼 미학적 판단에 대한 기이한 주장들을 펼친다(Chatterjee 2014; Kandel 2016 참조). 신경미학은 "미"라는 관념이 주관적 취향 때문이 아니라, 특정 색깔, 또는 패턴이 신경 기질을 방출하여 행복감이나 쾌감을 주면서 두뇌의 특정 부위를 활성화하기 때문에 존재하는 것이라고 주장한다. 따라서 취향은 주관적인 것이 아니라 선천적인 것이 된다. 이와 유사한 세계관은 신경과학 연구를 사용하여 소비 패턴과 결정을 연구하는 "신경마케팅neuromarketing"이라고 불리는 새로운 종류의 광고에도 존재한다. 우리의 소비 선택은 특정 브랜드에 대한 상상과 디자인이 신경적 수준에서 우리로 하여금 느끼게 만드는 방식에 기반하여 이루어진다는 것이다(Andrejevic 2013; Sampson 2017 참조). 말할 필요도 없이, 모든 느낌에 대한 설명 방식으로서 신경전달물질에 주목하는 방식은 매우 환원적이다. 하지만 우리가 이런 "합리성"을 따르지 않는다 하더라도, 우리는 두뇌와 신체를 무언가 덧없는 것으로, 그리고 물질적 현실로부터 유리된 것으로 유예시키는 것이 아닌, 그 물질성에 대한 강조를 이 저자들로부터 취할 수 있다.

유물론적 정신철학의 주목할 만한 비판자인 철학자 존 설John Searle은 이런 버전의 유물론에는 인지에 대한 매우 기능주의적이고 행동주의적인 이해 방식이 존재한다고 본다. 인간 의식은 정신 상태와 생리학 사이에 유사성이 존재하는 것으로 손쉽게 가정되어, 관찰 가능한 행동에 의해 완전히 설명될 수 있는 것이 된다. 우리는 이러한 기능주의를 신경미학이나 신경마케팅에서 발견할 수 있다. 그 전제는 생리적 두뇌의 상태는 곧바로 미학적 판단이나 소비 선택으로 번역된다는 것이다.

설은 정신에 관한 유물론적 주장들이 정신을 물질성이 아니라 정신의 "조직화"와 그 패턴으로 여기는 것으로 본다. 정신에 대한 많은 유물론적 이론에서 이는 인공지능과 인간 정신을 동일시하는 시각으로 이어진다. 마치 "만약에 상이한 물질 구조들이 동일한 컴퓨터 프로그램의 상이한 하드웨어적 실행 방식이라면 이들이 정신적으로 유사한 것이 될 수 있는 것처럼."(1992, 43) 설이 이 용어들을 사용한 이래로 설에 대해 많은 반대가 제시되었지만 유물론적 정신철학은 여전히 컴퓨터 프로세스와 두뇌의 물질적 기능, 즉 "컴퓨터주의computationalism"라 불리는 정신에 관한 이론을 연결시키고 있다. 앤디 클라크의 최신 저작(2015)은 인간 경험을 "의식" 이전으로, 즉 우리의 두뇌를 우리가 받아들이는 엄청난 양의 감각 데이터를 이해하기 위한 일련의 예측 수행으로 환원시키는 신경적 과정을 검토하고 있다. 여기서 그가 사용하는 용어들은 인공지능 프로그램들에서 흔히 사용되는 확률에 관한 통계적 방법에 의존하고 있다. 이러한 방법은 본래 컴퓨터공학에서 비롯되는 것이 아니며, 다양한 분야에 적용될 수 있다. 하지만 그 기원과는 무관하게 그 효과는 동일하다. 두뇌와 의식의 물리적 작동에 대한 묘사가 컴퓨터를 특징짓는 용어들 안에서 이루어진다는 점이다. 클라크가 컴퓨터주의 이론을 포함하여 정신에 대한 다른 철학들을 통합하는 방식을 고려했을 때, 이는 놀랍지는 않지만 문제적이다.

두뇌의 물질성보다는 수학적 추론을 특권화하기 때문이다. 사유에 대한 유물론적 설명이라는 이름으로 우리는 물질성을 놓치고 있는 것이다.

설은 이런 문제가 유물론적 정신 이론의 역사에 늘 존재해 왔으며, 이는 각기 다른 시기마다 물질적인 것을 무시하거나 특권화하는 수많은 모순으로 이어졌다고 말한다(52). 따라서 사유에 대한 "유물론적" 설명은 종종 물질성을 사이버네틱스와 포스트휴머니즘의 긴 역사에 연결시키는 "패턴", 또는 "조직화"라는 이름으로 물질성으로부터 멀어지면서 (Hayles 1999; Bollmer 2018, 85-113), 또한 사유의 본질은 물질이라기보다는 조직 구조에 있으며 인간 신체로부터 분리되어 아무런 문제 없이 ―컴퓨터 구조가 두뇌의 물질성을 정확하게 반영하도록 발전되는 한― 컴퓨터, 로봇의 "뇌"에 이식 가능하다고 전제한다.

이 책 전체를 통해서 나는 ―"존재being"와 같은― 다른 어떤 것보다도 행위doing를 특권화하고자 했다. 어떤 의미에서는 미디어에 대한 일종의 행동주의적 이해 방식 ―적어도 설의 행동주의에 대한 규정을 따른다면― 을 제공해 온 것이다. 우리는 행위와 행동, 그리고 행위와 (인간적, 그리고 비인간적) 행동이 어떻게 물질적인지에 대하여 주목해 왔다. 하지만 여기서 나는, 지금까지 명확하게 밝혀져 왔기를 바라지만, 환원주의를 피하고자 한다. 그리고 모든 것을 두뇌와 인지로 환원하지 않는다. 두뇌의 문제를 다루면서 신경전달물질로 환원하지 않으면서 유물론자가 되기란 어려운 문제이다. 이는 토니 샘슨Tony Sampson(2017)과 같은 저자가 사유하고자 시도했던 문제이기도 하다. 샘슨은 유물론적 정신철학의 주요 문제 중 하나가 관계보다는 환원을 강조하는 것이라 본다. 모든 형태의 신경-사유neuro-thought에서 "현실"은 뉴런에 집중하는 과학과 생물학에 대한 합리주의적 의존을 통해서 설명될 수 있는 것이 된다. 샘슨은 두뇌의 물질성을 고수하는 가운데 일련의 관계적 어셈블리지를 주장한다. 여기서 두뇌는 그 일부 —그저 일부가 아닌 중심적 일부— 가 된다. 샘슨은 이를 "어셈블리지 뇌assemblage brain"라고 부르는데, 여기서 "신경전달물질이 되는 것은 한 위치, 또는 한 뉴런에서만 시작될 필요가 전혀 없다. … 이와 같이 모든 것은 잠재적으로 뇌가 된다."(xv) 또다시 우리는 두뇌-신체-세계의 얽힘의 문제로 회귀한다.

〔우리는〕유물론적 정신철학에서 여전히 많은 것을 얻을 수 있다. 즉 우리는 사유와 경험이 두뇌와 신체의 물질성에 관한 것이라는 점에 있어서 제임스, 데닛, 그리고 이러한 전통에 있는 다른 이론가들에게 동의해야만 한다. 하지만 우리는 이 물질성을 뉴런과 더 작은 다른 것들의 물질성으로 환원하는 것은 거부해야 한다. 이는 제임스보다는 데닛에게서 더욱더 문제가 된다. 사실 이 장에서 우리가 논의하게 될 정신에 대한 확장된 이해에 대한 우리의 강조는 데닛과 같은 철학자들보다는 제임스 같은 철학자들의 전통에서 더욱 잘 드러난다. 관계에 대한 우리의 강조에 있어서 우리는 무언가를 —즉, 사유와 경험은 또한 미디어의 물질성에 관한 것이라는 점과 이 물질성이 신체 및 두뇌와 얽혀 있는 방식을— 추가해야 한다. 이는 우리를 다시 이 책의 더 큰 관심사, 즉 샘슨과 블랙먼에 의해 이론화된, 얽혀 있는 신경문화적neurocultural 어셈블리지로, 그리고 매클루언으로 이끈다.

## 미디어는 의식을 재구조화한다

3장에서 살펴본 바와 같이, 매클루언의 구술성orality과 문자성literacy 사이의 구분은 그의 역사적 내러티브에 핵심적이지만 동시에 상당히 문제적이다. 우리는 매클루언을 특징짓는 목적론은 거부해야 하지만 상이한 기술들이 어떻게 커뮤니케이션, 주체성, 그리고 기억의 가능성들을 변형시키는지에 있어서 그가 밝혀낸 것들 —쓰기writing는 의식을 재구조화한다는 월터 옹의 표현이 훌륭하게 요약하고 있듯이— 은 받아들일 필요가 있다. 쓰기는 인간 사유와 경험에 잠재성을 증강시키고 변형시킨다. "기술은 단지 의식의 외적인 보조가 아니라 의식의 내재적 변형이며, 언제나 말에 영향을 주는 것이다. 이러한 변형은 고무적인 것일 수 있다. 쓰기는 의식을 긴장시켜 준다. 자연적 환경으로부터의 분리는 우리에게 유익할 수 있으며, 모든 면에서 우리의 충만한 삶에 진정으로 핵심적이다."(2002, 81)

따라서, 옹에게 있어서 쓰기의 효과는 단지 시간과 공간에서의 관계에 대한 것이 아니다. 쓰기는 지각과 경험에서 근본적 변화를 불러일으킨다. 모든 미디어에 대해서도 마찬가지이다. 매클루언은 "모든 발명, 또는 기술"은 "우리 신체의 확장이거나 자기-절단이며, 이러한 확장은 또한 다른 신체 기관들과 그 확장들 사이에 새로운 비율이나 균형을 요구"한다고 주장한다(1964, 45). 미디어는 특정한 감각에 집중한다. 전화는 청각을 강조하며, 사진은 시각을 강조한다. 미디어는 공간, 또는 시간에서 이러한 감각을 확장시킬 수 있거나, 또는 특정 감각의 사용을 허용치 않을 수 있다. 이것이 매클루언이 말한 "절단amputation"의 의미이다. 그리고 확장과 절단은 제로섬이 아니다. 예를 들어, 가상현실virtual reality은 신체를 분리시키는 헤드셋의 사용을 필요로 하며, 이를 통해서 신체를 다른 "가상"세계에 위치시킨다. VR은 신체와 감각들을 외부로 확대시키는 것이다. 하지만 VR은 [동시에] 신체를 절단하여 그것이 존재하고 있는 물질적 공간으로부터 차단시킴으로써 그것을 고립시킨다. VR 헤드셋은 근본적으로 신체 감각을 재구조화reorient하면서, 이를 한편으로는 확장시키며, 또 다른 한편으로는 절단하고 있는 것이다. VR처럼 모든 기술은 공간과 시간에서 신체의 확장을 변형시킨다. 모든 기술은 신체가 세상을 감각하는 방식을 재배치하고 재구성한다.

　매클루언에게 있어서 감각에 대한 이런 강조는 미디어가 신체의 일부라는 것을 의미한다. 이는 단순히 기술이 우리의 신체를 확장한다는 것이 아니다. 기술은 우리의 신체 속으로 들어와 의식의 전환reframing, 또는 재발명reinvention을 통해서 신체를 재구성하는 것이다. 우리의 기술은 두뇌와 신체의 물질성에 연결되는 자아에 대한 우리의 감각을 변화시킨다. 하지만 이 관점에서 제기되는 문제들이 있다. 매클루언이 주장하듯이, "전기 기술은 우리의 중추신경계와 직접적으로 연관된다. … 우리가 일단 우리의 감각과 신경계를 우리의 눈과 귀, 그리고 신경을 빌려 여기에서 이윤을 취하고자 하는 사적인 조작에 맡겨 두게 된다면, 우리에게는 어떤 권리도 남지 않는다."(1964, 68) 핵심은 미디어를 통한 신체의 확장과 절단이 좋은가 나쁜가 하는 것이 아니라 확장과 절단은 단지 미디어가 하는 일에 대한 묘사라는 점이다. 미디어에 대한 통제 ―지식의 독점에 대한 이니스의 우려를 상기시키는― 는 신체와 두뇌의 생리를 통제하고 조작하는 것에 관한 것이다.

## 몸짓과 움직임

　브라이언 로트먼Brian Rotman(2008)은 매클루언과 옹의 전통에 있는 최근의 저자이다. 로트먼은 신경과학과 인지철학에 대한 최근 저작에 기대어, 음성에서 문자로의 전환에서 특히 사라진 것이 있는데, 그것은 체현된 몸짓embodied gesture이라고 주장한다. 언어가 "기술적 미디어라기보다는 생-문화적인bio-cultural 것"(1)인 반면에 쓰기는 신체에 "정신적 업그레이드mind upgrade"를 제공하면서 기억과 자기-지식의 가능성을 확장시킨다. 로트먼은 디지털 미디어가 지구촌을 가능케 하는 방식을 검토하는 것이 아니라, 어떻게 새로운 기록 기술들이 "제스처-햅틱 쓰기gesturo-haptic writing" ─이는 움직임을 "쓰는" 제스처 인터페이스와 모션 캡처 기술을 가리키는 로트먼의 용어이다─ 의 한 형식으로서 물질적이고 체현된 움직임의 새김을 가능케 하는지 검토하고 있다(모션 캡처는 로트먼이 말하고 있는 것의 가장 좋은 예시이다. 아이폰이 어떻게 심장박동, 또는 손가락의 움직임에 의해 만들어지는 애니메이션 메시지 전송을 가능하게 하는지에 대해 상상해 보라. 이는 모두 움직임의 새김들이며 "제스처-햅틱 쓰기"로 볼 수 있다).

로트먼이 옹이나 매클루언과 같은 방식으로 음성을 맹목적으로 숭배하는 것은 아니지만, 그럼에도 불구하고 그는 체현된 움직임과 목소리 발화의 정동적 요소들은 구술 커뮤니케이션에서 핵심적이고 쓰기에 의해서 포착될 수 없다고 주장하며, 따라서 체현된 주체에서 제외시키고 있다. 알파벳 쓰기는

발화speech를 목소리로부터 분리시키며 개인적인 것, 호흡, 그리고 추상적이고 비가시적인 저자에 의해 그것들을 말하는 이의 지금-여기의 행위성을 대체하여 특이한 사건, 즉 시간이 지남에 따라 전개되는 발성을 고정되고, 반복적이며, 무시간적인 알파벳 새김, 필연적으로 재현이 부족한 새김으로 대체시킨다. … 알파벳 쓰기는 발화가 몸짓과 갖고 있는 모든 연결을 제거시킨다. (25)

"제스처-햅틱 쓰기"는 정동적이고 체현된 몸짓의 요소를 쓰기로 되돌린다. 몸짓의 새김은 많은 형태의 미디어에 공통적인 요소였다. 로트먼의 시각에서 보면, 그림은 "그림의 재현적 기능에 비추어 보았을 때, 〔그것이〕 저평가되고 무시될 때"조차도 "붓놀림을 통한 예술가의 몸짓"(43)을 기록한다. 모션 캡처와 같은 새로운 기록 기술들은 정확히 "신체의 운동을 재현할 수 있는 비표기non-notational 미디어의 가능성"(43)을 제공하기 때문에 로트먼을 흥분시킨다. 로트먼에게 새로운 사실은, 모션 캡처가 어떻게 모션을 정적인 재현이 아닌 움직임으로 새길 수 있느냐 하는 것이다(참고로, 로트먼의 그림에 대한 독해는 의문스러운 점이 있다. 빈센트 반고흐Vincent van Gogh 같은 화가의 중요성은 그의 붓놀림에 의해 포착된 움직임에서 비롯된다. 잭슨 폴록Jackson Pollock의 경우, 그림과 움직임의 새김을 연결 짓는 것은 명백하다. 하지만 내 생각에 그의 구분은 모션 캡처로 만들어진 새김이 그 스스로 움직이는 방식에 기인한다. 그림은 예를 들어 영화나 디지털 미디어를 사용하여 애니메이션으로 만들어지지 않는 한 움직일 수 없다).

모션 캡처에 대한 로트먼의 강조는 일상생활에서는 모션 캡처 기술이 부재한다는 점을 고려할 때 약간 이상하기는 하지만 흥미롭다. 그러나 비디오 게임과 영화에서의 컴퓨터그래픽은 기술적으로 매개된 디지털 이미지 제작에서 모션 캡처에 크게 의존한다. 게임《L.A. Noire》는 게임 플레이에서 몸짓과 정동적 형태의 쓰기를 사용한다. 게임에서 주요 "심문investigation" 시퀀스는 플레이어가 모션 캡처를 통해 부호화된 배우에 의해 재현되는 비-플레이어 캐릭터가 진실을 말하고 있는지 거짓을 말하고 있는지를 결정하도록 되어 있다. 플레이어가 이것을 결정하는 것은 다른 캐릭터의 정동적이고 체현된 몸짓을 읽을 수 있는 능력에 달려 있다. 이 게임들은 정확히 로트먼이 말하는 것은 아니지만, 쓰기의 형태로서 모션 캡처가 일상적으로 사용되는 예시이다.

디지털 미디어의 네트워크화 가능성 때문에 모션 캡처가 의식을 변화시키는 방식들이 나타난다. 로트먼은 주체를 말하는 것, 즉 개인적, 자율적인 자아의 "나I"를 발화하는 것은 오직 알파벳과의 관계에서만 비롯된다고 주장한다. 이 주장은 3장에서 다루었듯이, 에릭 해블록의 주장과 유사하다. 몸짓을 다시 새기는 새로운 형태의 기록을 통해, "쓰인" 자아는 "나I"를 말하거나 체현하는 상이한 방식을 생산한다. 신체를 부호화하는 디지털 기술에 의해 가능해진 새로운 형태의 쓰기와 함께, 온라인 쓰기의 네트워크화 가능성이 결합됨으로써, 로트먼은 우리가 더 이상 근대적인 자유 주체인 "나I"가 되지 않을 것이라고 주장한다. 대신에, 우리는 우리 자신을 "평행-자아para-selves"로서, 즉 안정적인 주체가 아니라 다공성의 경계를 가진 분산된 주체로서 이해하게 될 것이다.

이제 '나I'는 집합체로 흘러 나간다. 여기서 집합체는 다시 '내me' 안으로 그 자신을 주입하고, 암시하며, 내면화한다. 외부 사건들이 개인적 운명이라는 형식으로 개별 영혼 안으로 들어가면서(그리고 그들 자신을 항상 안에 있는 것으로 드러냄에 따라서), 사적이고 내적이었던 것이 공적, 역사적, 사회적인 것의 주름fold으로 나타나게 된다. ⋯ 하지만 궁극적으로 내부와 외부 사이에는 분리가 없다. 내적인 경험적 '나'와 외부의 집합체인 '그들'은 서로 접히는 것이다. 모든 사유, 심지어 가장 사적이고 폐쇄적인 것조차도 그 자신의 외부에 존재하여, 사회적으로 존재하고, 공적으로 동원되며, 우리를 둘러싸고 있는 미디어와 기술적 장치들에 의해 사용되면서, 우리의 정신psyches을 구성한다. (99, 102)

이것은 매클루언의 지구촌의 꿈과 유사해 보이지만 상당히 다르다. 로트먼은 지구촌의 연결성이 우리의 자아의식을 변형시켜 우리가 개인으로서 우리 자신 안에서 지구촌이 된다고 주장하고 있다.

## 신체와 체현embodiment

로트먼의 주장들은 흥미롭지만, 제스처-햅틱 쓰기에 대한 그의 설명과 네트워크화된 정체성의 평행-자아 개념 사이에는 정교화되지 않은 채 남아 있는 논리적 비약이 있어 보인다. 즉 그의 체현에 대한 강조가 평행-자아 이론에서는 빠진 것처럼 보인다. 이것은 "체현"이 도대체 무엇을 의미하는지에 대한 다양한 정의들 사이 경쟁의 결과이다. 통상적으로, 그리고 페미니즘 및 수행 이론의 일부 버전에서, 체현이란 용어는 말 그대로 보통 신체와 관련된 경험을 가리킨다. 나는 다른 사람이 느끼는 것을 그대로 느낄 수 없고, 그들이 감각하고 있는 것을 그대로 감각할 수 없다 등등. 나는 내 물리적 피부 경계 내에 존재한다. 그러나 로트먼, 마크 한센(2004), 버너뎃 베겐슈타인Bernadette Wegenstein(2006)과 같은 미디어 이론가들이 활용하는 인지철학과 신경과학에서, 체현은 신체의 인지적 가능성을 의미한다. 신체는 피부에서 끝나는 것이 아니라, 기술이 의식을 재구조화함에 따라 내재화된 신체의 물리적 확장을 포함한다. 그리고 기술이 이러한 인지적 가능성에 대한 전제 조건을 제공하기 때문에, 신체는 결과적으로 기술과의 교류에서 생산되는 것이다. 다시 말해, 인지적 체현은 종종 탈신체적, 또는 비물질적이라고 생각되는 정보의 흐름을 "짜 맞추고" 그것에 물질적으로 "신체를 부여give a body"하면서 우리를 신체-두뇌-세계의 결합으로 인도한다.

그러므로, 체현에 대한 인지적 이해에 집중하는 다른 이론가와 함께, 로트먼이 매클루언을 넘어서는 방식 중 하나는 어떻게 기술이 단지 인간의 몸을 "증강"시키는 것만을 의미하는 것은 아닌지를 밝히는 것이다. 매클루언의 경우, 인간의 신체는 항상 기술적인 확장, 또는 절단의 특정한 효과의 중심에 있다. 반면에, 로트먼은 네트워크 기술과 몸짓gesture의 부활을 자아와 타자 사이의 경계를 모호하게 하고 뒤집는 어떤 것으로 본다. 로트먼은 이 변화가 역사적이라고 주장하지만, 이러한 경계의 모호함이 신체, 미디어, 그리고 환경 사이의 관계적이고 물질적인 상호작용에 내재되어 있다고 주장하는 다른 이론가가 있는데, 이것은 다시 우리를 신체-두뇌-세계의 얽힘 문제로 회귀시킨다. 이러한 얽힘에 대한 이전의 사유 방식은 사회학자 퍼트리샤 클러프Patricia Clough(2000)가 처음 제안하고, 지리학자 나이절 스리프트Nigel Thrift가 정교화시킨 "기술적 무의식technological unconscious"의 이론화와 함께 나타났다. 스리프트에게 기술은 "어떤 인지적 입력, 즉 보증된 상관관계, 보증된 만남, 그리고 따라서 고려되지 않은 예측이라는 전 개인적 층위의 도움 없이도 특정한 위치에 신체를 환경과 함께 적응시키는bending"(2005, 213) 과정에서 이 "무의식"을 촉진시키면서, 신체와 실천을 공간 안에 위치시킨다. SIM 카드, RFID 태그, 그리고 심지어 바코드 같은 기술은, 움직임을 추적하고, 관리하며, 조정시키면서 신체를 물리적으로 위치시키는 역할을 수행한다. 기술적 무의식은 공간을 조직하고, 인간의 인식 외부에서 신체를 지배한다. 기술적 무의식은 공간과 시간을 관리하고 지시하는 장치에 프로그램화되면서, 누구와, 어디서, 그리고 언제 연결되는지를 "무의식적" 수준에서 위치시키고, 지시하며, 결정한다.

스리프트가 이 기술을 여전히 "무의식적"이며 "비인지적"인 것으로 본다면, 미디어 이론가 '캐서린 헤일스'는 기술을 인간 의식 이전에 '사유'를 재구성하고 분배하는 "인지적 어셈블리지cognitive assemblage"의 일부로 재구성했다. 이는 '인지'가 무엇인지에 대한 재정의를 필요로 하는데, 이는 사유하고 행동하는 것의 의미를 확장시켜 재구성하는 것이다. 헤일스에게 있어서,

> 대부분의 인간 인지는 의식/무의식 외부에서 발생한다. 인지는 동물과 식물을 포함한 전체 생물학적 스펙트럼으로 확장된다. 기술적 기기들은 인지하고, 그렇게 함으로써 인간의 복잡한 시스템에 심오한 영향을 미친다. 우리는 행성적인 인지 생태계가 급격한 변화를 겪고 있어서, 인지를 재고하고, 그 결과를 전 지구적 차원에서 재상상할 것을 시급히 요구하고 있는 시대에 살고 있다. (2017, 5)

헤일스는 인지를 "정보를 의미와 연결시키는 맥락 안에서 정보를 해석하는 과정"으로 정의한다(22). 이는 "사유"란 속성이라기보다는 활동이라는(인지는 과정이라는) 것을 의미한다. 즉 맥락과 관련하여(즉 정보와 의미를 연결시키는 맥락 안에서) 특정하고 관련 있는 결과를 갖는(정보를 해석하는) 결정과 선택에 대한 활동을 의미한다. 헤일스는 인간의 해석과 의미를 특권화시키지는 않지만, "인지자cognizers"와 "비인지자noncognizers"를 구분한다. 인지자는 "인간과 다른 모든 생물학적 생명 형태뿐만 아니라 많은 기술 시스템"인 반면, 비인지자는 "물질적 과정과 무생물inanimate objects"을 포함한다(30). 인지자만이 선택과 결정을 할 수 있다. 인간은 결정을 내리고, 동물도 결정을 내리며, 심지어 식물도 ―신경계가 없을지는 모르

지만— 환경을 감지하는 방법에 따라 결정을 내린다(따라서 식물은 빛을 향해 이동하거나 날씨에 반응한다). 이러한 결정은 기술로 프로그램화될 수 있으며, 컴퓨터는 정보를 해석하고 결정을 내리도록 설계된다. 이것은 헤일스에게 있어서 컴퓨터가 특정한 방식으로 "사유"한다는 것을 의미한다. 비인지자도 강력한 행위자적agential 힘을 가질 수 있지만, 헤일스는 여전히 결정을 내리는 객체와 과정을 그렇지 않은 것들과 구분하기를 원한다. 헤일스는 자연재해를 비인지 과정의 예시로 본다. 즉 자연재해는 행위하지만, 맥락적인 정보에 기반하여 결정을 내리는 것은 아닌 것으로 바라본다.

존재하는 "인지자"의 수가 너무 많기 때문에, 우리는 인간이 "사유"하는 유일한 존재라고, 또는 어떤 한 개인의 사유가 나머지 세계로부터 분리되어 있다고 말할 수 없다. 대신에, 헤일스는 우리가 "인지적 어셈블리지cognitive assemblages" 안에 살고 있다고 주장하는데, 이는 "기술적 무의식"을 광범위한 형태의 상호교차적이며 협력적인 결정 관리 방식으로 변형시킨다.

인지적 어셈블리지는 그들의 변형 잠재력이 정보의 흐름, 그리고 결과적으로 인간과 기술 사이의 인지에 의해 가능하고, 확장되며, 지원되기 때문에 구별된다. 본질적으로 하이브리드적인 인지적 어셈블리지는 인지자들 사이에서 행위성이 어떻게 분배되는지, 행위자들이 시스템 역학에 어떻게, 그리고 무슨 방식으로 기여하는지, 그리고 결과적으로 책임 —기술적, 사회적, 법적, 윤리적 책임— 이 어떻게 할당되어야 하는지에 대한 질문을 제기한다. 그들은 기술적 매개의 중요성을 인식하는 윤리적 질문을 제기하여, 개인의 책임에 대해 강조하기(지나치게 강

조한다고 말할 수 있다)보다는 시스템적, 관계적 관점을 채택한다. (119)

따라서 헤일스는 "사유"와 "인지"를 행위에 의해서뿐만 아니라, 공명하는responsive 결정 행위에 의해서도 규정되는 더 넓은 범위의 행위성으로 재구성한다.

## 인지, 결정, 그리고 가소성plasticity

결정 문제에 대한 헤일스의 집중이 아무런 문제도 없는 것은 아니다. 철학자 카트린 말라부는 인지적 결정 —더 정확하게는 인지적 결정의 결여— 이 신경과학에 의해 확인된 다양한 최근의 병리 현상과 장애를 특징짓고 있다고 주장했다. 인지적 결정은 차이를 확인하고 인지적 수준에서 차별화된 것에 대해 특정한 의도를 가질 수 있는 능력으로 생각되어야 한다. 뇌 손상을 입은 사람들, 또는 말라부가 "새로운 상처를 입은 사람들"이라고 말한 사람들은 "침착함, 중립성, 결핍 및 감정적으로 '평탄한' 상태"(2012, 53)로 특징지어진다. 사고나 만성질환으로 특징지어지는, 또는 사이코패스같이 "감정이 없는affectless" 심리학적 범주들을 포함하는 이러한 신체들은 "영구적이거나 일시적인 무관심indifference, 또는 불만족disaffection의 행동들을 나타낸다."(10) 무엇보다도, 그들은 신경학적 수준에서 결정을 내릴 수 있는 능력을 가지고 있지 않다. 말라부는 이 신체들이 어떻게 정신분석의 범주를 필연적으로 재창조하는지에 관심이 있지만, 우리의 관심사는 이 신체들이 헤일스의 인지자와 비인지자 구분의 한계를 보여 준다는 점, 그리고 —헤일스가 비인간 행위성에 대한 인간 행위성의 전형적인 특권을 전복시키지만— 우리가 두뇌의 문제로 눈을 돌릴 때, 어떤 생명들은 다른 생명들보다 더 중요한 것으로 특징짓게 되는 새로운 선들이 그려질 수 있는 방식을 보여 준다는 점에 있다.

말라부의 주요 관심사 중 하나는 어떻게 하면 신자유주의 자본주의와 유사한 모델들을 단순히 재생산하지 않는 방식으로 두뇌와 사유를 이론화할 것인가 하는 것이다(2008). 신자유주의는 종종 유연성flexibility을 유지하는 네트워크에 의해 특징지어지며, 여기서 프로젝트의 일시성은 일반적인 것이다(Harvey 1990 참고). 말라부는 두뇌를 묘사하는 일반적인 방식이 이러한 동일한 용어들을 따르는 것처럼 보인다고 말한다. 뉴런들 사이의 연결은 "유연하고flexible", 두뇌는 "네트워크화networked"되어 있으며, 이는 일부 사람들이 신자유주의 사회구조가 두뇌와의 유사성 때문에 "자연적"이라고 주장하도록 한다. 말라부는 우리가 습관과 두뇌의 물질성 사이의 관계를 묘사할 때, 유연성 대신에 그가 헤겔에서 가져온 용어이지만 심리학에 관한 윌리엄 제임스의 글에서도 나타나는 용어인 "가소성plasticity" 안에서 두뇌를 묘사해야 한다고 주장한다.

그렇다면 가소성은 넓은 의미에서 영향에 굴복할 수 있을 정도로 약하지만 한꺼번에 굴복하지 않을 정도로 강한 구조의 소유를 의미한다. … 유기물, 특히 신경 조직은 이러한 종류의 매우 특별한 정도의 가소성을 부여받은 것으로 보이는데, 우리는 생물의 습관 현상이 그들의 신체가 구성된 유기물의 가소성에 기인한다는 것을 서슴지 않고 우리의 첫 번째 명제로 주장할 수 있다. (James 1890, 105)

말라부는 유연성에 대한 강조가 두뇌의 가소성을 모호하게 한다고 주장한다. 가소성의 중요성은 "가소성이 유순함suppleness만큼의 견고성 Solidity을 의미하며, 각인imprint, 구성configuration, 또는 변형modification의 결정적 특징을 의미한다는 점"에 있다(2008, 15). 다시 말해, 가소성은 두뇌가 외부 세계에 의해 얽히고 변형됨을 의미하며, 관계와 만남은 두뇌에 습관, 기억의 형태로 물리적인 흔적을 남긴다. 두뇌는 항상 유동적이기 때문에, 이러한 변화들이 결코 진정으로 영구적이지는 않으며, 가소성이란 두뇌가 겪은 이러한 변화들이 되돌릴 수 없다는 것을 의미한다. 가소성은 어떻게 체현된 만남이 두뇌의 물질성 안에 침전되어 미래의 관계와 만남을 형성하고 결정하는지를 강조한다. 가소성은 역사를 가지고 있는데, 그것은 물질적인 수준에서 신체의 살아 있는 경험을 설명한다. 유연성은 모든 것을 일시적이고 가역적으로 만들 수 있다고 위협하는 반면, 가소성은 두뇌가 어떻게 새김을 위한 표면으로서 이론화될 수 있는지를 보여 주며, 여기서 두뇌는 기술에 의해, 상호작용에 의해, 그리고 관계에 의해 확장되고 재구성되지만, 그러나 결코 "표시되지 않은unmarked" 원래의 상태로 돌아갈 수는 없는 것이다.

따라서, 신경인지 유물론을 통해 두뇌-신체-세계의 얽힘을 이론화하는 많은 방법이 있지만, 이 시점에서 이 많은 주장 사이의 차이점과 유사성을 볼 수 있길 바란다. 유물론적 정신철학은 모든 사유를 뉴런에 대한 합리주의적인 이해로 환원하는 경향을 가지고 있지만, 헤일스, 로트먼, 샘슨, 말라부 같은 저자들은 모두 두뇌의 관계적인 측면, 두뇌가 기술과 어떻게 얽혀 있는지, 그리고 세계와 어떻게 연관되어 있는지를 강조하고자 한다. 헤일스나 샘슨과 같은 몇몇 저자는 또한 인지를 특정한 두뇌나 뉴런으로 환원할 수 없는 더 큰 어셈블리지로 확장하면서, "사유"의 의미를 다시 상상하고자 한다.

## 물질성과 인식론

이 시점에서 나는 기술과 인지 사이의 관계에 대한 보다 존재론적인 관점에서 어떻게 기술이 과학이 신체를 응시하고 신체에 대해 무엇인가를 말할 수 있는 가능성을 변형시키는지에 대한 관점으로 방향을 바꿔 간단하게 살펴보고자 한다. 이 관점은 우리가 논의하고 있는 관점과 비슷해 보이지만 상당히 다르다. 그 차이는 미묘하다. 하나는 주체성과 인지의 변화가 기술과 두뇌 사이의 직접적인 관계 때문에 일어난다고 주장하고, 다른 하나는 기술이 신체와 두뇌가 재상상되는 모델과 은유를 제공하기 때문에 일어난다고 주장한다. 하나는 두뇌와 미디어 사이의 직접적인 연관성을 조사하고, 다른 하나는 과학의 규범화 과정과 분류 방법, 그리고 정보의 새김과 보관 가능성을 조사한다. 앞 절이 매클루언과 그의 신체 확장에 관한 이론을 따랐다면, 여기서 우리가 이야기하고 있는 것들은 새김에 관한 이 책의 장〔2장 새김과 테크닉〕, 그리고 특히 미셸 푸코의 저작들을 따르고 있다.

전신telegraph에 관한 유명한 에세이에서 제임스 캐리는 전신을 "함께 사유해야 할 사물a thing to think with, 사유의 변화를 위한 행위자"(1988, 204)라고 설명한다. 캐리는 해럴드 이니스처럼 물질성에 내포된 공간적, 시간적 편향의 기술, 기술들이 어떻게 사회적, 경제적 삶에 영향을 미치는 특정한 권력관계를 변형시키는지에 대해 관심이 있다. 하지만, 그는 또한 어떻게 미디어의 물리적 능력이 은유로 다시 만들어지는지, 그리고 어떻게 특정한 물질적 구조들이 ―이 경우, 생리학과 기술 사이의― 물리적인 차이들을 완전히 은폐하는 방식으로 다른 물질적인 구조들과 연결되어 있는지에 관심이 있다. 캐리는 말라부같이 기술과 사회를 묘사하는

"자연주의적인" 방식들이 어떻게 생물학으로부터 분리되어 자본주의적 관계를 정당화하는 데 일조하게 되는지에 관심이 있다. 말라부가 신경학과 신자유주의 자본 사이의 유사성에 집중하는 반면, 캐리는 이러한 유사성이 어떻게 훨씬 이전에 시작되었는지를 전신이 어떻게 신경학적인 은유를 통해 기술과 산업자본 사이의 은유적인 연결을 허용했는지를 통해서 보여 준다.

전신은 당대에 가장 선호되던 은유 안에서 신호 전달이 근육 조직으로부터 분리되는, 철저히 두뇌화된 사회적 신경계의 발전을 허용했다. 19세기 사상을 지배했던 유기적 은유의 시작을 제공한 것은 전신과 철도, 즉 통합된 시스템의 실제적이고 고통스러운 건설이었다. (215)

신경과학의 역사는 수많은 기술적 은유로 가득 차 있는데, 여기에서 어떤 기술의 모델은 생리학에 적용되며, 때로는 그 반대의 경우도 있다 (Otis 2001; Lenoir 1994 참고).

하지만 기술과 정신 모델 사이의 연결은 종종 단지 은유적인 것이 아니다. 오히려, 정신 모델은 특정 기술이 신체를 특정한 방식으로 새기면서 시각화하는 방식으로부터 나온다. 예를 들어, 조너선 크래리Jonathan Crary는 광학 미디어의 역사를 살펴보면서, 어떻게 기술이 "관찰 주체"뿐만 아니라 그 주체들에 의해 경험되는 시각적 가능성을 생산했는지에 대한 주장을 펼친다(1990, 5). 특정 시각 기술은, 미디어와 두뇌 사이의 직접적 연관 때문이 아니라, 어떻게 시각이 특정 미디어에 의해서 배분되는지에 따라서 특정한 종류의 신체와 실천을 낳으면서, 보고 보이는 것 사이의 관계를 생산했다. 예를 들어, 카메라오브스쿠라camera obscura는 초기의 사진 기술이었다.

카메라오브스쿠라는 무엇보다도 새로운 주체성 모델, 즉 새로운 주체-효과 헤게모니의 출현을 나타낸다. 우선 카메라오브스쿠라는 개체화 individuation를 수행한다. 즉 그것은 필연적으로 관찰자를 어두운 공간 안에 갇힌 고립되고, 폐쇄되고, 자율적인 것으로 규정한다. 그것은 "외부" 세계의 다양한 내용들에 대한 자신의 관계를 규제하고 정화하기 위해서 일종의 수련askesis, 즉 세계로부터의 물러남withdrawal을 강요한다. 이 카메라오브스쿠라는 어떤 내부성의 형이상학과 분리될 수 없다. 〔그것은〕 명목상으로 자유로운 주권자 개인인 관찰자와, 공적인 외부 세계와 단절되어 준-사적인 공간에 갇힌 사적 주체 모두를 위한 형상이다. (39)

크래리는 기술을 문화로부터 생겨나고 문화 안에 내재된 어떤 것으로 이해한다. 기술은 특정한 맥락 안에서 생산되며, 과학과 철학의 특정한 교차점에서 특정한 욕망을 표현한다. 그러나 기술이 문화에 의해 생산되기도 하고 그것들의 물질적인 조직과 형태에서 주체와 정체성을 생산하기도 하지만, 이는 신체적인 인지적 가능성과 내재적으로 연결되지 않고 이루어지는 것이다.

크래리는 카메라오브스쿠라가 사진 내러티브의 전제 조건이라고 주장한다. 이는 비록 역사적으로 이 기술 형태가 "재현의 조직화와 관찰자 ―또한 가시적인 것과 관찰자의 관계― 의 조직화라는 근본적으로 전혀 다른 두 가지 방식에 해당"(32)한다 할지라도 그러하다. 기술은 주체를 생산하며, 그 주체들이 경험하는 것, 그리고 문화적 믿음과 규범에 따라 그 주체들에 대해 말해질 수 있는 것을 생산한다. 마찬가지로, 단순한 기술적 "발전", 또는 "진보"의 내러티브로서 기술의 역사는 미디어의 물질적 가능성을 통해서 표현되고, 구체화되며, 규범화되는 것으로, 어떤 기술이 활용되는 더 큰 문화적, 사회적 맥락이 주체성과 경험에 대한 근본적으로 상이하고 불연속적 개념에 의존한다는 식으로 쓰일 수 없다.

다양한 미디어를 과학적으로 사용할 때에도 비슷한 주장이 제기될 수 있다. 시간을 멈추고 신체를 시각화하는 사진의 사용은 1800년대 후반과 1900년대 초 의학과 심리학 연구에서 중심적이었고, 의사와 심리학자들을 가르치기 위해 특정한 병리 현상을 보여 주고 시각화하는 데에도 사용되었다. 사진술은 "실험 절차(실험실의 도구)이자 박물관학적 절차(과학적 아카이브), 그리고 교육 절차(전달의 도구)였다"(Didi-Huberman 2003, 30). 사진술은 신체, 특히 "신경증적hysteric"으로 표시된 신체의 기록과 배치를 가능하게 했고, 사진 증거를 통해 신경증이 물질적 수준에서 존재해야 하는 방식을 체계화하고 규정했다. 기술의 물리적 능력은 주목attention과 인식perception에 대한 연구(Crary 1999; Halpern 2014)와 함께 감정emotion 연구 (Malin 2014)에 영향을 미쳤고, 심지어 냉전시대에는 마인드 컨트롤과 텔레파시의 수단을 만들기 위한 시도(Velminski 2017)에도 영향을 미쳤다.

기술과 정신 사이의 관계에 대한 존재론적, 그리고 인식론적 이해 방식 모두 기술적 물질성의 힘에 대한, 동일하지는 않더라도, 유사한 주장으로 시작한다. 둘 다 미디어를 사유의 변화를 일으키는 물질적 행위자로 본다. 그러나 하나는 이 행위자를 직접적이고 두뇌의 실제 작동에 영향을 미치는 것으로 보는 반면, 다른 하나는 더 맥락적이고 특정한 미디어를 통해 바라보는 것으로부터 나오는 모델에 대한 것이다.

이 두 주장을 나란히 병치시키는 데서 나오는 기이한 역설이 있다. 만약 기술이 우리가 경험하는 것을 조건화한다면, 기술을 생각할 수 있는 바로 그 가능성은 어떤 식으로든 그 기술의 형태에 의해 생산된다는 것이다. 이는 이 책의 초기 주장 중 일부이다. 즉 우리는 미디어에 대해 생각할 수 없고, 오직 미디어 내에서만 생각한다. 만약 우리가 기술을 감각과 사유에 선행하는 인지적인 것으로, 우리 신체를 내부작용inter-act하고 경험하는 존재론적 어셈블리지ontological assemblage로 생각할 경우, 이는 가장 명백하다. 이것이 의미하는 바는 정말 말 그대로 기술적인 것에 외부는 없다는 것이다. 생물학과 신경과학에 대한 주장은 신체와 두뇌에 대한 기술적 가능성에 의해 생산되며, 결과적으로 기술에 대한 우리의 분석은 단순히 기술이 어떻게 모든 분석의 전제 조건이 되는지를 반영하는 거대한 재귀적recursive 회로로 우리를 밀어 넣는다. 그러나 기술이 더 큰 역사적, 문화적 맥락에 배태되어 있다면, 우리의 사유, 경험, 그리고 담론은 기술적인 것에 의해 조건 지어진 인지적 가능성과 한계에 대한 참조 없이 이해될 수 있다는 주장이 가능하다.

최근 몇 년 동안 역사적으로, 그리고 맥락적으로 특정한 접근법 중 많은 것은, 특히 미디어고고학 전통의 접근법을 따르는 것으로, 오래되고 종종 쓸모없는 형태의 기술에 관한 것이다(Parikka 2012 참고). 우리 자신의 정체성과 자아에 대한 사유를 가능하게 만든 바로 그 전제 조건들 때문에, 우리가 우리 자신의 기술적인 맥락을 이해할 수 없게 되는 것은 전적으로 가능하다.

## 결론

4장은 세 가지를 수행함으로써 신경인지 유물론의 정의를 스케치했다. 첫째, "유물론"이 정신철학에서 사용되는 방식에 대해서 검토했다. 이러한 논쟁의 중요성을 이해하기 위한 역사적 맥락도 함께 제공하였다. 그러고 나서 매클루언과 그의 미디어, 신체화, 그리고 인지에 대한 이해로 방향을 틀었고, 최근의 많은 미디어 이론가가 매클루언의 유산과 신경과학 및 정신철학에서 유물론의 문제를 어떻게 다루었는지 자세히 설명했다. 이 길을 따라가면서, 4장은 우리가 "두뇌"나 "신체"에 집중할 것이 아니라, 뉴런으로 환원될 수 없는 신체-두뇌-세계 어셈블리지에 집중해야 한다고 주장했다. 이 장은 또한 미디어와 두뇌 사이의 관계를 은유적 모델에 의해서 가려진 것으로 바라보는 보다 역사적인 관점에 대해서 토론했다. 이 은유적 모델에서 주체성, 두뇌, 그리고 정신에 대한 특정한 이해 방식은 특정 기술의 물질성으로부터 간접적으로 분리된다.

다음 5장에서는 이러한 관심을 인문학에서 "정동 이론"이라 불리는 것과 더불어 객체의 행위성을 인식하고자 시도하는 새로운 이론들과 연결시킨다. 인문학에서는 문화와 사회의 근거와 가능성을 재고찰하기 위해서 신체와 두뇌의 체현된, 물리적 잠재성을 살펴본다. 정동 이론은 오늘날 광범위한 인문학적, 이론적 연구에 막대한 영향을 미치고 있지만, 이 두 이론 사이의 긴밀한 연결에도 불구하고, 두뇌의 물질성에 대한 질문들은 옆으로 밀려나는 경향이 있다. 그래서 이러한 신경인지 유물론에 대한 주장들은 이 책에서 논의할 물질성의 최종 버전인 신체, 두뇌, 그리고 사물들의 실제 관계 속에 있는 생기 유물론vital materialism으로 이어진다. 하지만 우리는 어떤 문제에 대한 일종의 해결책으로서 정동과 생기 유물론에 접근할 것이다. 그리고 우리의 생기 유물론 버전은 다음과 같은 문제를 심각하게 받아들일 것이다. 어떻게 객체의 물질성을 인간의 경험으로 환원시키지 않고 이론화할 것인가? 그것은 우리가 유물론적 미디어 이론을 통해 우리의 여정을 마무리할 이 얽히고설킨 문제들 ─객체와 정동, 내부성과 관계─ 에 대한 해결책이다.

**5장**

# 객체와 정동

## 객체와 관계

객체는 그 자체로 존재하는 어떤 것인가? 아니면 그것은 다른 것 —즉 그것을 보고 사용하는 주체— 과의 관계에서만 존재하는가? 지난 10년 동안, 인간의 경험과 지식 너머에 존재하면서 행위성을 가지고 문화를 형성하며 결정하는 데 있어서 객체의 역할을 이론화하는 많은 관점이 경쟁적으로 등장했다. 어떤 이들은 객체는 인간 사유로부터 완전히 물러나withdrawn 있으며, 분리되어 있고 독립되어 있다고 주장한다. 다른 이들은 객체가 관계 안에서만 존재한다고 주장한다. 5장에서, 우리는 두 가지 관점 사이의 절충을 시도할 것이다. 두 관점을 사용하여 객체와 관계에 대한 이론을 만들고, 또한 이 과정에서 물질성의 정치학에 대하여 강조할 것이다.

우리는 어떤 객체가 무엇을 하는지에 대한 것이 나나 여러분, 또는 객체를 사용하는 다른 인간에 관한 것만이 아닌 방식을 생각해 낼 수 있을까? 이 장의 마지막 부분에서 우리는 이 질문에 긍정적으로 대답할 수 있을 것이다. 인간의 사유와 의도에 기대지 않는 객체에 대한 사유 방식이 있다. 그러나 5장은 이전의 장들과는 약간 다르다. 우리가 5장에서 다룰 많은 논의는 물질성에 적대적인 관계를 가지고 있어서, 객체를 물질적 실재material reality를 초월한 형이상학적인 것으로 만드는 경향이 있고,

―결과적으로― 객체를 관찰자의 파악하고 이해하는 능력으로 만드는 경향이 있다. 객체의 형이상학을 수용하는 것은 유물론적 미디어 이론이 해야 할 일이 아니기 때문에, 우리는 객체가 무엇인지를 살펴보는 데 있어서 이 이론들의 장단점에 대해 사유하고, 이 책을 통해 이 이론들을 우리가 스케치해 온 유물론의 버전으로 변형시키기 위해 노력할 것이다. 이 작업에 한계가 없는 것은 아니다.

## 주체와 객체

철학자들은 종종 그들의 책상과 그들이 거기서 발견하는 객체를 보는 것에서 그들의 사변speculation을 시작해 왔다. 사유의 방법이자 본체로서의 현상학과 가장 관련이 있는 철학자 에드문트 후설Edmund Husserl은 다음과 같이 썼다.

나는 세계를 인식하면서 공간에 끝없이 펼쳐져 있으며, 시간 속에서 끝없는 존재가 되고 있고 된다. 내가 세계를 인식한다는 의미는 무엇보다도 내가 그것을 즉각적으로, 직관적으로 발견한다는 것이다. 나는 세계를 경험한다. 시각, 촉각, 청각 등 감각 지각의 상이한 방식으로, 공간적으로 분포된 물질적 사물들은 단순히 내 앞에 거기 존재한다. … 내가 거기에 생각, 사유, 느낌, 의지로 분주하게 특별히 주의를 기울이느냐 마느냐와는 상관없이. (1931, 51)

이 세계의 무한함 같은 것은 글을 쓰는 후설의 책상에서 그의 앞에 있는 것과 함께 즉각적으로, 직관적으로 발견된다. 후설은 책상에 앉아, "방금 보고 관찰했던 책상으로부터 주의를 돌리도록" 할 수 있는데, 이는 비록 객체들이 그의 얼굴 바로 앞에 있지 않고, 그의 책상처럼 즉각적인 감각에 현존하지 않더라도, 그가 그 객체들에 대해서 생각할 수 있다는 것을 의미한다. 그러나, "사물들은" 바로 앞에 있을 때, "사용될 객체로서 즉각적으로 그곳에 있다. '책들'이 있는 '책상', '마실 수 있는 유리잔', '화병', '피아노' 등등."(52-53) 후설의 요점은, 그가 주변에 있는 사물과 객체로부터 시작하지만, 그가 물리적으로 현존하는 모든 것을 동일한 방식으로 이해하지는 —또는 의식적으로 경험하지는— 않는다는 것이다. 그는 그가 직접 보지 않더라도, 세계가 그의 즉각적인 경험 너머에 존재한다는 것을 안다. 그는 특정 물체들이 그의 앞에 존재한다는 것을 알지만, 세계의 무한함을 생각하면서 그것들을 무시할 수 있다. "환원reduction"의 과정을 통해 세상의 본질을 드러내도록 설계된 철학적 방법인 현상학에서, 후설이 판단중지epoche, 또는 "괄호치기bracketing"로 명명한 과정 —이는 사유에서 비본질적인 것은 제거하는 것과 관련된다— 은 그의 책상 앞에 존재하는 것으로부터 시작된다. 심지어 가장 추상적인 사변도 손으로 잡을 수 있는 거리 내에 있는 사물, 객체와 함께 무언가 구체적인 곳에서 시작한다. 그러나 여기서 핵심은 현존하는 물질적 사물의 내재성immanence을 넘어 현실에 대한 초월적인 이해를 제공하는 것이다. 후설은 그의 앞에 있는 객체에서 시작하여 현실의 "본질"을 발견한다.

그렇다면, 현상학자들이 그들 주변의 객체를 보고 손에 쥘 때, 그들은 어떤 결론을 내릴까? 후설이 지적한 것처럼, 그의 앞에 있는 것들은 사용되기 위해 거기에 있다. 우리는 우리가 보거나, 또는 기억에 떠오르는 것과는 달리 우리가 사용하는 것을 경험할 수 있다. 후설의 학생이었던 철학자 마르틴 하이데거Martin Heidegger는 "손 앞에 있음present-at-hand"〔또는 전재성〕과 "손안에 있음ready-to-hand"〔또는 용재성〕이라고 부르는 것을 구분할 때 비슷한 주장을 펼친다. 기술의 "손안에 있음"은 기술의 용도와 연결되어 있는데 각각의 기술은 특정한 방식으로 사용되도록 설계되어 있다. "생산될 신발은 신기 위한 것이고… 시계는 시간을 알리기 위해서 생산된다. 작업물은 본질적으로 그것에 속하는 사용성을 가지고 있다. 이 사용성 안에서 우리는 그것이 사용 가능한 쪽으로 그것을 마주하게 된다."(1962, 99) 특정 객체의 적절한 사용법이라는 것은 객체 자체 "안에in" 있는 것처럼 보이지만, 항상 자명하지는 않은 사용법이 있다. 예를 들어, 망치는 손잡이의 끝부분을 손으로 꽉 잡을 때만 적절하게 사용된다. 이러한 방식으로 망치를 잡는 것은 머리의 무게가 가장 큰 힘으로 못을 칠 수 있게 해 주지만, 망치를 잡는 구체적인 위치는 망치를 적절하게 사용하는 방법을 배우지 않은 이상 항상 명확하지는 않다. 아마도 어떤 사람은 망치의 손잡이를 너무 높이 잡거나, 심지어 머리 부분을 잡을 수도 있다. 다양한 디지털 미디어를 포함하여 많은 기술에 대해서도 같은 이야기를 할 수 있다. 왜 우리는 아이폰을 조작하는 동작들, 즉 확대하기 위해 두 손가락을 사용하거나, 왼쪽, 또는 오른쪽으로 스와이프하는 것 같은 제스처들을 자명한 것으로 가정하는가? 우리는 종종 어떤 교육을 통해 기술의 적절한 사용법을 배워야만 하는데, 그중 많은 부분이 기술 그 자체에 내장되어 있다. 그러나, 하이데거에게 있어서 기술은 사용되는 과정, 즉 "손안에 있는" 과정에서 우리의 기술에 대한 경험으로부터 물러난다withdraw. 만일 우리가 망치를 사용하는 데에 능숙하다면, 우리는 그것을 보지도 않을 것이고, 심지어 그것을 우리의 몸으로부터 독립된 것으로 느끼지도 않을 것이다. 즉 망치는 신체의 확장으로서 기능할 것이다. 이는 하이데거와 매클루언을 연결시키는 주장이다. 우리가 스마트폰에서 왼쪽, 또는 오른쪽으로 스와이프할 때, 우리는 기기의 인터페이스에 내장된 메커니즘에 주목해서는 안 된다. 이는 인터페이스 디자인의 공통 정서이다(Emerson 2014 참고). 오히려, 우리의 신체는 우리가 사용하는 기술과 수행하는 테크닉을 습관으로 내재화하면서 무시하거나 잊어버리도록 만드는 방식으로 행동하도록 훈련되어 왔다.

하이데거는 우리에게 특정 기술의 "본질"은 그것의 사용에서 드러나게 될 뿐이라고 말한다. 그러나, 어떤 기술이 사용되는 과정에서 기술은 더 이상 우리가 경험하고 숙고하는 어떤 것이 아니다. 어떤 것은 우리가 기술 사용의 바깥에서 마주칠 때에만 ―"손안에 있기"보다는― "손 앞에 있는" 것이다. 이는 무언가가 부서질 때, 그리고 우리가 그것을 사용의 바깥에서 볼 때 발생한다. 즉 우리는 〔그때에만〕 그것을 객체로 경험하는 것이다. 우리가 망치를 잘못 사용하고 있거나, 망치 머리가 손잡이에서 뚝 떨어져 나갈 때를 제외하고는 〔우리는〕 그 망치를 알아채지 못한다. 〔마찬가지로〕 우리는 휴대폰이 올바르게 작동하지 않을 때를 제외하고는 그것들을 알아차리지 못한다. 휴대폰은 통화가 끊어질 때, 또는 배터리가 완전히 방전될 때 가장 많이 그 존재를 드러낸다. 우리는 휴대폰이 해야 할 일을 하지 않을 때, 또는 신체의 확장이라는 휴대폰이 신체와 가지고 있는 관계에 방해될 때만 객체로서 휴대폰을 경험할 수 있다. 여기서 아이러니한 점은, 하이데거가 말하는 기술의 본질이라는 것을 우리가 마주하게 되는 것은 기술이 우리의 경험으로부터 물러나서, 사용 중에 있을 때뿐이라는 점이다. 그러나 우리가 기술과 그 존재론에 대해 숙고하기 시작할 수 있는 것은 오직 기술이 "손 앞에 있을" 때뿐이다. "손안에 있음은 각 개체들이 '그들 안에' 존재하기에 존재론적-범주로 규정된다. 하지만 오직 손 앞에 있는 어떤 것 때문에, 손안에 있는 모든 것이 '있는 것'이다."(Heidegger 1962, 101).

후설과 하이데거는 모두 우리의 세계, 인간성, 경험의 존재론에 도달하기를 원한다. 그러나 하이데거는 기술은 우리가 경험하고 보는 것을 형성시킴으로써 근본적으로 이를 모호하게 한다고 말한다. 우리 주변의 사물의 본질에 도달하는 것은 거의 불가능하다. 왜냐하면, 기술의 본질은 그 사용 과정에서 물러나기 때문이다. 그리고, 후설의 사례가 의도치 않게 우리에게 보여 주는 것처럼, 우리는 모든 것에 똑같이 주의를 기울이지 않는다. 어떤 것들은 다른 것들보다 더 중요하다. 어떤 것들에는 우리가 주의를 기울이고, 어떤 것들은 잊힌 채로 배경 속으로 흘러든다. 내 주변의 객체들은 오직 선택적으로만 현존한다. 여러분이 여러분의 시야에 있는 어떤 것에 집중할 때, 그 주변에 있는 다른 것들은 흐릿해진다. 한 가지에 대한 여러분의 주목은, 그 주변의 다른 것들을 여러분의 주목 대상이 뚜렷이 나타나는 배경으로 만들어 버린다(Bollmer and Guinness 2017 참조). 후설이 그의 현상학적 분석 과정에서 〔그가〕 표면 아래에 묻혀 있다고 생각하는 존재론적 실재에 도달하기 위해 주변의 물리적인 것들을 없애 버리고 있다는 것은 언급할 필요도 없다. 후설에게 있어서, 실재reality에 대한 이해는 우리에게 물질적 특정성을 축소reduce시켜 경험의 본질에 접근할 것을 요구한다. 후설이 암시하는 바는, 문제가 되는 것은 자신 앞에 놓인 구체적인 것들이 아니라, 그가 그중 일부와 특정한 관계 —즉 후설이 '지향성intentionality'이라고 부르는 관계— 를 맺고 있다는 사실이며, 바로 이 점이 후설로 하여금 바로 그 특정 객체로 향하게 하는 것이다.

문화이론가 사라 아메드Sara Ahmed는 후설의 이러한 사유가 부분적으로

만 흥미롭다고 생각한다. 왜냐하면 후설의 결론 때문이다.

　　나는 그를 둘러싸고 있는 물질들의 주름을 서성이며 후설이 거기에 거
　　주하기를 얼마나 갈망하는가. 나는 얼마나 그의 주변에 모여 있는 객체
　　ー그가 하는 "것들"로서의 "사물"ー 에 관해 듣기를 갈망하는가. 이것은
　　삶에 대한 욕망도, 심지어 더 이상 우리와 함께 있지 않은 작가와의 불가
　　능한 친밀감에 대한 욕망도 아니다. 이것은 오히려 작가 주변에 모여 있
　　는 객체들의 특수성에 대해 읽고자 하는 욕망이다. (2006, 29)

　　후설에 대한 아메드의 탁월한 해석은 지향성에 대한 후설의 초점을 하
나의 정위orientation로 재구성한다. 우리는 의식 속에서 특정한 객체를 지
향할intend 뿐만 아니라, 특정한 객체를 정위하고oriented toward 있는데, 이
는 우리의 인식perception 속에서 어떤 객체가 다른 객체보다 더 쉽게 나타
나게 만든다. 우리는 어떤 것에 주목하지만, 그렇게 함으로써 다른 것을
등한시한다. 우리는 타자들을 배경으로 두면서, 이들을 잊고, 숨기고, 마
치 그들의 행위성은 중요치 않은 것처럼 행동한다. 우리의 신체는 어떤
것은 보고 다른 것은 보지 못하는 경향이 있다. 그러나 신체가 감각에 대
해 가지고 있는 생리적 능력 너머에서도 우리는 종종 특정한 객체, 신체,
관계를 간과하고 무시한다. 후설의 논의를 수정하면서 아메드는 그의 주
장을 정치적인 것으로 만든다. 아메드는 계속해서 다음과 같이 말한다.

　　책상을 정위한다orient는 것은 집 안의 다른 방들을 배경으로 강등시
　　킬 뿐만 아니라, 책상을 깨끗하게 유지하기 위해 행해진 작업에 달려 있
　　을지도 모른다. … 누군가는 심지어 후설이 책상에 의지해서 그 위에서

글을 쓰고, 그 책상을 그의 지향성의 객체로 삼기 위해서 필요했을 가사 노동에 대하여 생각할지도 모른다. 누가 책상을 마주하고 있는가? 책상은 다른 신체보다 어떤 특정한 신체를 향하고 있는가? (30-32)

심지어 책상 위에 있는 객체를 관찰하고 앉아서 읽거나 쓰는 것과 같은 행동도 다양한 중요한 물질적 사실을 포함하는데, 이 모든 것은 동일하게 분배되는 것도 아니고, 동일하게 '물질적인 것'으로 인정되는 것도 아니다.

아메드는 우리로 하여금 어째서 물질성이라는 것이 다시 한번 물질화 mattering의 과정인지, 즉 다양한 주체와 객체가 관계 속에 연결되어 있지만 이러한 관계들이 동등하지 않으며, 심지어 대립적인 과정인지에 주목하도록 한다. 예를 들어, 인종과 인종주의에 대한 삶의 경험은 어떤 객체는 현존하게 허용하는 반면, 다른 객체는 결코 물질화되지 않게 할 수도 있다. 인종주의라는 비난을 부인하는 백인들에 의해 매우 자주 언급되는 "나는 인종을 보지 않는다"라는 구절은 인종이 물질화되도록 허용하기를 거부하는 것이다. 그것은 존재론적인 주장이 아니라, 특정한 객체와 관계가 인식 속에 등장하는 것을 부인하는 것이다. 인종을 보는 것을 부정하는 것은 인종이라는 범주를 인정하지 않는 것이며, 인종이 물질화하는 삶의 경험을 거부하고, 인종주의의 불평등을 영구화하는 것이다. 〔이로 인해〕 "인종"은 세계로부터 배제된 어떤 것이 되고, 그것은 인정되거나 이해되지 않는다. 결과적으로, 이는 인종적 차이와 차별의 현실을 거부함으로써 인종주의를 영구화한다.

나는 여러 가지 이유로 —그 이유는 이 장의 나머지 부분에서 차차 밝혀지게 될 것이다— 후설과 하이데거로부터 시작한다. 첫째, 후설은 종종 오늘날 서양 철학의 여러 시각으로부터 비난받는 여러 경향을 가장 명확하게 나타낸다고 생각되기 때문이다. 즉 그의 이론은 모두 인식하는 자아, 또는 주체로부터 시작한다. 비록 후설이 물질적 객체를 본다고 하더라도, 그에게 중요한 것은 마음속에 있는 관념이지, 물리적인 것은 아니다. 〔후설에게 있어〕 객체들은 그 자체 내에서 스스로 의미를 갖게 되지는 않는 것 같다. 객체는 그것에 대한 의식 안에 존재하는 어떤 것으로서만 의미를 갖는다. 이러한 경향을 최근에는 "상관주의correlationism"라고 부르고 있다. 상관주의(그리고 후설과 같은 철학자들)에 대한 비판은 오늘날의 철학과 이론이 인간 너머에 존재하는 세계를 인정해야 하고, 객체는 그것에 대한 인간 인식의 경험 밖에 존재할 수 있어야 한다는 점을 주장한다. 그래서 우리는 내 주변의 세계에 대한 나의 경험으로부터 시작되는 후설적 관점이 아니라, 내가 그것들을 이해하는 방식과 분리된 내 책상 위의 객체를 이해하도록 노력해야 한다. 이는 적어도 부분적으로는, 손안에 있음과 손 앞에 있음에 대한 하이데거의 논평이 우리를 이끄는 지점이다. 하이데거의 주장은 객체가 그 물질적 존재 속에서 객체에 대한 우리의 경험 속에서 "탈물질화dematerilaize"되어 인간 신체의 확장으로 환원된다는 것이다. 객체가 "현존하게" 되는 것은 오직 그것들이 고장 날 때뿐이다. 그러나 객체의 존재론을 파악하는 것은 객체가 사용되고 있는 과정과 함께 —즉 우리가 그것을 보거나 경험하지 않을 때— 시작된다. 하이데거의 많은 추종자, 특히 "객체 지향 존재론Object-Oriented-Ontology"(또는 "OOO")이라는 이름을 수용한 철학자 집단은 철저하게 이 사유에 연결되어 있다. 객체들은 그들의 실재적, 물질적 존재 속에서 인간 경험으로부터(그리고 상호 간에) 근본적으로 물러나 있으며 분리되어 있다. 하이데거의 논의를 따라서 객체들은 고립되어 있고 독립되어 있으며, 관계 속에서 그것들에 접근한다는 것은 내재적으로 객체를 관계 안에 위치시켜 환원하는 것이 된다. 이 저자들은 ―일부의 경우 우리가 이 책에서 다루었던 유물론적 이론의 많은 부분을 거부하지만― 객체의 타자성Otherness 과 자율성autonomy, 즉 객체는 그 물러남으로 인해 어떤 일관된 이론화도 거부한다는 사실을 밝히는 것에 만족하는 것 같다.

　나의 견해는 우리가 객체의 관계성과 물질성을 거부하지 않고도 객체의 물러남을 인정할 수 있다는 것이다. 후설에 대한 아메드의 독해는 현상학을 일종의 유물론으로, 즉 어떻게 관계가 어떤 객체가 배경으로 되면서 물질화되지 못하는 동안 다른 객체는 물질화되는 것을 허용하는지를 강조하는 유물론으로 변형시킨다. 아메드는 특정 객체의 타자성이나 다른 객체의 타자성을 부정하지 않는다. 그러나 아메드는 우리에게 신체와 객체들 사이의 관계가 어떻게 정치적 투쟁의 장소인지를 알려 준다. 우리가 어떤 객체들은 어떻게 "물질화"되고, 다른 객체들은 그렇지 않은지를 알 수 있는 것은 이 관계의 절충에서이다. 우리는 다시 한번 관계와 내부작용intra-action을 강조하는 수행 유물론을 이론화하는 방식 이면에 존재하는 정치학의 섬광을 본다.

　관계의 중요성을 다시 강조하기 위해 이 장에서는 생기 유물론의 주제를 채택할 것이다. 생기 유물론이라는 이름은 정치이론가 제인 베넷Jane Bennett의 저작과 연관된 것으로, 주로 "인간의 의지와 설계를 방해하거나 저지할 뿐만 아니라, 그들 자신의 궤적, 성향, 또는 경향성을 가진 준행위자quasi agents, 또는 힘으로 작용할 수 있는 사물들 ―즉 먹을 수 있는 것, 상품, 폭풍, 금속― 의 능력"을 가리킨다(2010, viii). 생기론은 영향을 미치고affect 영향을 받는affected 물리적 능력과 연결되므로 우리에게 정동 이론에 대한 문제 제기를 요구하며, 4장의 주장 중 일부를 여기서 검토한 것들과 종합할 수 있도록 해 준다.

　이 두 가지 관점 —즉 객체 지향 존재론의 "물러난" 객체와 생기 유물론의 정동과 에너지— 에는 그 나름의 문제점, 특히 지식과 행위성 개념과 관련한 문제가 있다. 두 관점은 앎과 행위에 있어서 상당한 어려움을 내포하고 있으며, 세상을 변화시키기 위해 행위하는 것이 가능하지도 않고 바람직하지도 않다는 것을 시사하는 비관적인 철학 —즉 진보 정치의 한 형태로 종종 위장되는 비관적인 철학— 에 의해 제한되고 있다. 이러한 문제는 사라 아메드를 강조했던 또 다른 이유이며, 내 생각에 아메드는 객체 지향 존재론을 객체 지향 페미니즘Object-Oriented-Feminism(또는 "OOF")으로 수정했던 캐서린 베하르Katherine Behar와 함께, 객체의 행위성을 이론화하기 위한 두 가지 시각의 최선의 측면을 종합할 수 있는 도구를 제공한다. 우리는 객체의 변화성에 대한 객체 지향 존재론의 강조를 유지해야 하며, 생기 유물론의 관계성을 수용하여 여전히 물질적 관계에 영향을 미치는 인간의 개입과 행위성을 허용하는 내부작용적intra-active 정치를 인정할 수 있도록 두 시각을 함께 배치해야 한다.

## 객체objects와 사물things

　우리는 이제 몇 가지 용어를 구체화할 필요가 있는데, 이는 또한 왜 이러한 객체의 이론들이 유물론적 관점들과 종종 대립하는지를 보여 줄 수 있다. 철학의 역사에서, "사물thing"과 "객체object" 사이에는 주요한 구분이 있다. 하이데거는 「사물The Thing」이라는 제목의 에세이에서 물병에 대해 자세히 고찰하면서, 객체의 현존과 그 본질에 대한 그의 논평을 확장하고 수정한다.

　　그러나 사물이란 무엇인가? … 물병jug은 사물이다. 물병은 무엇인
가? 우리는 다음과 같이 말한다. 그릇, 그 안에 다른 것을 담는 종류의
어떤 것이라고. 물병의 수용은 그것의 바닥과 측면에 의해 이루어진다.
이 용기 그 자체는 다시 손잡이에 의해 고정될 수 있다. 그릇으로서 물
병은 자립적인 것, 즉 그 스스로 유지되는 것이다. 자기 스스로 유지된
다는 것이 물병을 자립적인 것, 또는 독립적인 것으로 특징짓는다. 독립
적인 어떤 것의 자립적 독립으로서, 물병은 객체와 다르다. (1971, 164)

　　하이데거가 물병에 대하여 그 물질성 내에서 말하는 것으로 시작하는
동안, 그는 물병에 대한 물질적 사실들이 어떻게 물병이 무엇인지를 완
전히 규정할 수 없는지 지적하고 있다. 우리가 손안에 있음에 대한 하이
데거의 강조를 다시 생각해 보면, 여기서 그가 강조하고 있는 것은 정확
히 말해서 어째서 물병의 용도가 그것의 물질성 내에 위치할 수 없는지
에 대한 것이다. 물병은 독립적으로, 독립적인 무언가를 "지지support"한
다. 그 물질성은 다른 무언가에 형태를 부여한다. 하이데거에 따르면, 물
병 안의 물은 그것 "안에" 들어 있지 않고 독립적이며, 그것은 용기의 물
질성과 물리적으로 병합되지 않는다. 물병의 기능 ―이는 하이데거에
게 있어서 다른 물질로 채워질 수 있는 빈 공간의 생성이다― 은 바닥과
측면으로 이루어진 물병 자체의 실체substance에 관한 것이 아니다. 그것
은 바닥과 측면에 의해 생성된 빈 공간을 유지하면서, 우리가 물병의 손
잡이를 잡을 수 있다는 사실에 관한 것이 아니다. 그것은 물병 안에 담
긴 것의 형태에 관한 것이 아니다. 그리고 그것은 정확히 말해서 사람들

이 빈 공간을 "만들" 수 없기 때문에 물병을 만드는 도공에 대한 것이 아니다. 흥미롭게도 하이데거는 물병을 인간 행위자로부터 자율적인 것으로, 그 자체로 활동적이고, 그것의 물질적 기초를 넘어서는 것으로 묘사한다(Sofia 2000 참조). 물병을 객체라기보다는 사물로 만드는 것은 물질적인 것을 넘어선 이 과잉이다. 문예이론가인 빌 브라운Bill Brown이 말하고 있듯이, "사물"이라는 단어는 "어떤 한계, 또는 리미널리티liminality"를 가리키며, 그것은 "이름 붙일 수 있는 것과 이름 붙일 수 없는 것, 생각할 수 있는 것과 생각할 수 없는 것, 알 수 있는 것과 알 수 없는 것 사이의 경계에 존재한다. 닥터 수스의 사물 1과 사물 2Dr. Seuss's Thing One and Thing Two"(2001, 5). 브라운이 요약하듯이, 하이데거에게 사물은 "단순한 객체들에 의해 가려진다."(2003, 141)

정신분석학에서 사물은 "큰 사물the Thing", 또는 다스 딩das Ding이 되어 심리 발달 과정에서 "잃어버린" 객체, 결국 만족과 행복으로 이어질 미지의 사물, 즉 욕망을 지향하는 "사물"을 나타낸다. 자크 라캉Jacques Lacan은 다음과 같이 주장한다. "우리의 경험 세계는 다시 발견되어야 하는 것이 이 객체, 즉 주체의 절대적 타자로서 다스 딩이라고 가정한다. 그것은 잃어버린 어떤 것으로, 발견되어야 하는 것이다."(1992, 52) 정신분석학은 우리가 "큰 사물"을 찾기만 한다면, 우리는 충만하고 행복하다고 느낄 것이며, 비록 이 사물을 찾는 것은 궁극적으로 불가능하지만, 우리 영혼의 빈 공간을 채울 것이라고 말한다. 대신, 큰 사물은 부재의 존재, 즉 공백을 표시하는 불가능성이다.

라캉의 정신분석학에서 "오브제 프티 아the objet petit a"라는 개념으로 정식화되는 객체는 욕망의 대상-원인으로서 사람들이 〔그것의〕 획득이 〔자신들을〕 만족으로 이끌 것이라고 상상하는 것을 말한다(이것은 "만약 내가 x만 가질 수 있다면 나는 행복할 것이다"와 같이 표현되며, 여기서 x는 특정 음식, 상품, 심지어 다른 사람, 또는 다른 사람의 일부로부터 한 사람이 원하는 모든 것이다). 그러나 다스 딩처럼, 이 객체는 결코 획득되지 않는다. 또는 심지어 한 사람이 그들의 욕망을 인도하는 객체를 소유할 수 있을 때에도, "만족"은 결코 획득되지 않는다. 진정한 "객체" —즉 만족을 낳는 큰 사물Thing— 는 영원히 획득되지 않는다. 정신분석학은 우리가 실제로 행복하기를 원하지 않는다고, 즉 우리는 더 많은 것을 계속해서 갈망하고 싶어 한다고 주장한다. 물질적 객체는 욕망을 지시하는 그들의 역할을 위해 위치 지어지는데, 이때 물질적 객체는 결코 획득될 수 없는 다른 것을 모호하게 만든다. 따라서 —비록 이러한 용어들이 라캉의 정신분석학에서 궁극적으로 합쳐지지만— "사물"과 "객체", 비물질적 과잉과 물질적 실재 사이에는 분열이 있다.

철학자들이 "사물"을 설명할 때, 그것은 물질성을 초과하는 어떤 것을 의미하는 경향이 있다. 이러한 과잉은 사람들이 일반적으로 사물에 대해 말할 때 여전히 존재하며, 그것은 "대상화objectification"가 비판의 도구가 되도록 한다. 철학적, 대중적 페미니스트 사상의 역사 전반에서 나타나는 한 가지 주장은 재현이 여성의 신체를 대상화함으로써 가부장적인 규범과 여성혐오를 영구화한다는 것이다. 여성들은 완전한 주체라기보다는 객체로 평가절하된다. 이것은 예를 들어, 여성의 신체를 절단하거나, 신체 일부를 상품으로 대체하거나, 또는 신체 일부와 상품 사이의 동등성을 강조하는 광고의 공통된 경향을 통해 발생한다. 예를 들어, 디자이너 톰 포드Tom Ford의 향수에 관한 일련의 악명 높은 광고는 퍼퓸perfume과 코롱cologne을 남성과 여성의 생식기와 동일시한다. 비록 이 광고들이 대상화의 악명 높은 예시들이기는 하지만, 이 기술은 광고 전반에서 나타난다. 요점은 대상화는 신체와 사람이 사고파는 물건과 교환 가능한 것처럼 취급될 때, 그리고 실제로 주체로서 한 사람의 본질이 신체의 객체로의 환원을 초과할 때 발생한다는 점이다.

페미니스트 철학자 니나 파워Nina Power는 어떻게 현시대의 삶이 대상화에 대한 비판을 어렵게 만드는지, 겉보기에는 다른 여러 힘에 의해 식민화된 것처럼 보이게 만드는지에 주목했다. 한편으로, 현시대의 자본은 더 이상 제품을 제조하는 노동자에 관한 것이 아니라 —신자유주의적 정보자본과 서비스업의 부상을 통해서— 정체성과 관계의 제조에 관한 것이다. 이러한 변화는 종종 "비물질 노동"(Lazzarato 1996 참고)으로 언급되지만, 1980년대와 1990년대에는 "노동의 여성화"로 언급되어, 서비스업 일자리는 전통적으로 여성에 의해 이루어졌고, 대인관계 노동도 주로 여성에 의해 수행되어 왔으며, 지금도 계속되고 있다. 자본이 객체를 생산한다면 노동자의 노동은 사고팔 상품을 생산하는데, 이것은 상품의 생산에 관련된 물질적 힘과 관계를 모호하게 만든다(이러한 모호함이 마르크스주의 이론에서 "상품물신주의"가 의미하는 바이다). 오늘날, 사람이 생산하는 주요 객체는 개인의 신체와 정체성이다. 이것은 시각 문화와 섹슈얼리티에서의 최근의 변화와 결합되는데, 파워는 신체의 "부분"이 "전체의 기능을 맡으며" 신체의 부분은 "그들 자신, 그들의 성격, 심지어 나머지 신체 부분들과도 거의 연결되지 않고, 완전히 별개의 실체로서 취급된다"(2009, 24)고 주장한다.

현대의 자본과 시각 문화는 함께 결합되어 주체와 객체 사이의 경계를 침식시키는 결과를 낳는데, 이는 사물에 대한 이론에서 밝혀진 과잉들과 연결된다. 과거의 페미니즘적 사유가 더 큰 대상화의 관행을 비판한 곳에서, 즉 남성의 시선과 이성애heterosexuality가 여성의 신체를 부분으로 파편화시켰던 방식(성적 욕망에 대한 라캉식 이해 방식을 따라서, 특정한 "객체"에 고착시키는 방식)이든, 가부장제가 어떻게 여성을 주체가 아닌 객체로 환원시키는 경향이 있는지를 비판한 경우이든, 이는 더 이상 유효하지 않은 것으로 보인다.

대상화는 포섭에 저항하는 주체에 무언가가 남아 있다는 것, 즉 우리의 내부성을 누군가가 부정하려고 한다고 생각한다면 우리는 저항할지도 모른다는 것을 암시한다. 하지만 현대의 노동이 우리가 한때 이해했던 방식으로 누구나 내적인 삶을 갖도록 허용한다는 것은 명확하지 않다. … 페미니즘이 미래를 가지려면, 삶과 존재가 이전에 이해되었던 대상화를 훨씬 뛰어넘는 새로운 형태의 지배에 의해 식민화되는 새로운 방식을 인식해야 한다. (Power 2009, 26)

"대상화"에 대한 외침은 그것이 신체, 행위자, 그리고 주체들이 사용될 객체로, 즉 자신의 내부성과 자율성이 결여된 객체로 환원되는 특정한 순간들을 밝혀냈기 때문에 강력했다. 그러나 파워가 말하고 있듯이, 이러한 환원은 오늘날 일반화된 조건처럼 보이며, ―사물과 객체의 구별이 우리에게 가르쳐 주는 것이 있다면― 이러한 내부성, 또는 과잉은 오랫동안 특정 객체들의 속성이었고, 그 객체들의 본질이 물질성을 초과했던 방식 때문에 특별한 "사물"이라고 생각되어 왔다. 파워가 보여 주었듯이, 비판으로서의 대상화의 한계를 보여 주는 예시로는 킴 카다시안 Kim Kardashian에 의해 생산된 향수인 'KKW 바디'의 향수병이 있을 것이다. 'KKW 바디' 향수병은 머리, 팔, 또는 다리가 없는 카다시안의 몸통 형태로 만들어졌다. 자신의 명성이 소셜미디어, 리얼리티 방송, 그리고 셀

프-브랜딩의 사용과 크게 연관되어 있는 카다시안은 소셜미디어에서의 명성과 스타덤을 영구화하기 위해 자신을 객체로 환원하는 것을 받아들였다. 이를 대상화로 비판하는 것은 실제로 도움이 되지 않는다. 왜냐하면 오늘날에는 자기-대상화로부터 나오는 예외적으로 엄청난 부가 존재하기 때문이다.

따라서 어떤 객체의 본질이 어떻게 그것의 물질적인 존재를 초과하는지에 주목하기 위해 "사물"이라는 용어를 사용하는 대륙 철학의 전통이 있다. 이는 비판의 수단으로서 "대상화"를 사용할 때 문제가 되며, 그것은 유물론적 이론에 있어서도 문제가 된다. 또는 적어도 이것은 유물론적 이론이 "사물"에 대한 다른 많은 철학과는 달리 객체와 사물을 어떻게 다르게 이해하는지를 강조한다. 그러나 "사물"이라는 용어가 하이데거나 라캉의 방식으로 적용되지 않더라도, 과잉에 대한 강조는 객체에 대한 현재의 많은 연구를 특징짓고 있다. 우리가 지금 살펴볼 것도 객체를 이론화하려는 이러한 최근의 시도들이다.

## 물러선 객체

지난 10년 동안, 많은 문제에 의해 촉발된 일련의 새로운 철학 운동들이 등장했다. 그 문제들에는 기후 변화와 인류 멸종의 임박한 잠재성뿐만 아니라, 우리의 기술과 미디어가 인간의 의지와 의도와는 독립적으로 존재하는 행위성, 즉 우리가 살고 있는 세계를 형성하는 데 있어 분명히 행위성을 가지고 있다는 사실이 포함된다. 사변적 실재론Speculative Realism(또는 SR)과 객체 지향 존재론이 그것이다. 이 운동은 동일하지 않고 완전히 합쳐져서는 안 되지만, 객체 지향 존재론은 사변적 실재론의 문제와 관심 중 일부에서 나온 결과물이다. 사변적 실재론과 객체 지향 존재론은 지난 몇 년간 광범위하게 논의되어 왔고, 예술, 건축 및 기타 여러 이론적 논쟁에 영향을 미쳐 왔다. 이 운동은 서양 철학에 대한 비판에서 비롯되었는데, 이는 얼핏 보면 서구 사상을 오랫동안 특징지은 인간중심주의를 거부하고 생태학적 문제와 토착indigenous 정치에 접근하는 새로운 방식을 알리는 것 같았으며, 서구 사상에서 "근대성"으로 부호화된 계몽주의 합리성의 일부 버전을 특권화하는 많은 어법을 뒤집었다(Latour 1993 참조). 그러나 지난 몇 년간 사변적 실재론과 객체 지향 존재론이 발전하면서 그들은 정치적 추진력을 잃었다. 여기서 하고자 하는 것은 이런 관점의 한계와 함께 사변적 실재론과 객체 지향 존재론의 몇 가지 핵심 주장을 강조하는 것이다. 나는 이 이론들의 본내용에 더 관심이 있는데, 이는 그들이 제공하는 답보다는 그들이 설정한 문제들 때문이다. 이는 미디어와 기술의 행위성, 사물과 객체의 행위성을 다루는 것을 포함한다. 하지만 이 문제들에 대답하는 이들의 방식은 만족스럽지 못하다.

사변적 실재론의 출현은 언어와 사회 구성에 초점을 맞춘 이론과 철학에 대한 거부를 나타냈다. 『사변적 전회The Speculative Turn』(Bryant, Srnicek, and Harman, 2011)라는 편집서의 출판은 언어, 담론, 그리고 재현에 대한 집중에 지쳐서 대신 다른 곳 ―그것이 "실재"이든 물질성이든― 을 바라보는 젊은 이론가 집단을 확인시켜 주는 선언이었다. 편집자 중 하나인 닉 서르닉은 인터뷰에서 다음과 같이 말했다.

우리에게 문화적 재현이 어떻게 주변화된 집단에 상징적 폭력을 가하는지에 대한 또 다른 분석이 정말 필요한가? 이 작업이 무용지물이 되었다는 것이 아니라, 단지 반복적이 되었다고 말하는 것이다. 그 모든 것에 비추어 볼 때, 사변적 실재론은 창의적 작업이 이루어질 수 있는 최선의 수단을 제공하며, 탐구해야 할 새로운 논증적 영역이 있다는 진정한 흥분을 제공한다. (Bogost 2012, 132에서 인용)

최근 몇 년간 드러난 권위주의적 인종주의, 여성혐오, 그리고 외국인혐오의 가시적인 증가 ─인종주의, 여성혐오 그리고 외국인혐오가 결코 사라지지 않았으며 서르닉과 같은 이들에 의해서 무시되어 왔다는 점─를 고려할 때, 이 코멘트는 심각하게 잘못된 것이다(그리고 나는 그가 사변적 실재론보다 마르크스에게서 파생된 모델로 인종, 젠더, 섹슈얼리티의 문제를 다루었기에, 이 코멘트는 ─적어도 어느 정도는─ 서르닉 자신의 많은 저작에 의해 부정되었다고 생각한다). 하지만 그럼에도 불구하고 이는 이 철학적 운동들과 관련된 많은 필자의 일반적인 지향에 대해 말해 준다. 그들에게 재현과 상징적 폭력에 대한 질문들은 여러 가지 방식으로 "실재적real"인 것이 아니었다. 대신, 초점은 인간의 경험과 지식의 한계를 넘어서는 방식으로 "실재"에 맞추어져야 한다는 것이었다.

사변적 실재론과 관련된 많은 필자는 매우 상이한 관점을 가지고 있지만, 거의 대부분은 프랑스 철학자 캉탱 메야수가 서구 전통의 거의 모든 철학을 묘사하기 위해 정식화한 "상관주의"라는 비난에 의해 동기부여되었다. 메야수는 "상관성"의 의미에 대해 다음과 같이 말한다.

[상관성이란] 우리가 사유와 존재 사이의 상관관계에만 접근할 수 있을 뿐, 결코 서로 분리된 것으로 접근할 수 없다는 생각을 의미한다. … 상관주의는 주관성과 객관성의 영역을 서로 독립적으로 고려하는 것

이 가능하다는 주장을 무력화시킨다. [이에 따라] 우리가 주체와의 관계로부터 고립되어 "그 자체로" 어떤 객체를 결코 파악할 수 없다고 주장하는 것이 필요해질 뿐만 아니라, 우리가 항상-이미 객체와 관련되어 있지 않은 주체를 결코 파악할 수 없다는 점을 유지하는 것이 필요해진다. (2008, 5)

예를 들어, 후설은 그가 인식하는 주체와 객체 사이의 관계로부터 시작하기 때문에 원형적 상관주의 사상가일 것이다. 프리드리히 니체는 다음과 같이 말할 때 상관주의 철학자의 한 사례일 것이다. "현상 앞에 멈춰서 '오직 사실만이 있다'고 말하는 실증주의에 대항하여, 나는 다음과 같이 말해야 한다. 아니, 정확하게는 사실이라는 것은 존재하지 않고, 오직 해석만이 존재한다."(1968, 458) 그 의미는 세계의 "사실들"에 대한 매개되지 않고, 흐려지지 않은 접근은 없다는 것이며, 따라서 해석하는 주체에게 특권을 부여하는 것이다. 그러나 메야수는 세계는 인간의 활동 이전에도 존재했고, 인간의 멸종 이후에도 존재할 것이라고 주장한다. 철학의 일반적인 용어들은 이 외부 세계를 파악할 방법이 없고, 대신 모든 것을 인간 사유로 환원시킨다. 메야수는 이것이 본질적으로 관념적이라고 주장한다. 메야수는 이것이 우리의 제한된 관점 밖에 있는 세계의 존재를 부정하는 심각한 문제라고 생각한다.

상관주의에 대한 비판 —그리고 언어, 의식, 정신 등이 모두 관념적이라는 주장— 은 사변적 실재론에 의해 "더 일반적으로 사유와 인류의" 독립적인 "현실 그 자체"와 "현실의 본질"로의 복귀를 옹호하기 위해 받아들여졌다(Bryant, Srnicek, and Harman 2011, 3). 마우리치오 페라리스(2014a)와 같은 새로운 종류의 실재론realism에 대한 다른 옹호자들도 오래전부터 대류 철학 ─특히 니체의 주장으로부터 내려오는 철학─ 을 특징지어 왔던 이론들이 특이하고 보편적인 실재와 진실의 존재를 너무 쉽게 부정한다고 주장한다. 페라리스에게 실재로의 전회는 철학과 이론이 수행하기 위해 노력해야 하는 것이다. 그는 실재로의 전회와 실재론을 정치적인 것으로, 즉 권력을 달성하기 위해 미디어 프로파간다의 거짓말을 활용하는 현재의 포퓰리즘을 훼손하기 위해 작동할 수 있는 어떤 것으로 본다 (2015, 21). 다른 사변적 실재론 이론가들은 인간을 넘어선 세계로의 전회가, 인류학자이자 이론가인 브뤼노 라투르(Harman 2009 참고)의 일부 주장을 따라, 비인간 행위자의 행위성을 부정하기를 거부하는 더 공평한 현실을 가져올 것으로 본다. 심지어 다른 필자들은 상관주의에 대한 거부를 일종의 인간 해방을 위해 필요한 것으로 본다(Bogost 2012). 이러한 사유는 우리가 세계를 인간 지식 및 경험과 연결하는 데 있어서 세계의 가능성을 환원시키고 있다고 주장한다. 실재론적 철학에서 인간의 경험을 넘어서는 것은 세계에 대한 가능성과 그 안에 있는 사물의 물질성을 확장하는 방향으로 나아갈 것으로 여겨진다.

우리는 1장에서 이 중 일부를 다뤘다. 물질성으로의 전회는 이러한 실재로의 전회와 일치한다. 이미지, 재현 등에 집중하는 것은 우리가 "실재"를 보지 않는다는 것을 의미한다는 광범위한 믿음이 있다. 우리의 주장은 재현은 물질적인 것을 행하고 물질적인 효과를 가지면서 "리얼리티"를 생산하는 과정에 참여한다는 점에서 물질적인 것이라는 것이었지만, 이 대답은 신실재론과 사변적 실재론에 의해 주어진 답이 아니다. 그래서 우리는 이 실재론적 관점과 우리의 유물론적 관점 사이의 차이점을 이해하기 위해 노력해야 하며, 이러한 새로운 형식의 실재론에서 우리가 취할 수 있는 것은 무엇인지 파악해야 한다. 하지만 이것은 또한 우리가 신실재론과 사변적 실재론의 문제점들을 이해해야 한다는 것을 의미한다.

특히, 이 저자들은 그들이 옹호하는 것을 행하지 않으며 할 수도 없다. 그들의 철학은 인간과 인간 지식에 주어진 "특권"을 제거하는 데 깊이 전념하지만, 실제로 인간을 급진적으로 탈중심화시킬 수는 없다. 왜냐하면, 그들은 단지 언어의 잠재력과 한계를 반영하면서 언어로 표현된 주장을 가지고 다른 인간을 위해 책을 쓰는 인간일 뿐이기 때문이다. "주체"와 "객체"라는 바로 그 사유는, 예를 들어, 언어의 구조에 해당하며, 이 사유가 말해 주는 바는 이러한 구별을 통해 보는 세계는 특정한 인간이 언어를 통해 세계를 어떻게 인식하는지에 대한 표현이라는 것이다. 신실재론과 사변적 실재론은 인간에게 인식될 수 있는 실재를 묘사하는 것에 거의 전적으로 의존한다(Golumbia 2016, 23-24). 달리 말하면, 수필가 브라이언 딜런이 주장한 바와 같이, ―아마도 객체와 사물에 관한― 이러한 이론들은 그들이 이론화하는 척하는 것의 특수성을 지워 버리는 경향이 있다. 이 이론들이 논의하는 객체들은 자세한 설명 없이 목록으로만 존재하는 경향이 있다. 딜런은 "객체 없는 객체, 물질 없는 물질에 대한 철학이 지적으로 미성숙하고 지나치게 펼쳐져 있는 것을 제외한다면 무슨 이점이 있는가"(2017, 80)라고 말한다. 사변적 실재론은 실제actual 객체에 대한 특정한 논평보다는, 실재에 대한 (사변적) 접근에 대한 주장을 통해서만 정당화되는 어디에나 있고 어디에도 없는 "실재" 세계를 묘사하는 것에 한정된 것처럼 보인다.

실재론 철학은 또한 광범위한 철학과 이론을 얼버무리고, 종종 그들이 반대하는 철학과 이론들로부터 허구의 대상을 만든다. 상관주의에 대한 메야수의 주장은 서양 철학의 역사에 대한 제한된 해석에 의존하는

데, 이것은 방대한 대다수의 분석철학(4장에서 논의된 사유와 정신이 "관념적"이지 않다는 점을 확실히 하기 위해 노력하는 유물론적 정신철학을 포함한다)을 설명할 수는 없는 것이다. 심지어 신실재론과 사변적 실재론의 "반실재론anti-realist"적 주장의 가장 극단적인 버전에서 —여기서 "반실재론" 이론가들은 인간의 경험을 넘어서는 외부 현실의 존재를 부인하고, 매개mediation를 넘어서는 객관적 실재나 "진실"을 부인하는 것처럼 보인다— 실재론자들은 명백히 그들이 암묵적으로 반대하는 사람들의 주장을 왜곡하거나 잘못 표현한다. 아마도 장 보드리야르는 최근 수십 년간 "실재"와 "진실"의 존재를 부정한 전형적인 작가일 것이다. 보드리야르는 현대 세계는 "시뮬라크르", 즉 사본에 따라 현실을 결정하도록 행동하는 원본 없는 사본에 의해 특징지어진다고 주장한다. 세계는 허구적이거나 시뮬레이션된 모델에 대응하도록 재구성되고, "지도"는 "영토"를 앞서며, "현실real"과 "재현" 사이의 경계는 침식되어, 둘 사이의 구분이 만들어질 수 없다는 것이다. 악명 높은 책, 『걸프 전쟁은 일어나지 않았다The Gulf War Did Not Take Place』(1995)에서 보드리야르는 1990년대 초 걸프 전쟁의 존재를 부정하는 것처럼 보이지만 보드리야르의 제목은 아이러니한 것이다. 보드리야르가 현실을 부정하고 있다고 주장하는 것은 그의 요점을 놓치는 것이다. 보드리야르는 서구에서 전쟁이 어떻게 매개되는지에 관심이 있다. 매개된 이미지는 "현실"과 "재현" 사이가 구분될 수 없는 방식으로 전쟁이라는 "현실"에 선행하고 이를 결정한다. 보드리야르에게 있어서 "현실"은 재현이다. 우리가 걸프 전쟁에 대해 가지고 있는 증거는 방송된televised 영상과 게임인데, 이는 오늘날 전쟁을 지속적으로 변화시켰다. 전쟁 시뮬레이션 비디오 게임과 인터페이스를 통해 살상하는 드론 같은 무기가 "실제" 전쟁을 흐릿하게 만들 때, 전쟁은 엔터테인먼트와 게임의 주류에 의해 정당화된다(Lenoir and Caldwell 2018 참조). 달리 말하면, 매개된 영상은 물질적 실재, 정동, 그리고 행동을 조직하며 인간과 비인간을 교차시키고 결합한다는 점에서 관념적이지 않으며 물질적이고 실재적이다. 미디어 이미지에 대한 비평이 이미지와 허구, 그리고 이미지와 허구가 결정, 행동, 믿음을 어떻게 유발했는지 때문에 "현실적"이지 않다고 말하는 것은 미디어에 대한 비평의 요점을 잘못 읽고 오해하는 것이며, 사유와 인지 그 자체가 어떻게 물질적인지를 부정하는 것이다.

사변적 실재론과 관련된 몇몇 필자는 근래에 이른바 '객체 지향 존재론'으로 나아가며, 객체의 물러남에 관한 하이데거적 주장으로 실재론을 보완하여 이러한 문제의 일부를 수정하고자 한다. 사변적 실재론과 객체 지향 존재론을 모두 발전시키는 데 있어서 가장 명확하게 연관된 이론가인 그레이엄 하먼Graham Harman은 객체 지향 존재론이 실재론적 이론일 뿐, 유물론적 이론은 아니라고 주장해 왔다. 각각의 객체의 물러남으로 인해 객체 사이에는 직접적인 접촉이 없고, 객체 사이의 내재적 관계성도 없다(2018, 12). 하먼에게 있어서 객체 지향 존재론은 "모든 것의 이론"으로서 네 가지 가정을 거부한다. 첫째, 객체 지향 존재론은 모든 실재는 기본적이고 단순해야 하며 기본적인 요소나 단위로 환원될 수 있다는 점을 부정한다. 둘째, 어떤 것이 직접적이고 실제적인 언어로 묘사될 수 있다는 사유를 거부한다. 셋째, 어떤 것이 실재적이게 되려면 그것이 존재해야만 한다는 사유를 거부한다. 또는 객체 지향 존재론은 허구적인 것이 여전히 실재적이라고 주장한다. 넷째, 모든 실재하는 것은 물질적이어야 한다는 생각을 거부한다. 따라서 이는 우리가 이 책에서 서술하고 있는 유물론을 거부하는 것이다.

나는 이 가정 중 처음 두 가지의 거부에 동의한다. 이 두 가지는 4장에서 논의한 대니얼 데닛 같은 사람들과 그가 지지하는 과학적 세계관에 대한 비판이다. 과학은 규칙적으로 물질적 객체를 —DNA에서 화학적 요소에 이르기까지— 구성 부분으로 분해한다. 이 사유는 모든 것을 부분으로 환원하기 때문에 "환원주의"라고 불리며, 현실이 이러한 작고 기본적인 요소들의 물리적 측면에서 나온 것으로 이해될 수 있다고 주장하지만, 환원주의가 모든 과학자에 의해 보편적으로 받아들여지는 것은 아니다. 복잡계complexity 과학은 과학적 용어에 의한 환원주의에 반대하면서 날씨 패턴과 같은 현상들은 작고 기본적인 부분들을 통해 이해될 수 없다고 주장한다(Mitchell 2009 참고). 복잡계 과학의 공통적인 주장은 "많으면 다르다more is different"라는 것이다. 더 큰 규모의 "많은 것"이 없었다면 일어나지 않았을 새로운 현상들을 식별하기 위해서는 전체 시스템이 설명되어야 한다는 것이다. 달리 말하면, 토네이도나 허리케인 같은 날씨를 기본적인 요소들로 환원시키기만 해서는 설명할 수 없다는 것이다. 객체 지향 존재론은 복잡계 과학과 마찬가지로 실제 사물들을 기본적인 부분들로 분해할 수 없다고 주장한다. 또한 실제 사물들을 내부작용과 관계로 전환함으로써 설명할 수 없다고도 주장한다. 어쨌든 객체 지향 존재론은 객체들을 구성 요소들로 분리하는 것을 거부한다.

현실이 문자 그대로의 의미로 논의될 수 있다는 생각은 현실을 부분으로 환원시키려는 노력과 연결되어 있다. 이러한 사유 방식에 따르면, 만약 우리가 무언가를 그것의 기본 요소들로 환원할 수 있다면, 느낌, 감정, 그리고 경험에 대한 주관적인 언어를 피할 수 있다. 우리의 두뇌에 있는 도파민의 측정, 또는 그것들의 화학적 구성과 화학물질이 사람의 미뢰와 내부작용하는 방식을 통해 즐거운 경험을 묘사할 수 있을 것이다. 이것이 데닛이 인간 의식의 중요성을 부정하는 방법 중 하나로 도달하게 된 결론이다. 예를 들어, 기계는 와인 한 잔의 화학적 구성을 이해함으로써 그것을 분석할 수 있다. 데닛은 이 과정이 두뇌의 수준에서 와인 한 잔을 마시는 느낌과 유사하다고 본다. 데닛은 우리가 사용하는 일반적인 용어들 —특정한 베리 맛, 또는 다른 주관적인 어떤 맛을 가리키는 용어들— 이 직접적으로 묘사될 수 있는 두뇌와 신체의 물리적 과정에 대한 근사치라고 본다. 따라서 데닛은 화학물질에 대한 기계적 분석은 실제로 우리가 무언가를 맛볼 때 우리 몸에서 일어나고 있는 것과 큰 차이가 없다고 말할 것이다(Harman 2018, 37 참고).

나는 이러한 거부에 대체로 동의하지만, 하먼이 이를 거부하는 이유에는 동의하지 않는다. 객체 지향 존재론이 이 두 가지 주장을 거부하는 이유는 물러남에 관한 하이데거적인 주장 때문이다. 어떤 객체를 그 부분으로 분해하고 이들 부분을 묘사하기 위해 문자 그대로의 과학적인 언어에 집중함에 있어, 객체 지향 존재론은 사람들이 손안에 있음과 손 앞에 있음을 충돌시키고 있다고 주장한다. 사람들이 객체의 본질은 무시하고, 대신 인식 가능한sensible 것(인간에 의해서이든 기술 측정에 의해서이든)에만 초점을 맞춘다는 것이다. 객체 지향 존재론은 이러한 종류의 환원주의와 문자 그대로의 기술은 필연적으로 객체를 놓치게 되어 객체가 실제로 물러났을 때, 그것을 그 부분이나 감각적 특성으로 환원시킨다고 주장한다.

하먼과 달리, 나는 복잡계 과학을 따라, 많다는 것은 물질적 차원에서 다른 것이며, 문자 그대로의 설명에 대해서도 특정한 효과("미각"과 같은)는 물체와 그것을 소비하는 특정한 신체의 물질적, 화학적 구성과 관련해서만 이해될 수 있다고 제안하고 싶다. 달리 말하면, 맛과 같은 것은 내부작용적이므로 다른 것이 아닌 이것의 기본적인 구성 요소로 환원될 수 없다. 따라서, 이러한 거부는 유물론과 물질성에 대한 질문에 유용할 수 있지만, 왜 우리가 이러한 거부를 하는지에 대해 하먼이 제공하는 대답은 그렇지 않다.

하먼의 다른 두 가지 주장은 더 의문스럽다. 이 주장들에 대한 우리의 논의는 객체가 기본 요소로 환원될 수 있다는 생각을 거부하는 두 가지의 다른 방법을 계속해서 보여 줄 것이다.

하먼의 세 번째 거부는 허구적인 것이 물질적이지는 않을 수 있지만 그럼에도 불구하고 실재적이라고 주장한다. 이 거부는 무시하기 어렵지 않다. 허구적인 이야기는 항상 물리적인 미디어에서 존재하며, 〔그것은〕 미디어의 물리적인 능력의 표현이다. 그것은 상상과 사유의 물리적인 능력에 따라 정신 속에서 상상된다. 그러므로, 허구는 미디어의 물질성 때문에 물질적인 것이며, 이는 이야기가 어떻게 말해지는지에 대한 맥락적이고 물질적인 특수성 때문에 한 이야기의 여러 실현incarnation이 종종 완전히 상이하다는 것을 의미한다. 그러나 하먼은 허구적 인물들이 시간이 지나도 일관된 객체로 남아 있다고 주장하기를 원한다. 그래서, 〔그에 따르면〕 아서 코난 도일의 "셜록 홈즈"는 베네딕트 컴버배치Benedict Cumberbatch가 텔레비전 드라마 《셜록Sherlock》에서 묘사한 것과 동일한 "셜록 홈즈"이다. 나는 이 생각을 거부하는 것이 꽤 안전하다고 생각한다. 비록 등장인물들은 동일한 이름을 공유하며, 그들의 묘사에 있어서 다른 많은 측면도 공유하고 있음에도, 그것들은 미디어가 예를 들어, 언어, 세트 디자인, 의상, 배우들의 신체, 신체적인 묘사 등의 특정한 세부사항들을 어떻게 새기는지와 관련하여 많은 차이가 있다. "셜록 홈즈"라고 불리는 하나의 일관된 객체가 아니라, 미디어의 새기는 능력에 의해 결정되는 다수의 객체가 있는 것이다.

그러나 하먼의 마지막 부정은 무시하기가 좀 더 어렵다. 하먼은 실재하는 모든 것이 물질적이어야 한다 —이는 이 책 전체의 지침이 되는 주장이다— 는 점을 거부한다. 하먼(2016)은 1602년에 설립되었다가 1799년에 해체된 네덜란드의 동인도 회사Vereenigde Oostindische Compagnie, 또는 VOC로도 알려진 예를 통해 이러한 주장을 정당화한다. 이 동인도 회사는 세계 최초의 상장회사로서, 그리고 네덜란드 제국주의의 대리인으로서 선전포고, 자국 화폐 주조, 식민지 설립 등의 권한을 부여받았다. 하먼은 동인도 회사를 그 자체로 받아들여야 하며, 그 부분으로 환원될 수 없는 객체, 즉 네덜란드 국가와는 구별되는 객체로 받아들여야 한다고 주장한다. 또한 그것은 이름의 일관성에도 불구하고 끊임없이 변화하는 것이 아니라, 시간이 지나도 고정적인 것으로 생각되어야 하는 객체라고 주장한다. 따라서 이 동인도 회사는 물질적 요소를 초과하여 존재해야 하기 때문에 "물질적"이지 않다고 한다. 그것은 일련의 다른 물질적 배열이라기보다는 특이한singular 것이며, 사실, 이들은 〔이들의〕 물질적 부분의 특수성 때문에 상이하지만, 〔그럼에도〕 이들 모두는 동인도 회사로 명명된다. 다시 한번, 우리는 객체 지향 존재론의 일부 주장에서 큰 사물the Thing에 대한 하이데거의 주장이 얼마나 중심적인지를 볼 수 있다. 객체는 그 물질적 구성을 초과하여 존재한다. 객체는 그 물질성에 의해서 가려진 채로 독립적으로 존재해야 한다. 그 독립성의 의미는 객체가 그것의 물질적 요소들, 감각적 표현, 특정 형태 등을 넘어서 존재한다는 것이며, 물질성을 넘어서는 일관된 "본질"을 가져야 한다는 것이다.

하먼의 주장은 "테세우스의 배The Ship of Theseus"(Plutarch 1960, 29 참고)로 알려진 고전적인 철학적 역설과 닮았다. 그리스 신화 속 영웅 테세우스가 전투에서 항해했던 배가 후세를 위해 항구에 보관되어 존재한다고 치

자. 그 배는 오래될수록 나무 널빤지가 썩기 시작하여 점차로 교체된다. 한 세기 정도가 지나면 그 배의 모든 부품이 교체된다. 이제 그 배는 테세우스가 한때 항해했던 배와 같은 배인가?

하먼은 아리스토텔레스처럼 '새로운' 배가 〔과거의 배와〕 같은 배라고 주장하는 이들을 따르는데, 아리스토텔레스는 하먼과 하이데거 모두 그들의 저작에서 의존했던 '사중적 인과fourfold causality' 체계를 통해 해결책을 제시했다(Harman 2010 참고). 아리스토텔레스에게 객체는 네 가지 원인들 ―"형식적 원인", 즉 그 설계, "물질적 원인", 즉 물리적 물질성, "효율적 원인", 즉 제조자의 행위성, 그리고 "최종적 원인", 즉 객체의 의도된 사용― 로 구성된다. 비록 그 배들이 물질적 원인과 효율적 원인에서 다르다고 하더라도, ―즉, 널빤지가 다르며 그 배는 다른 사람들에 의해서 만들어졌다― 형식적 원인과 최종적 원인은 동일하다. 즉 "과거의" 배와 "새로운" 배는 하나의 객체로서 동일한 형태와 "사용 방식"을 가지고 있다. 아리스토텔레스는 복원된 배가 최종적 원인, 즉 그에게 있어서 어떤 객체에 특정한 정체성을 부여하는 것 때문에 동일하다고 주장했는데, 이는 하이데거와 객체 지향 존재론이 아리스토텔레스적 모델을 넘어섬에도 불구하고 하이데거가 '큰 사물'의 용도가 그 본질과 연관된 것임을 강조할 때 우리가 볼 수 있는 특권화이다. 하이데거와 객체 지향 존재론에 있어서 시간이 지나더라도 객체를 동일하게 만드는 것은 용도를 넘어 물러선 본질withdrawn essence의 일관성이다.

헤라클레이토스Heracleitos와 같은 다른 고대 그리스 철학자들은 새로운 배는 근본적으로 다르다고 주장했지만, 그것은 부분적으로 물질적, 물리적 변화의 내재적 상수 때문이다. 헤라클레이토스에게는 모든 것이 시간이 지남에 따라 계속해서 달라진다. 이 책에 나오는 유물론적 이론은 아리스토텔레스보다는 헤라클레이토스를 더 따르고 있지만, 변화와 유동에 대한 강조는 대부분 시간의 흐름에 따른 일관적이거나 지속적인 정체성에 대한 주장을 거부한다. 유물론적 이론은 이 순간의 "여러분"은 어린 시절의 "여러분"과 다르고, 청소년기의 "여러분"과도 다르며, 몇 주, 며칠, 심지어 몇 분 전의 "여러분"과도 다르다고 주장할 것이다. 이 순간들은 각각 구별되고 상이하며 다양한 물질적 사실들과 관련된다. [반면에] 객체 지향 존재론은 여러분이 [여러분에게] 발생했을 수도 있는 변화와 상관없이 항상 같은 객체라고 주장할 것이다.

여기서 요점은 객체 지향 존재론은 본질적으로 틀리고 유물론이 본질적으로 옳다고 말하는 것이 아니다. 요점은 객체와 물리적 물질성을 동등하게 보는 것을 부정하는 철학의 오랜 전통에서 비롯된 객체 지향 존재론의 사물에 대한 이론이, 비록 서로 다른 정치적 함의를 지닌 매우 다른 결론에 이르지만, 이 책에서 논의해 온 내용과 공명을 일으키는 것으로 보인다는 것이다. 하먼은 물리적 물질성을 넘어선 '과잉'을 허용하지 않는 이론들(유물론과 같은)이 자신들이 연구하는 것을 "과용하고overmine" 있다고 비난하는데, 그 의미는 객체가 그것이 행하는 것, 또는 그것이 어떻게 다른 객체들과 관계를 맺고 상호작용 하는지로 "환원"된다는 것이다. 하먼에게 있어 이는 사물의 존재를 완전히 부정하는 죄악이다(2018, 49). 어쨌든, 우리는 객체 지향 존재론과 함께 "객체"는 어떤 비물질적 본질로서만 존재한다고 주장하는 객체 철학을 얻게 되는데, 이 본질은 특별히 어디에도 없고 아무 일도 하지 않지만 물질적으로 존재하는 물리적 상호작용과 관계를 넘어서 외부에 존재한다. 객체의 물질적, 물리적 부분의 내재성을 넘어서는 "객체성objectness"이 존재하는 것이다.

우리가 하먼에게 이의를 제기할 수 있는 몇 가지 방식을 독자들이 이미 파악할 수 있기를 바란다. 예를 들어, 새김에 관한 앞에서의 논의[2장 새김과 테크닉]로 거슬러 올라가면, 고유하고 물리적인 사물은 새겨진 무언가의 표식으로 물질화한다. 특정한 부분들이 물질화하는 이유는 과거에 실제로 일어났던 어떤 것, 즉 물리적 미디어에 "문서화된" 어떤 것과의 물리적 연관성 때문이다. 공간과 시간에 관한 논의[3장 공간과 시간]로 거슬러 올라가면, 고고학이 이 "문서"들을 살펴볼 때, 그것은 실제적이고 물리적인 객체를 대상으로, 예를 들어, ─특정한 고고학적 기법의 의도와 사용에 따라─ 역사에 관한 지식을 잠재적으로 드러낼 수 있는 일련의 테스트를 통해서 이를 수행한다. 원본에 사용된 물질들은 재구성에 사용된 물질들과는 엄청나게 다른 지식을 생산하는데, 이는 부분적으로는 나무 안에 축적된 다른 새김들이 있기 때문으로, [예컨대 그 다른 새김은] 배 자체가 항해했던 특정한 경로의 결과일 것이다. 그리고 우리가 서류 작업의 새김을 생각해 보더라도, 네덜란드 동인도 회사는 단지 객체로서 존재했을 뿐인데, 이는 이 회사에게 초국적인 권위를 부여하기 위해 존재했던 문서들, 계약들, 그리고 주식들 때문이다. 또한 이 회사는 특정 편향을 가진 문서화와 계약으로 존재하는데 이는 그들이 사용한 미디어의 물리성 때문이며, 다른 국가 기관들이 "물질화"되는 방식 때문에 이 회사는 합법화된다. 네덜란드 동인도 회사가 정부의 권위를 부여받은 유일한 이유는, 제국주의 무역의 대리인으로서의 권위 때문인데, 이는 식민 지배와 착취로서 물질적으로 발현되는 불평등한 관계를 만들어 냈다.

이러한 세부사항들은 중요하다. 그것들은 객체가 "물질화"될 때 취하는 특정한 형태를 구성한다. 물리적 물질성에서의 변화는 특정 객체의 존재를 재창조하고 변형시킨다. 유물론적 관점은 우리가 살고 있는 현실을 창조하기 위해 함께 일하는 다양한 행위자와 행위성을 인정하게 한다. 〔그러나〕 객체 지향 존재론이 제시한 객체에 대한 이론은 그렇지 않다. 그것이 우리에게 말하도록 허용하는 것은 객체가 존재한다는 것뿐이다. 그러나 우리는 객체에 대해 이러한 존재의 진술을 넘어서는 어떤 것도 말할 수 없다. 객체 지향 존재론은 아마도 실재론이 아닌 "관념론"의 정점으로 생각되어야 할 것이다. 그 안에서 객체는 결국 비물질적인 "사물", 즉 변하지 않고 고정적이며 물질이 없는 알 수 없는 관념론적 형식이 된다. 비록 객체 지향 존재론이 이러한 사유를 가진 정신의 존재를 부정하지만 말이다.

객체 지향 존재론과 사변적 실재론으로부터 우리가 취해야 할 점들이 있다. 우리는 이들이 인간을 넘어서 세계에 주목하는 점과 객체를 오직 그들의 구성 요소로 전환시키는 특정 종류의 환원에 대해 거부하는 점을 받아들여야 한다. 그러나 우리는 동시에 객체 지향 존재론과 유물론적 미디어 이론의 근본적인 양립 불가능성을 인정해야 한다. 비록 객체 지향 존재론과 유물론적 이론의 만남은 우리가 어떻게 ─시간이 지나도 일관된 정체성과 같은─ 어떤 사물들을 부정하되, 우연적이고 다중적이며 관계적인 과정을 선호해야 하는지를 보여 주기도 하지만 말이다. 객체 지향 존재론과 사변적 실재론에 대한 많은 비판이 그것이 얼마나 자신의 요구에 좀처럼 부응하지 못하는지를 보여 주는(Wolfendale 2014) 이 시점에서 우리는 제인 베넷의 생기 유물론에 대해 살펴볼 것이다. 베넷은 하먼이 지적했듯이(2018, 240-43), 객체 지향 존재론의 여러 관심사를 공유하면서도, 물리적 물질성, 관계성, 비인간적 객체의 행위성을 강조함으로써 이 책에서 논의한 물질성과 더 부합하는 객체와 관계에 대한 이론을 제공한다. 동시에 베넷의 존재론은 전체적인데, 객체 지향 존재론이 물리적 물질성을 넘어 알 수 없는 본질을 따르면서 객체의 절대적인 변화성을 과장하는 경향이 있다면, 생기 유물론은 세계 전체의 상호 얽힘을 과장하면서 정치적 충돌과 차이의 가능성을 사라지게 한다.

## 생기적 객체와 정동적 에너지

제인 베넷의 생기 유물론은 인간을 넘어선 광범위한 행위성들을 인정하고, 모든 것을 동등한 존재론적 기반 위에 놓으려고 시도한다. 하면은 이를 생기 유물론이 객체 지향 존재론(2018, 240-43)과 〔입장을〕 공유하는 지점이라고 언급했다. 하지만 생기 유물론은 물리적 물질성, 관계성, 그리고 ―중요하게도― 객체들이 행위하도록 허용하는 객체 내에 존재하는 생기적 "에너지"를 강조하기 때문에 객체 지향 존재론과 다르다. 생기론vitalism은 전형적으로 내부로부터 무엇인가를 활기차게 만들어 내는 일종의 "생명적 힘life force"을 따르는데, 이는 아마도 생명의 비약élan vital, 또는 "생명의 힘vital impetus"이라는 앙리 베르그송Henry Bergson의 개념으로 가장 잘 대표될 것이다. 이 개념은 유기체 내에 존재하는 생기를 불어넣어 주는 생물학적 에너지로, 유기체들이 아무런 구체적인 최종의 "목표"(1911, 51) 없이 움직이고, 발전하며, 시간적으로 지속되도록 해 주는 것이다. 베넷은 베르그송이 제시한 것과 같은 생명 이론들이 물질을 너무 쉽게 유기체 "내에" 존재하는 생기 에너지로부터 분리한다고 본다. 베넷은 대신에, 이 생기 에너지는 물질에 내재되어 있고, 모든 물질은 행위하는, 정동의 능력을 가지고 있다고 주장하기를 원한다. 따라서, 생기 유물론에 대해 우리가 주목해야 할 두 가지가 있다. 첫째, 생기 유물론은 객체의 물리적 물질성을 강조한다. 그러나 둘째, 생기 유물론은 다른 것들에 영향을 미치고 영향을 받을 수 있는 관계적 능력과 연결된 정동적 에너지로서 행위성을 이론화함으로써 객체의 물질성을 강조한다.

베넷은 ―객체와 사물 사이의 오랜 차이점에 근거하여― 사물의 힘, 즉 "생기를 불어넣고, 행위하며, 극적이고 미묘한 효과를 생산하는 무생물의 신기한 능력"(2010, 6)을 강조할 필요가 있다고 주장한다. 그럼에도 불구하고 이 과잉 행위의 능력은 ―물질성을 뛰어넘을 수는 없지만― 객체를 이해하는 인간의 전형적인 방식을 뛰어넘는다. 이러한 사물의 힘은 쓰레기에서 가장 뚜렷하게 찾아볼 수 있다. 쓰레기는 무생물 중에 가장 "생기가 없는" 것으로 보인다. 빈 알루미늄 캔에서 종이, 플라스틱, 오래된 VCR과 휴대폰에 이르기까지, 이것들은 고장 나서 더 이상 작동하지 않는 것처럼 보이며, 많은 것을 "하지do" 못하는 것처럼 보이는 사물들이다. 쓰레기에는 명확한 "용도"가 없고, 종종 "형태"를 가지고 있지 않다. 하이데거의 사물에 대한 논의는 우리가 쓰레기를 절대로 "사용"하지 않기 때문에 이에 적용되지 않을 것이다. 쓰레기는 우리가 처리하고 잊어버리려 하는 "잡동사니stuff"처럼 보인다. 그러나 베넷이 지적한 것처럼, 우리의 현재 생태학적 위기 중 많은 부분은 쓰레기가 부패하고, 썩고, 부서지면서 쓰레기 안의 화학물질과 미네랄이 우리 주변의 물, 음식, 그리고 토양에 달라붙어 오염시킴에 따라 만들어진다. 우리는 이런 생태학적 위기를 쓰레기의 무생물 형태로 생각하면서, 쓰레기가 현실을 활발하게 재구성하고 있는 광대한 방식들을 간과한다.

쓰레기의 물질성은 인간과 동물 생명체의 물질성과 같다. 우리는 쓰레기의 물질적 구성을 무시하면서, 인간의 신체를 구성하는 물리성을 무시하고 있다(12-13). 인간의 신체는 내부에서뿐만 아니라 우리가 먹고 소비하는 것으로부터 나오는 미네랄, 산, 그리고 화합물로 구성되어 있다. 예를 들어, 수은은 화산을 통해서뿐만 아니라 전력을 얻기 위해 석탄을 태우고, 기름을 정제하며, 염소chlorine를 생산함에 따라서 공기 중으로 들어오는 독성 금속이다. 수은은 다시 공기 중에서 물속으로 흡수되는데, 그곳에서 —먹이사슬을 통해 이동하면서— 참치와 넙치 같은 물고기의 몸에 축적되어 다시 인간에 의해 먹히면서 신경계를 손상시킬 수 있는 상당한 양의 독성 물질로 우리 몸에 축적된다. 물질적으로, 우리의 몸은 지구 전체에서 행위적으로agentially 움직이면서 다른 생명체 및 객체와 연결된다. 우리의 생물학은 우리가 접촉하는 —방사선과 같은— 물질적 파동에 따라 다시 만들어진다. 휴대폰과 와이파이와 관련된 이러한 효과들은 아직 명확하게 이해되지 않고 있다. 베넷에게 인간 신체와 사물, 이 세상의 객체들이 함께 공유하는 물질성은 인간의 생명과 세계의 생명이 완전히 서로 얽혀 있기 때문에 윤리적인 것이다.

그러므로 생기 유물론에서는, 베넷이 주장하듯이, 모든 것이 "보이고 보이지 않는 것들의 표시인 물질-에너지"(122)로서 존재하기 때문에 주체와 객체 사이에 분리가 있을 수 없다. 베넷의 "물질matter"에 대한 유일한 이해는 우리 모두가 말 그대로 동일한 "잡동사니stuff"로 구성되어 있다는 것이다. 그러나 이것은 여전히 그가 의미하는 "생기성vitality"과 "행위성"을 간과하는데, 이것은 정동 이론과 관련하여 생각되어야 한다.

현대 이론에서 광범위하게 사용되는 "정동"은 의식과 경험이 물리적, 신체적 변화 이후에 일어나며 "정신"과 감각은 신체와 두뇌의 물리성에 부수적인 것이라는 윌리엄 제임스의 주장과 함께 철학자 바뤼흐 스피노자Baruch Spinoza의 주장 중 일부에서 비롯된다. 아마도 최근의 가장 중요한 정동 이론은 스피노자와 제임스에 이어 정동과 감정emotion 사이를 견고하게 분리시키는 브라이언 마수미의 에세이 『정동의 자율성The Autonomy of Affect』(2002)일 것이다. 마수미에게 정동은 물질적이고 신체적이며 관계적인 어떤 것인 반면, 감정은 사실 이후에 발생하는 신체적 경험에 대한 제한적이고 포착된 묘사이다. 정동을 이론화하려는 많은 시도에서 비슷한 주장들이 발견될 수 있다. 테리사 브레넌Teresa Brennan에게 정동은 상이한 신체들 사이에서 전달되는 "물질적, 생리적인 것들"(2006, 6)이며, 어떻게 "우리가 에너지라는 측면에서 자족적이지 않은가"(6)를 보여 준다. 인류학자 캐슬린 스튜어트Kathleen Stewart에게 정동은 "초개인적이거나 전 개인적인prepersonal 것으로, 한 사람의 감정이 다른 사람의 감정이 되는 것에 대한 것이 아니라, 신체, 즉 인간의 신체, 담론적 신체, 사유의 신체, 물의 신체들이 문자 그대로 서로 영향을 주고 강렬함intensities을 발생시키는 신체들에 대한 것이다."(2007, 128) 이 모든 저자를 특징짓는 것은 〔이들에게서〕 정동이 신체적이고 생리적인 어떤 것이라는 점이다.

따라서 정동은 신체들 사이에서, 신체들을 통해서 이동하는 "에너지"를 설명하게 된다. 때때로, 그것은 말로 쉽게 표현되지는 않더라도 분명하게 느껴진다. 때때로, 그것은 의식보다 먼저 존재하고, 물질적인 효과를 갖지만, 개인의 의식 안에 명확히 위치할 수 없다. 4장에서 리사 블랙먼을 인용한 주장, 즉 우리는 신체 대신에 신체와 두뇌, 세계의 얽힘에 대해 말해야 한다는 주장으로 이끈 것이 바로 이러한 정동성affectivity이다. 정동은 이러한 얽힘이 일어나는 물질적 수단인데, 〔그것은〕 개인들 사이에서 넘치며 이동하는 에너지 물질이며, 그들 상호 간을 연결시키고 세계로 연결시킨다. 정동은 베넷이 그의 생기론이 유물론이라고 주장할 수 있도록 허용하는 수단이기도 한데, 여기서 정동은 다른 사람들에게 작용하고 영향을 미칠 수 있는 물질 내의 에너지 잠재력을 지칭한다.

나는 정동 이론이 제시하는 일반적인 주장에 동의한다. 우리는 관계성과 상호작용을 물질적인 것으로 이해해야 하며, 이러한 관계적, 물질적 상호작용은 이동과 변화에 관한 것이라는 점을 이해해야 한다. 정동은 우리를 서로 다른 신체들을 연결하는 물리적 에너지들과, 움직일 수 있는 신체들의 능동적인 능력으로 향하게 한다. 그러나 정동은 너무 쉽게 물질성을 넘어 형이상학적인 물질이 되면서 표류하며, 가까운 미래에 에테르aether(ether로도 표현됨)와 유사한 어떤 것이 될까 봐 우려된다(Milutis 2006 참고). 에테르는 이론적 "원소element"의 명칭으로, 고대와 중세 과학에서 19세기에 이르기까지, 공간을 물질적으로 채우는 것이라고 생각되었다. 그것은 중력과 빛의 움직임을 설명하는 데 사용되었다. 오늘날 에테르의 존재를 믿는 과학자들은 거의 없다. 그럼에도 불구하고, 에테르는 우리가 그것을 지각하거나 경험할 수 없더라도 존재하는 물질적인 실체substance라고 생각되었다. 에테르의 유산은, 비록 그것이 적절하게 식별되거나 일관된 방식으로 정의될 수는 없지만, 특별한 효과를 일으키는 물질적인 "실체"에 대한 모든 설명 안에 우리를 머무르게 한다.

형이상학적인 방향으로의 표류 과정에서 우리가 정동 이론에서 볼 수 있는 몇 가지 문제가 발생한다. 정동은 모든 것이 "느껴지고" "감각적"이게 되는 이상한 종류의 의인화anthropomorphism를 생산하는 경향이 있다(Angerer 2017, 21). 다수의 정동 이론가들이 변화와 차이에 집중한다는 사실에도 불구하고, 상호주관적인 흐름에 대한 강조는 일부 이론가가 주체성의 가능성을 부인하거나(Blackman 2012; Terada 2001 참고), 또는 전체화된 단일 세계를 주장하게 하는데, 이 세계에서는 절대적인 상호 연결이 원인과 결과에 대해서도, 변화를 유발하는 개입에 대해서도 말할 수도 없다는 것을 의미하여 개인이나 집단의 행위성이 아무것도 할 수 없는 비관적인 세계관에 이르게 한다(Bollmer 2016b 참조). 그리고 마지막으로, 많은 정동 이론가에 의해 발전된 유물론적 주장은 정동이 물질적이면서 물질을 넘어 존재하는 신체 생리학에서 발견되는 "사물"임이 틀림없다고 주장한다. 이는 이론가들이 종종 충격적으로 환원적이고 부분적인 방식으로 생물학과 신경학에 대해 논의하게 한다(Blackman 2012, 134; Bollmer 2014; Papoulias and Callard 2010; Leys 2017 참고). 정동 이론들이 요구하는 인간 신체와 정신 모델의 정치적 함의를 인정하지 않고 심리학과 신경과학의 논의들을 훔쳐 오는 것이다. 이 세 가지 문제를 차례로 간단히 다루도록 하겠다.

### 의인화와 물활론animism

생기 유물론적 사유를 특징짓는 특정한 형태의 의인화는 물활론이다. "정동"은 일종의 내면화되고 넘치는 에너지, 살아 있는 것과 살아 있지 않은 것의 신체를 똑같이 활성화하는animate 새로운 "정신spirit"이 된다. 가장 넓게 정의된 물활론은 정신에 대한 믿음 그 이상을 의미하지 않는다. 그것은 어떤 변형된 형태의 서양 신학을 특징짓지만, 최근 이론에서 물활론을 사용하는 것은 종종 이교pagan, 즉 토착적이거나 서구적 근대성을 넘어선 동양적 믿음 체계에서 더 자주 파생된다(Harvey 2013 참고). 이러한 신학적 물활론이 생기적 얽힘에 대한 이론적 주장과 갖는 유사점은 "신물활론new animism"을 존재-윤리적 정령으로 전환시킨다는 점이다. 객체 지향 존재론과 관련된 이론가인 티머시 모턴은 "사람으로 간주되는 것"을 새롭게 상상하고자 하며, "고대 물활론은 존재를 사람으로 다루며… 아마도 고대의 물활론의 업그레이드된 버전을 목표로 하고 있다"(2010, 8)고 주장한다. 저명한 페미니스트 과학 이론가인 도나 해러웨이는 인류학자 에두아르두 비베이루스 지 카스트루Eduardo Viveiros de Castro와의 대화를 인용하면서, "물활론은 유물론의 유일한 현실적 버전"으로서 인류를 넘어선 행위자와 행위성의 감각 가능성을 허용하는 유일한 존재론이라고 주장한다(2016, 88-89). 베넷은 특히 "정신"이 어떻게 물질적으로 존재해야 하는지를 단호하게 확인하면서, 신체와 객체의 행위성을 활성화시키면서 물질로부터 분리된 비물질적인 형이상학적 "사물"로 향하기를 거부하지만, 그럼에도 불구하고 서구 사상의 "외부"에 있는 것으로 보이는 위치 때문에 물활론의 신학적 개념으로 나아간다(2010, xviii, 18).

물활론으로의 이러한 전회는 현대 이론에서 문제가 된다. 물활론의 발동은 전근대적, 또는 동양적 사유 방식을 명시적으로 언급하면서, 서양의 "타자"인 특정한 사유 방식을 오리엔탈리즘적으로 페티시화한다. 미술사가 캐서린 기네스Katherine Guinness와의 공동 작업에서 나는 다음과 같이 말했다.

물활론적인 것은 서구 개인주의의 윤리적 문제에서 벗어남에 따라 자연에 더 가깝게 위치 지어지며, 거의 전적으로 토착성indigeneity, 또는 동양의 영성을 참조하면서 논의된다. 간단히 말해서, 우리는 묻는다. 객체와 이미지의 행위성을 수용하는 것은 물활론적 영성을 요구하는 존재신학적 가정에 의존하는가? 그리고, 만약에 그렇다면, 동양적, 또는 토착적 영성주의적 "전통"을 향한 암묵적 오리엔탈리즘적 관계를 영속화하지 않고 이것을 수행하는 것이 가능한가? (2018, 81)

달리 말하자면, 어떤 것이 특정한 에너지와 힘에 의해 활성화된다고 주장하는 이론들과 결국 사물 안에 존재하는 일종의 활성화된 "영혼"에 의존하게 되는 이론들 사이에는 차이가 있다. 이는 마찬가지로 정신을 모든 물질에 귀속시키는 믿음인 범심리주의panpsychism에 대한 믿음으로 표류하며(Shaviro 2014 참조), 어떻게 정동에 대한 동시대의 주장들이 19세기의 영성주의, 특히 상이한 실체들을 연결하는 "흐르는 힘flowing force"에 대한 영성주의의 강조와 강한 유사성을 갖는지와 관련된다(Blackman 2012, 68). 어쨌든 물활론의 경향은 형이상학적인 "물질"과 행위성이 객체와 정동에 대한 유물론적 이론으로 다시 잠입하는 방식이다.

## 변이성alterity과 전체성totality

브라이언 마수미에 따르면, 정동은 우리를 "어떻게 자연과 문화라는 개념들이 인간적인 것과의 능동적 연결 안에서, 그리고 그 연결을 통해서 비인간적인 것의 환원할 수 없는 변이성alterity, 그리고 그 역의 변이성을 표현하는 방식에 대한 진지한 재작업이 필요한지"(2002, 39)의 문제로 향하게 한다. 이는 비록 이론적으로 정립하기에는 특히 어려운 주장이지만 나는 여기에 동의한다. 그러나 정동에 대한 주장들은 마수미가 강조하는 변이성의 측면을 너무 자주 망각하고, 그 대신 만물의 상호 관계에 초점을 맞춘다(Bollmer 2016b 참고). 우리는 베넷이 그의 생기 유물론의 정치적 함의에 대해 제시하는 얼마 안 되는 구체적인 예 중 하나, 즉 만물의 행위적 상호 관계를 강조할 때 등장하는 "정치"에서 이것을 볼 수 있다. 2003년 미국 북동부와 캐나다에서 발생한 정전에 대해 베넷은 다음과 같이 주장한다. "전력망이 정전됨으로써 많은 것이 밝혀졌다. 공공 인프라의 초라한 상태, 정전 속에서 뉴욕시민들의 법을 준수하는 모습, 북미인들의 불균형적이며 가속화되는 에너지 소비, 상호교차 하고 공명하는 요소들로 구성된 어셈블리지를 표시하는 예측 불가능성의 요소 등이 그것들이다."(2010, 36) 이 정전은 온타리오주에서 약 천만 명, 뉴욕, 뉴저지, 펜실베이니아, 매사추세츠를 포함한 미국의 8개 주에서 4500만 명에게 영향을 미쳤으며, 많은 사람에게 며칠 동안, 또는 심지어 일주일 이상 전력이 공급되지 않았다. 그것은 주로 오하이오의 퍼스트에너지사 FirstEnergy의 제어실에 있는 소프트웨어 버그에 의해 발생했는데, 이 버그는 많은 전력선에 에너지를 적절하게 분배하지 못해 과부하를 초래했다. (제너럴일렉트릭사의 XA/21이라는 에너지 관리 시스템의 일부인) 소프트웨어 버그는 경보의 작동을 한 시간 이상 지연시켰다. 따라서 퍼스트에너지사에서 일하는 사람들은 자신들의 전력선에서 무슨 일이 일어나고 있는지 알지 못했고, 그들이 알아차릴 때쯤에는 컴퓨터가 고장 나 북미 전역의 전력선이 과부하 상태였다.

베넷에게 정전은 인간과 비인간 행위자의 교차점에서 다양한 사건들이 일어난다는 것을 드러내 준다. 내 생각에는 우리도 여기에 동의할 수 있다. 정전은 전력망의 인프라와 퍼스트에너지사의 컴퓨터 소프트웨어, 그리고 퍼스트에너지사 직원들이 그 문제에 대해 특정한 것들을 볼 수 없고, 할 수 없었기 때문에 발생했다. 정전이 일상적으로 미치는 영향들, 즉 전력 없이 살아가는 많은 사람의 삶, 그들의 가전제품과 조명들이 제 기능을 하지 못하는 이유는 인간과 기술, 그리고 다른 곳에 있는 사물 간의 광범위한 상호 연결 때문이었다. 하지만 베넷은 이 주장에서 기묘한 비약을 한다.

따라서 분배적이고 종합적인 행위성 개념은 개인들에게 그들 자신의 행동에 대한 책임을 묻고자 하는 시도를 포기해야 하는가? 퍼스트에너지사의 이사들은 모두 태스크포스 보고서에서 이런 결론에 도달하기를 너무나 열망했다. 그 결론은 그 누구도 정말로 탓할 수 없다는 것이다. 에너지 회사들이 나의 생기 유물론을 공유했을 것 같지는 않지만, 나 역시 가장 강력하거나 징벌적인 형태의 도덕적 책임을 그들에게 부여하는 것은 어렵다고 본다. 내가 보기에 자율성과 강한 책임은 경험적으로 잘못된 것으로 보이며, 따라서 이것들을 제기하는 것은 정의롭지 않은 것으로 보인다. 행동의 총체적 성격과 사람과 사물 사이의 상호 연결을 강조할 때, 생기 있는 물질에 대한 이론은 개인들이 그 효과에 대해 전적인 책임을 질 수 없다는 것을 보여 준다. (2010, 37)

베넷은 자신의 주장을 한정하고 있지만(그는 단지 개인이 자신의 행동에 대해 전적인 책임을 져야 한다는 사실만을 부인한다), 정전의 영향은 소프트웨어 버그라는 특정한 원인에서 비롯되었음에도 정전을 일으킨 GE XA/21이라는 소프트웨어의 범위를 훨씬 넘어서고 있다. 이 문제는 명확한 해결책을 가지고 있다. 퍼스트에너지사는 자동화된 기술 시스템에 너무 많이 의존해서는 안 되며, 소프트웨어를 더욱 엄격하게 점검하고 테스트해야 하고, 이러한 특정한 문제가 없더라도 과부하가 걸리지 않도록 전력망을 강화해야 한다. 에너지 회사들은 정부 규제 기관들에 의해서 시행되는 이러한 대책이 실행될 수 있도록 조치를 취해야 한다. 하지만 이것은 베넷이 제시하는 "해결책"이 아니다. 베넷은 말 그대로 아무 할 일이 없다고 말하지는 않지만, 결국 "개인의 윤리적 책임은 현재 자신이 참여하고 있는 어셈블리지에 대한 개인의 반응에 있다. 나는 그 궤적이 해를 끼칠 가능성이 높은 어셈블리지로부터 나를 탈출시키려고 시도하는가? 나는 그 통합적 효과가 더 고귀한 목적의 실행 쪽으로 향하는 어셈블리지에 접근하고 하는가?"(37-38)라고 주장하기에 이른다. 이와 같은 지침을 따르는 것은 정전의 특정한 원인들을 바로잡는 데 거의 도움이 되지 않을 것이다. 다른 에너지 공급업체로 바꾸는 것은 아마도 아무것도 하지 않는 것 ―정전의 영향을 받은 많은 사람은 퍼스트에너지사의 고객이 아니었다― 이며, 특정 문제들은 추가적인 규제 감독과 테스트를 통해서 해결될 것이다. 대부분의 고객들은 다시 한번 여기서 스스로 직접적인 영향을 미칠 수 없을 것이다. 에너지망으로부터 자신을 떼어 낼 수는 있지만, 대다수의 사람들은 베넷이 이 사건에 대해 논의할 때 의도치 않게 옹호하는 것처럼 보이는 그들의 일상생활의 굴레로부터 벗어날 수 있는 특권이나 능력이 없다. 달리 말하면, "상호 연결"이 개별적인 행동을 무관하게 만드는 것처럼 보일지라도(Bollmer 2016b), 베넷이 실행하는 "정치"는 개인의 선택과 결정에 대한 것에 다름 아닌 것이다(Lemke 2018 참고).

따라서 이러한 윤리적 주장에는 문제가 있지만, 여기서 또한 몇 가지를 배워야 한다. 다른 예를 살펴봄으로써 문제를 좀 더 자세히 설명하는 것으로 시작하자. 한편으로, 베넷이 주장하는 상호 연결의 종류는 전체화하는 것인데, 이는 우리가 "하나의 물질-에너지one matter-energy"(2010, 122)의 일부로 존재한다는 주장에 기초한다. 이 하나의 물질-에너지 내에서 우리가 어떤 네트워크, 또는 어셈블리지를 다른 네트워크나 어셈블리지와 명확하게 구별할 수 있다고 인정한다 하더라도, 특정 어셈블리지로부터 단순히 빠져 나올 수 있는 능력이란 것은 의문스러운 것이다. 다시 말해, 퍼스트에너지사의 소비자가 아닌 사람들이 정전의 영향을 받았다는 것이다. 여러분이 참여하는 기술 및 경제적 네트워크의 많은 부분은 아마도 완전히 알려지지 않은 것들일 것이다. 예를 들어, 서구 국가들의 저축 및 퇴직 연금의 대부분은 주식 시장과 연결되어 있는데, 이는 다른 기업들과 비교해서 어떤 기업들에 투자가 이루어져야 하는지에 대해서 사람들에게 매우 한정적인 선택의 기회를 허용한다. 이러한 금융 네트워크에 참여하기를 철회하는 것은 ―가능하지만― 대다수의 사람들에게 매우 어려운 일이다. 다른 예시로, 대부분의 엔터테인먼트 회사들은 경제적 통합 때문에 군사 및 전쟁 분야에 일부분 투자하고 있고, 종종 기꺼이 여러 가지 방법으로 군대와 협력하는데, 이론가 제임스 더 데리안James Der Derian(2009)은 이를 "군사-산업-엔터테인먼트-미디어 네트워크"라고 부른다. 만약 누군가가 전쟁과 군대를 지원하는 것을 확실히 피하고 싶다면, 미디어 소비와 인터넷 접속을 중단해야 할 것이다. 아마도 이는 ―단지 스펙트럼사Spectrum나 컴캐스트사Comcast에 돈을 지불하고 인터넷에 접속하는 것만으로도― 전쟁으로 이익을 얻는 기업에 돈을 지불하는 행위일 것이다.

이러한 예들은 경제적인 것이고, 설사 해결책이 있다고 하더라도 〔그것은〕 이러한 네트워크로부터 자신을 제거하는 것이라기보다는 ―협력하여 집단적으로― 정부와 기관들에 정책이나 법을 바꾸도록 압력을 가하는 것이 될 것이다. 예를 들어, 호주의 많은 대학은 학생과 직원의 압력 때문에 화석연료를 연소하는 에너지 회사들로부터의 투자를 중단시켰다. 이것은 일종의 상호 얽힘뿐만 아니라 어떻게 한계가 있는 다중의, 차별적 관계들이 존재하는지를 말해 주며, 또한 완전히 연결된 "하나의 물질-에너지"가 존재하는 것은 아니라는 것을 보여 준다. 그러나, 여기서의 선택은 개인적인 것이 아니다. 그것은 관계의 집단적 협상을 통해, 조직화를 통해, 관계에서 벗어나는 것이 아니라 관계를 재구성하는 대중정치를 통해 이루어져야 한다. 개별화된 "출구exit"라는 아이디어는 오늘날 정치이론의 다양한 영역에서 인기가 있지만, 일상생활을 지속하는 구속으로부터 간단하게 벗어날 수 있는 특권, 또는 능력, 다른 신체보다 특정 신체에 더 많이 투자하는 특권을 가지고 있을 때만 작동한다(Sharma 2017 참고).

에너지 넘치는 상호 얽힘에 대한 베넷의 주장은 모두가 동등하게 속해 있으며 개인적 선택이라는 정치를 하지 않는 한에서 도움이 될 수 있다. 〔그러나〕 관계는 균등하게 분배되지 않으며, 우리 모두가 한 세계 안에 존재할 수는 있지만, 그 세계는 내부에서부터 분리되고 차별화되어 있다. 우리는 사람과 사물 사이에 존재하는 관계와 연결에 대해서만큼이나 차이와 변화, 그리고 차이가 어떻게 구체화되고 유지되는지에 대해서도 많은 관심을 기울여야 한다. 네트워크는 멈추고, 에너지는 흩어진다. 누구와 "함께"할 것인가의 문제는 누구를 "반대"할 것인가의 문제만큼이나 중요하다.

## 정동과 두뇌의 물질성

그러나 정동 이론의 가장 큰 문제점 중 하나는 그것의 물질성이 정의되는 방식에서 비롯된다. 만일 정동이 물질적이며 사유와 의식보다 먼저 존재한다면, 그것은 바로 신체의 물리성 안에 존재해야 한다. 이는 앞의 4장에서 논의된 우리의 관심사와 연결된다. 정동은 생리적이어야만 하고, 아니면 적어도 생리적이어야만 하는 것처럼 보여야 한다. 리사 블랙먼은 이 문제를 다음과 같이 요약했다. 정동은 영적이거나, 심리적이거나, 또는 형이상학적인 것을 부인하기 때문에, 그것은

정동의 전달transmission을 설명할 수 있는 가능한 메커니즘에 대한 주장을 제공하기 위해서 심리학적, 생물학적 이론화의 "견고한hard" 부분을 가져온다. 이러한 시도들은 사람들 사이 정동의 전달을 설명하기 위

해서 단일한 신경생리적 신체로 후퇴한다. 따라서, 정동의 전달을 이해
할 수 있게 만드는 심리적 복잡성에 대한 이해는 두뇌와 중추신경계로
환원된다. (2012, 77-78)

정동 이론가들은 다양한 신경심리학적, 또는 심리학적 연구에 의존하
는 경향이 있는데, 이러한 연구 중 많은 부분이 심각한 결함을 가지고 있
거나 "물질적", 생물학적 설명과 스피노자와 제임스의 주장과의 유사성
때문에 선별적으로 선택된다(Leys 2017; Papoulias and Callard 2010 참고). 정
동 이론은 너무 자주 "신체의 생동감 있는 과정성을 활성화하기 위해 신
경계, 내분비계, 또는 거울 뉴런mirror neuron과 같은 특정 신경심리학적
개념을 호출하는 것에 의존한다."(Blackman 2012, 134) 이러한 문제는 마
카크macaque 원숭이에게서 발견되는 거울 뉴런 —많은 심리학자가 공감
empathy의 신경생물학에 있어서 중심적이라고 믿는 얼굴 표정 따라하기
mirroring에 대한 생리학적 설명을 제공하는 마카크 원숭이에게서 발견되
는 신경학적 메커니즘— 이 인간에게 존재한다는 점이 증명되지 않았다
는 사실 때문에 더욱 복잡해진다. 신체 간 관계의 중요성을 식별하려는
목표에도 불구하고, 이러한 목표들은 주체의 개별성을 훼손하며, 두뇌를
향한 관심의 전환은 결국 개인의 특이성을 두뇌의 물질성에 의해서 규정
된 대로 재확인하게 된다.

게다가, 정동과 감정의 신경생물학은 특정한 두뇌와 신체를 무질서한
것으로, 두뇌가 감정 관계를 경험할 수 있게 하는 신경학적 메커니즘을
결여하고 있기 때문에 적절하게 "느낄" 수 없는 것으로 규정하는 데 활용
된다. 이는 자폐증, 반사회성 성격장애psychopathy, 경계성 성격장애boderline
personality disorder의 진단에서 가장 잘 나타나는데, 이 모든 것은 현대 신경

심리학에서 두뇌의 "공감 회로"의 오작동으로 규정되며, 여기서 특정한 신체는 정동 이론에서 정동을 인간 신체의 생물학적 —심지어는 존재론적— 역량으로 규정하기 위해 사용하는 동일한 연구들에 의해서 특정한 생리적 능력을 결핍하고 있는 것으로 규정된다(Bollmer 2014 참고). 그 결과는 기이하고 순환적인 모순의 집합이다. 신경과학과 신경심리학은 정동 이론가들이 정동의 물질적 존재를 "관계"를 의미하는 존재론적 —심지어 정치적인— 힘으로 규정하기 위해서 취하는 관계의 생리적 과정을 설명하기 위해, 특정한 생물학적 메커니즘을 식별해 낸다. 그러나 신경과학과 신경심리학은 또한 병리화되거나 교정되어야 할 특정한 신체를 식별하기 위해 이러한 동일한 생물학적 메커니즘을 사용하는데, 여기서 특정 신체는 특정한 뇌 기능이 없기 때문에 "비정상적abnormal"인 것으로 규정된다. 심지어 일부 신경심리학자들은 이러한 신체들이 "공감empathy"을 경험할 생리적 능력을 결여하고 있기 때문에 "악evil"으로 가장 잘 표현될 수 있다고 주장한다(Baron-Cohen 2011 참고). 그러나 정동 이론은 인간관계의 물질성을 설명하기 위해 이러한 생리학적 메커니즘을 채택했기 때문에 특정 장애가 역사적으로 구성된 측면을 인식할 수 없게 된다. 즉, 정동 이론은 반사회성 성격장애, 자폐증, 경계성 성격장애를 특정 신경학적 문제로 식별하는 데 사용되는 정동과 관계에 대한 동일한 생리학적 설명에 의존하는 것이다.

## 관계와 대립

따라서, 우리는 완전히 양립할 수 없는 것처럼 보이는 객체에 대한 두 가지 관점을 가지게 된다. 하나는 사변적 실재론과 객체 지향 존재론과 관련하여 마리루이제 앙거러Marie-Luise Angerer가 말했듯이, "주체와 객체 사이의 불가침의 벽"(2017, 21)에 의존한다. 다른 한편, 생기 유물론은 주체와 객체를 넘어서, 그리고 그 사이를 이동하는 물리적 "정동"에 의해 한데 모여진, 생물과 무생물, 그 관계들, 행위자들, 얽힘 모두의 "생명"을 강조한다. 만일 하나가 고립과 분리를 강조한다면, 다른 하나는 전체적 상호작용을 강조한다. 우리는 이 두 사상의 이러한 핵심 주장들을 받아들여야 한다. 우리는 객체들이 인간으로부터 독립되어 있다고 말하면서, 그것들의 변이성과 타자성을 강조해야 한다. 그러나 이 객체들은 그것의 물질성을 초과하지 않는다. 그것은 그들의 물질적 관계 밖에 존재하는 어떤 "본질"을 소유하지 않는다. 대신에, 우리는 이 객체들과 관계되어 있고, 그것들과 함께 작용한다. 그리고 자아와 타자 사이의 경계는 보통 위반되거나 재구성된다. 이것은 특이한 "단일성"이나 전체주의로 이어지지 않으며, 물리적인 것과 형이상학적인 것 사이에서 거북하게 움직이는 어떤 것, 즉 "정동"을 따르지 않아도 된다. 그것은 그들 사이의 경계선이 유지되기 때문에 존재하는 다중의 대립적 어셈블리지로 이어진다.

여기서 제시하는 관점은 캐서린 베하르가 객체 지향 존재론을 "객체 지향 페미니즘"(2016)으로 재상상한 것과 상당 부분 유사하며, 이는 우리가 처음에 살펴보았던 사라 아메드의 관심으로 우리를 되돌린다. 베하르는 물러선 사물에 대한 객체 지향 존재론의 강조를 수용하고자 하지만 수정하기도 한다. 즉 생기 유물론이 외부의 무한으로 나아가는 경향을 교정하는 다양한 방식으로 객체 지향 존재론을 수정하는 것이다. 생기 유물론은 모든 존재를 객체로 가정하는 것에서 시작하는데, 이는 인간이 처음부터 "대상화objectified"되었다고 가정하면서 베넷처럼 "물질로서의 우리의 공통된 지위는 인간이든 비인간이든, 유기적이든 무기적이든, 생물이든 무생물이든 모든 객체 간의 연속성을 위해 길을 열어 준다"(9)고 주장한다. 그러나 이렇게 함으로써 객체 지향 페미니즘은 존재론을 "설명"하려는 객체 지향 존재론의 주장을 거부하고, 주체가 가지는 객체에 대한 접근성의 결여에서 나오는 공허함을 거부한다.

객체 지향 페미니즘은 존재론을 정치적 배치로, 실재론을 자기-소유와 관계의 영역으로, 객관성objecthood을 상황적인 지향으로 강조하는데, 이는 자기결정, 연대, 저항에 대한 객체들의 교차적 전망을 파악하고 변화시키기 위함이다. 객체들의 내부 저항적 성질은 가장 우리의 관심을 받을 만하다. (24)

달리 말하면, 베하르는 〔우리는〕 객체를 독립적이고 물러선 것으로 간주해야 하지만, 특정 객체들은 항상 다른 객체들과 관계를 맺는다고 주장한다. 객체 지향 존재론은 새로운 방식으로 객체들과 관계를 맺는 ─사변이 아닌─ 실천의 형태들을 받아들이며, 객체들의 물러선 분리 때문에(분리에도 불구하고가 아니라), 서로 마주치는 객체들과 물질적으로 함께 공존하는 새로운 방법들을 창안하는 것이다. 즉 객체들과 새로운 방식으로 관계를 맺는 것이다. 여기서의 목적은 아메드를 따라, 정위성orientation의 가능성들을 변형시키는 것이다. 우리는 어떻게 새로운, 다른, 또는 이전에는 보이지 않았던 객체들로 향할 수 있는가? 우리는 어떻게 새로운 관계와 새로운 실천들이 물질화되도록 허용할 수 있는가?

아메드는 또한 정동이 어떻게 단지 관계가 아닌지 ─정동은 단지 이것과 저것을 연결시키는 힘이 아니다─ 에 주목하면서 이러한 문제들 일부를 재구성한다. 아메드는 오히려 정동이 신체들 사이의 감정으로서뿐만 아니라, 신체들을 함께 연결하고 또한 서로 대립시키는 감정으로서 등장한다고 주장한다.

감정은 신체의 바로 그 표면을 형성하는데, 이것은 시간이 지남에 따라 행위의 반복뿐만 아니라, 다른 사람들을 향하거나 멀리하려는 지향을 통해서도 형성된다. 실제로 감정에 귀 기울이는 것은 우리가 하는 일이 다른 사람들과의 접촉에 의해서 형성된다는 의미에서 모든 행위가 어떻게 반작용reaction인지를 보여 줄 수 있다. (2014, 4)

정동이 신체들 사이를 순환하는 동안, 어떤 정동은 특정한 방식으로 "붙어"서, 반복 안에서 "물질화되는" 주체와 객체들 사이의 특정한 관계를 생산한다. 아메드는 생기 유물론처럼 정동은 주체에 있는 것도 객체에 있는 것도 아니며, 특정한 지향이 어떻게 물질화되는지에 대한 것이라고 주장한다. "감정은 관계적이다. 감정은 작용과 반작용, 또는 그러한 객체들과의 관계에서 '대향성towardness', 또는 '거리감awayness'의 관계들을 포함한다."(8) 정동은 특정한 관계가 단순히 중립적인 관계가 아니라 특정한 객체를 향한, 또는 다른 객체로부터 멀어지는 관계로 이해되고 느껴지게 한다. 정동은 지향하며 배치한다.

객체와 정동에 대한 아메드의 관심은 인종차별을 지시하는 특정한 감정적 투여와 특정 신체가 어떻게 "낯선 사람" —이는 "우리가 알지 못하는 어떤 사람"이 아니라 "부적절한 위치out of place에 있는 신체"라는 의미이다— 이 되는지를 이해하고자 하는 그의 관심에서 비롯된다.

누군가를 낯선 사람으로 인식하는 것은 정동적 판단이다. 낯선 사람은 의심스러워 보이는 사람이고, 숨어 있는 사람이다. 나는 어떤 신체들이 어떻게 "순식간에" 의심스럽거나, 또는 위험한 객체로, 두려워해야 할 객체로 판단되는지, 즉 치명적인 결과를 가져올 수 있는 판단에 관심을 갖게 되었다. 한 신체에 있어서 가장 위험한 것은 그 신체가 위험한 것이라는 사회적 합의이다. (211)

아메드가 말하고 있는 것은, 어떻게 인종 —특히 흑인성blackness— 이 "부적절한 위치"에 있는 것으로 보일 수 있으며, 이 "부적절한 위치"에 존재함이, 미국에서 아프리칸 아메리칸들에 대한 경찰 폭력의 수많은 사례에서 볼 수 있듯이, 누군가를 합법적으로 살해하는 데 이용될 수 있는지에 대한 것이다. 그리고 여기서 우리는 아메드가 상품물신주의라는 마르크스주의 개념과 비교하는 방식을 통해서 말하는, 물러선 객체만을 허용하는 관점의 위험성을 알 수 있다.

감정들은 마법처럼 객체들에 존재하게 된다. 즉 감정들은 마치 오로지 노동과 생산이라는 더 넓은 경제로부터 객체들을 단절시킴으로써 사물의, 또는 사물 안에 있는 자질이 된다. 이는 마치 타자들의 도래에서부터 공포가 비롯되는 것과 같은데 여기서 타자들의 신체는 우리가 가진 공포를 담는 그릇이 된다. 이 그릇들이 쏟아지면, 공포는 위기의 관리가 된다. (227)

아메드에게 특정한 감정은 객체의 "내부"로부터 비롯되는 것이 아니다. 감정은 특정한 신체들이 어떻게 접촉하고 서로를 향하는지로부터 비롯된다. 특정한 자질들이 객체의 "내부"에 있다고 생각하는 것은, 특정한 자질들에 투자하거나 이를 특정한 감정 관계들과 연결된 것으로 규정하는 전체 맥락적인 일련의 관계들을 부정한다. 대신 이러한 관계들은 반복되고, 수행되며, 이를 통해 특정한 관계들이 물질화된다.

이는 또한 우리가 정동에 관한 더 형이상학적인(또는 신경학적인) 전제들을 일부분 피할 수 있는 지점이기도 하다. 우리는 관계의 물질성을 기술하기 위해 특정한 생물학적 개념을 필요로 하지 않는다. 아메드는 마수미와는 달리 종종 정동보다는 감정emotion을 특권화시킨다. 그는 정동이 생물학적인 것이라고 주장하지 않지만, 정동 이론은 감정에 관한 페미니스트 이론의 더 긴 역사와 연결되어야 한다고 주장한다. 정위성orientation을 강조함으로써, 그는 감정이 어떻게 수행되고 수행적인지를 보여 준다. 우리는 행위가 물질적이라는 것을 인정할 수 있기 때문에 정동이라고 불리는 실체가 필요하지 않다. 자아와 타자 사이의 경계는 관념적 재현이 아니라, 신체들의 물질적 존재, 그리고 그것들이 서로를 향해 어떻게 작용하는지와 연결된다.


## 결론

이로써 우리는 이 책이 시작되었던 관심사로 되돌아가는 것으로 5장을 마무리한다. 이 장에서는 객체에 대한 다양한 이론을 "사물"에서 비롯되는 이론들의 역사적 차별점과 사변적 실재론과 객체 지향 존재론이라는 새로운 이론을 통해서 살펴보았다. 이 장에서는 생기 유물론의 주장, 특히 생동감 있는 관계에 대한 강조를 살펴보았다. 그러나 객체 지향 존재론과 생기 유물론의 대립을 강조하는 것은 불완전하기 때문에, 우리는 이 둘을 함께 통합하고자 노력했다. 즉 객체 지향 존재론의 물러난 객체에 대한 강조와 생기 유물론의 능동적 관계성에 대한 강조를 받아들여, 이러한 관심사들을 객체 지향 페미니즘 및 사라 아메드의 주장과 통합시켰다.

객체들은 독립적이고, 서로 다르며, 분리되어 있다. 그러나 이것은 단지 객체들의 존재론적 자질에 관한 것이 아니다. 오히려 객체들은 관계 속에서 존재하는데, 이 관계는 단지 "함께하는being with" 관계들만이 아니라, 그들의 수행적 작용 속에서 물질적이고 실재적인 관계들, 즉 대립적 관계들이기도 하다. 다시 한번 우리는 수행 유물론에 관한 우리의 주장으로 되돌아가 행위, 행위성, 그리고 중요하게는, 반대와 갈등을 강조한다. 이로써 우리는 존재론에 대한 설명에서 정치적 행위자들과 투쟁들로 나아가며, 그리고 어떻게 물질성이 오늘날 미디어, 기술, 정치에 대한 모든 이론의 일부가 되어야 하는지의 문제로 나아간다.

**결론**

# 미디어의 물질성에 대한
# 열 가지 테제

우리는 미디어 유물론에 대한 간략한 개요의 마무리 지점에 다다랐다. 결론적으로 나는 미디어의 물질성에 대한 열 가지 테제를 통해 내가 제시한 몇 가지 핵심적인 사항들의 요약을 이 책에서 제공한다. 이 책은 단지 서론일 뿐이고, 이 테제들은 미디어의 물질성에 대한 최종 주장도 아니며, 미디어의 물질성을 정의하는 유일한 방법도 아닐뿐더러, 이 책에서 주장된 모든 것을 완전히 요약하는 것도 아니다. 오히려 그것들은 실천 속에서, 관계 속에서 필연적으로 어떤 다른 것이 될 무언가를 시작하려는 시도이다.

## 1.

미디어는 수행적이다. 미디어와 기술은 행위하며, 차별적 관계가 생산되고 유지되는 것은 그들의 물질적 행위성을 통해서이다. 행위하는 가운데 미디어는 어떤 관계와 신체가 물질화되는 것을 허용하는 반면, 또한 다른 관계가 물질화되는 것을 방해하기도 한다.

## 2.

재현은 덧없거나 비물질적이라고 생각될 수 없다. 그것들은 항상 미디어 안에 존재하고 물질적 효과를 생산하기 위해 행위한다. 재현은 그것의 수행성, 특정한 신체가 어떻게 물질화되도록 허용하는지, 그리고 신체를 어떻게 대립적으로 위치시키는지 때문에 물질적이다.

## 3.

미디어는 글을 새기고, 문서화하고, 쓰는 능력을 통해 수행한다. 미디어는 어떤 것이 시간이 지남에 따라 쓰이고 저장되는 것을 허용한다. 그것은 기억과 사회성을 형성하며, 미디어를 통해 보일 수 있고, 말해질 수 있으며, 기록될 수 있는 것을 통해서 특정 신체들을 위치시킨다.

## 4.

테크닉techniques은 시간이 지나도 지속되는 특정한 문화적 형태와 실천을 신체 안에 새겨서, 문화적 차이를 물질적으로 나타내는 한 가지 방법을 제공한다.

## 5.

미디어는 공간과 시간을 변화시킨다. 미디어는 시간의 지속, 또는 공간의 확장이라는 면에서 편향적이다. 이러한 편향은 중심과 주변부를 구분 짓는 지배와 통제의 특정한 관계를 생산한다는 점에서 정치적이다.

## 6.

하나의 "공간"이나 "시간"이 아니라 미디어를 통해 절충되고 유지되는 다중적, 차별적 공간들과 시간들이 존재한다.


## 7.

미디어는 인지와 사유를 변형시킨다. 이는 피부의 한계를 넘어 신체를 신체-두뇌-세계의 어셈블리지로 확장시키는 직접적인 변형이거나, 또는 신체가 이해되는 방식을 재창조하는 기술적 은유를 통한 간접적인 변형이다.


## 8.

미디어는 행위자와 능력을 소유한 생기적 객체이다. 이러한 객체는 인간의 경험과 분리되어 완전히 알 수 없게 물러선다. 그러나 미디어는 본질적으로 인간과 그들의 신체와 관계되어 있으며, 행위하고, 내부작용한다. 물질성은 주체와 객체 사이, 객체와 객체 사이에 존재하는 특정한 지향성을 촉진하고 물질화함으로써 정치적이다.


## 9.

물질성은 관계, 내부작용, 지향성에 관한 것이다. 미디어를 통해 우리는 다른 무언가와 접촉하게 되고 다른 무엇이 된다. 그러나 이 되기becoming에는 어떠한 보장도 없다.

## 10.

물질성은 우리 모두가 하나의 세계에, 즉 그것들을 수행하기 때문에 존재하는 차이들과 대립들로 구획된 세계에 함께 존재함을 의미한다. 우리의 세계는 물질이 수행하는 것 때문에 존재하며, 우리 역시 물질적이다. 우리가 더 나은 세계를 창조하기를 원한다면 우리는 무엇이 물질화하는지에서 시작해야 한다.

# 감사의 말

제가 이 책을 쓰기 시작한 것은 뉴질랜드 매시대학교Massey University의 영어미디어학과에서 강의하면서부터입니다. 이는 시드니대학교University of Sydney의 디지털 문화 프로그램에서 강의하면서 상당 부분 재집필, 수정되었고, 노스캐롤라이나주립대학교North Carolina State University의 커뮤니케이션학과와 커뮤니케이션, 레토릭, 그리고 디지털 미디어 박사 과정 프로그램에서 강의를 하면서 완성되었습니다. 말할 필요도 없이, 그것은 다양한 배경의 동료 및 학생들과의 광범위한 논의와 상호작용의 산물이며, 제가 이 책을 작업한 5년, 또는 6년 동안 특히 미디어연구에서 일어난 다양한 정치이론적 발전을 고려할 때 크게 변화했습니다.

2013년 시드니대학교 예술사회과학부의 연구 인큐베이터 보조금으로 이 책의 연구를 지원받았는데, 덕분에 호르헤 발도비노스Jorge Valdovinos를 연구보조원으로 고용할 수 있었습니다. 호르헤의 연구는 이 책을 완성하는 데 귀중한 자료가 되었습니다. 당시 시드니대학교 문자예술미디어학부의 학부장이었고, 이 보조금을 받는 데 꼭 필요한 지원을 해 주신 애나마리 자고세Annamarie Jagose에게도 감사드립니다.

웰링턴Wellington, 시드니Sydney, 랄리Raleigh 등 이 책을 만드는 데 직간접적으로 기여한 저의 동료들, 친구들, 그리고 학생들에게 감사드립니다. 여기에는 이언 굿윈Ian Goodwin, 라다 오마라Radha O'Meara, 엠마 윌리스Emma Willis, 잉그리드 호록스Ingrid Horrocks, 톰 애펄리Tom Apperley, 카일 무어Kyle

Moore, 세사르 알바란-토레스César Albarrán-Torres, 제라드 고긴Gerard Goggin, 크리스 체셔Chris Chesher, 캐시 클레랜드Kathy Cleland, 크리스 로들리Chris Rodley, 벤저민 리지웨이Benjamin Ridgeway, 디나 압델-매지드Dina Abdel-Mageed, 위안보 추Yuanbo Qiu, 매슈 웹Matthew Webb, 잭 윌슨Jack Wilson, 스티브 와일리Steve Wiley, 닉 테일러Nick Taylor, 켄 자가키Ken Zagacki, 아드리아나 데 수자에 실바Adriana de Souza e Silva, 말리 디트리히Mally Dietrich, 정현 리JeongHyun Lee, 라리사 조르스Larissa Hjorth, 로비 포디체Robbie Fordyce, 팀 닐Tim Neale, 이지트 손쿨Yiğit Soncul, 주시 파리카Jussi Parikka 등 제가 지난 몇 년간 여기에 나열되지 않은 미디어와 기술 이론에 대해 가르쳤던 많은 학생과, 지난 10여 년간 어째서 물질성이 미디어와 문화에 대한 어떤 접근법에서도 중심이 되어야 하는지를 보여 주기 위해 노력했던 저의 많은 동료가 포함되어 있습니다. 이 책에서 다루는 많은 주제는 제가 처음에 세라 샤르마, 마크 한센, 켄 힐리스Ken Hillis, 크리스 룬드버그Chris Lundberg, 래리 그로스버그Larry Grossberg로부터 배운 미디어에 대한 접근법에서 비롯되었습니다. 저는 또한 이것을 원고에서 출판된 책으로 옮기기 위해 노력한 블룸스베리의 다른 모든 분과 함께 케이티 갤로프Katie Gallof와 에린 더피Erin Duffy에게도 감사드립니다.

마지막으로, 저는 특별히 캐서린 기네스Katherine Guinness에게 감사를 전하고 싶습니다. 이 책이 거의 다 끝나갈 무렵, 저는 제가 쓴 글 대부분이 여러모로 확실히 페미니스트 성향을 지닌 매클루언의 재해석이라는 것을 깨달았습니다. 페미니스트 이론에서 비롯된 주제와 질문들은 저와 캐서린과의 논의와 협력에서 비롯되었기 때문에, 캐서린의 영향이 이 페이지들에 스며들어 있습니다. 제가 쓴 모든 것이 그렇듯이, 이 책은 그가 없었다면 현재의 모습이 아닐 것입니다.

참고문헌

Aarseth, E. J. 1997. *Cybertext: Perspectives on Ergodic Literature*. Baltimore: Johns Hopkins University Press.

Adorno, T. W. 1991. *The Culture Industry: Selected Essays on Mass Culture*. J. M. Bernstein, ed. New York: Routledge.

Ahmed, S. 2006. *Queer Phenomenology: Orientations, Objects, Others*. Durham, NC: Duke University Press.

Ahmed, S. 2010. *The Promise of Happiness*. Durham, NC: Duke University Press.

Ahmed, S. 2014. *The Cultural Politics of Emotion*, 2nd ed. New York: Routledge.

Althusser, L. 2001. *Lenin and Philosophy and Other Essays*. B. Brewster, trans. New York: Monthly Review Press.

Anderson, B. 2006. *Imagined Communities: Reflections on the Origin and Spread of Nationalism*, new ed. London: Verso.

Anderson, V. 2006. "Well, It's a Vertebrate⋯": Performer Choice in Cardew's *Treatise*. *Journal of Musicological Research* 25:3-4, 291-317.

Andrejevic, M. 2013. *Infoglut: How Too Much Information Is Changing the Way We Think and Know*. New York: Routledge.

Ang, I. 1985. *Watching Dallas: Soap Opera and the Melodramatic Imagination*. D. Couling, trans. New York: Routledge.

Angerer, M.-L. 2017. *Ecology of Affect*. G. Jackson, trans. Lüneburg: meson press.

Augé, M. 1995. *Non-Places: An Introduction to Supermodernity*. J. Howe, trans. London: Verso.

Austin, J. L. 1975. *How to Do Things with Words*, 2nd ed. J. O. Urmson and M. Sbisà, eds. Cambridge, MA: Harvard University Press.

Barad, K. 2007. *Meeting the Universe Halfway: Quantum Physics and the Entanglement of Matter and Meaning*. Durham, NC: Duke University Press.

Barber, E. J. W. 1993. *Prehistoric Textiles: The Development of Cloth in the Neolithic and Bronze Ages with Special Reference to the Aegean*. Princeton, NJ: Princeton University Press.

Barber, E. W. 1994. *Women's Work: The First 20,000 Years: Women, Cloth, and Society in Early Times*. New York: W. W. Norton & Company.

Barkan, E. and R. Bush, eds. 1995. *Prehistories of the Future: The Primitivist Project and the Culture of Modernism*. Stanford, CA: Stanford University Press.

Baron-Cohen, S. 2011. *The Science of Evil: On Empathy and the Origins of Cruelty*. New York: Basic Books.

Barthes, R. 1977. The Death of the Author. *Image-Music-Text*. S. Heath, trans. New York: Hill and Wang, 142–48.

Baudrillard, J. 1995. *The Gulf War Did Not Take Place*. P. Patton, trans. Bloomington: Indiana University Press.

Baudrillard, J. 2017. *Symbolic Exchange and Death*, revised ed. I. H. Grant, trans. Los Angeles: SAGE.

Behar, K. 2016. An Introduction to OOF. *Object-Oriented Feminism*. K. Behar, ed. Minneapolis: University of Minnesota Press, 1–36.

Benjamin, W. 1968. *Illuminations: Essays and Reflections*. H. Arendt, ed., H. Zohn, trans. New York: Schocken Books.

Bennett, J. 2010. *Vibrant Matter: A Political Ecology of Things*. Durham, NC: Duke University Press.

Berger, J. 1972. *Ways of Seeing*. London: Penguin Books.

Bergson, H. 1911. *Creative Evolution*. A. Mitchell, trans. Mineola, NY: Dover Publications.

Berland, J. 2009. *North of Empire: Essays on the Cultural Technologies of Space*. Durham, NC: Duke University Press.

Berry, D. M. 2011. *The Philosophy of Software: Code and Mediation in the Digital Age.* Basingstoke: Palgrave Macmillan.

Bevan, A. 2019. *Aesthetics of Nostalgia TV: Production Design and the Boomer Era.* New York: Bloomsbury.

Blackman, L. 2012. *Immaterial Bodies: Affect, Embodiment, Mediation.* Los Angeles: SAGE.

Boellstorff, T. 2008. *Coming of Age in Second Life: An Anthropologist Explores the Virtually Human.* Princeton: Princeton University Press.

Bogost, I. 2012. *Alien Phenomenology, or, What It's Like to Be a Thing.* Minneapolis: University of Minnesota Press.

Bollmer, G. 2014. Pathologies of Affect: The "New Wounded" and the Politics of Ontology. *Cultural Studies* 28:2, 298–326.

Bollmer, G. 2016a. Infrastructural Temporalities: Facebook and the Differential Time of Data Management. *Continuum: Journal of Media & Cultural Studies* 30:1, 20–31.

Bollmer, G. 2016b. *Inhuman Networks: Social Media and the Archaeology of Connection.* New York: Bloomsbury.

Bollmer, G. 2018. *Theorizing Digital Cultures.* Los Angeles: SAGE.

Bollmer, G. and K. Guinness. 2017. Phenomenology for the Selfie. *Cultural Politics* 13:2, 156–76.

Bollmer, G. and K. Guinness. 2018. "Do You Really Want to Live Forever?" Animism, Death, and the Trouble of Digital Images. *Cultural Studies Review* 24:2, 79–96, https://doi.org/10.5130/csr.v24i1.5995.

Boltanski, L. and E. Chiapello. 2005. *The New Spirit of Capitalism.* G. Elliott, trans. London: Verso.

Bolter, J. D. and R. Grusin. 1999. *Remediation: Understanding New Media.* Cambridge, MA: MIT Press.

Boscagli, M. 2014. *Stuff Theory: Everyday Objects, Radical Materialism.* New York: Bloomsbury Academic.

Bourdieu, P. 1984. *Distinction: A Social Critique of the Judgement of Taste*. R. Nice, trans. Cambridge, MA: Harvard University Press.

Brennan, T. 2006. *The Transmission of Affect*. Ithaca: Cornell University Press.

Brown, B. 2001. Thing Theory. *Critical Inquiry* 28:1, 1–22.

Brown, B. 2003. *A Sense of Things: The Object Matter of American Literature*. Chicago: University of Chicago Press.

Brown, W. 1995. *States of Injury: Power and Freedom in Late Modernity*. Princeton, NJ: Princeton University Press.

Brown, W. 2015. *Undoing the Demos: Neoliberalism's Stealth Revolution*. Brooklyn: Zone Books.

Bruno, G. 2014. *Surface: Matters of Aesthetics, Materiality, and Media*. Chicago: University of Chicago Press.

Bryant, L. 2011. *The Democracy of Objects*. Ann Arbor: Open Humanities Press.

Bryant, L. 2014. *Onto-Cartography: An Ontology of Machines and Media*. Edinburgh: Edinburgh University Press.

Bryant, L., N. Srnicek, and G. Harman, eds. 2011. *The Speculative Turn: Continental Materialism and Realism*. Melbourne: re.press.

Butler, J. 1990. *Gender Trouble: Feminism and the Subversion of Identity*. London: Routledge.

Butler, J. 1993. *Bodies That Matter: On the Discursive Limits of "Sex."* London: Routledge.

Canguilhem, G. 1989. *The Normal and the Pathological*. C. R. Fawcett, trans., in collaboration with R. S. Cohen. New York: Zone Books.

Cardew, C. 1967. *Treatise*. Buffalo, NY: The Gallery Upstairs Press.

Carey, J. 1967. Harold Adam Innis and Marshall McLuhan. *The Antioch Review* 27:1, 5–39.

Carey, J. 1988. *Communication as Culture: Essays on Media and Society*. New York: Routledge.

Chalmers, D. J. 1997. Facing Up to the Problem of Consciousness. *Explaining*

*Consciousness—The "Hard Problem."* J. Shear, ed. Cambridge, MA: MIT Press, 9-30.

Chatterjee, A. 2014. *The Aesthetic Brain: How We Evolved to Desire Beauty and Enjoy Art.* Oxford: Oxford University Press.

Chun, W. H. K. 2011. *Programmed Visions: Software and Memory.* Cambridge, MA: MIT Press.

Clark, A. 2003. *Natural-Born Cyborgs: Minds, Technologies, and the Future of Human Intelligence.* Oxford: Oxford University Press.

Clark, A. 2015. *Surfing Uncertainty: Prediction, Action, and the Embodied Mind.* Oxford: Oxford University Press.

Clough, P. T. 2000. *Autoaffection: Unconscious Thought in the Age of Teletechnology.* Minneapolis: University of Minnesota Press.

Coole, D. and S. Frost, eds. 2010. *New Materialisms: Ontology, Agency, and Politics.* Durham, NC: Duke University Press.

Crary, J. 1990. *Techniques of the Observer: On Vision and Modernity in the Nineteenth Century.* Cambridge, MA: MIT Press.

Crary, J. 1999. *Suspensions of Perception: Attention, Spectacle, and Modern Culture.* Cambridge, MA: MIT Press.

Cubitt, S. and P. Thomas, eds. 2013. *Relive: Media Art Histories.* Cambridge, MA: MIT Press.

Deacon, T. 1997. *The Symbolic Species: The Co-Evolution of Language and the Brain.* New York: W. W. Norton & Company.

de Certeau, M. 1984. *The Practice of Everyday Life.* S. Rendall, trans. Berkeley: University of California Press.

DeLanda, M. 2006. *A New Philosophy of Society: Assemblage Theory and Social Complexity.* London: Continuum.

Deleuze, G. and F. Guattari. 1983. *Anti-Oedipus: Capitalism and Schizophrenia.* R. Hurley, M. Seem, and H. R. Lane, trans. Minneapolis: University of Minnesota Press.

Dennett, D. C. 1991. *Consciousness Explained*. Boston: Back Bay Books.

Dennett, D. C. 2017. *From Bacteria to Bach and Back: The Evolution of Minds*. New York: W. W. Norton & Company.

Dennis, B. 1991. Cardew's "Treatise"(Mainly the Visual Aspects). *Tempo* 177, 10–16.

Der Darian, J. 2009. *Virtuous War: Mapping the Military–Industrial–Media–Entertainment Network*, 2nd ed. New York: Routledge.

Derrida, J. 1981. *Dissemination*. B. Johnson, trans. Chicago: University of Chicago Press.

Derrida, J. 1997. *Of Grammatology*, corrected ed. G. C. Spivak, trans. Baltimore: Johns Hopkins University Press.

de Saussure, F. 1972. *Course in General Linguistics*. R. Harris, trans. Chicago: Open Court.

Descartes, R. 2006. *Meditations, Objections, and Replies*. R. Ariew and D. Cress, eds. and trans. Indianapolis: Hackett Publishing Company.

Deuber–Mankowsky, A. 2005. *Lara Croft: Cyberheroine*. D. J. Bonfiglio, trans. Minneapolis: University of Minnesota Press.

Didi–Huberman, G. 2003. *Invention of Hysteria: Charcot and the Photographic Iconography of the Salpêtrière*. A. Hartz, trans. Cambridge, MA: MIT Press.

Dillon, B. 2017. *Essayism*. London: Fitzcarraldo Editions.

Doane, M. A. 2002. *The Emergence of Cinematic Time: Modernity, Contingency, the Archive*. Cambridge, MA: Harvard University Press.

Drucker, J. 2013. Performative Materiality and Theoretical Approaches to Interface. *Digital Humanities Quarterly* 7:1, http://www.digitalhumanities.org/dhq/vol/7/1/000143/000143.html.

Emerson, L. 2014. *Reading Writing Interfaces: From the Digital to the Bookbound*. Minneapolis: University of Minnesota Press.

Endnotes Collective. 2010. Communisation and Value–Form Theory. *Endnotes* 2, 68–105.

Ernst, W. 2013. *Digital Memory and the Archive*. J. Parikka, ed. Minneapolis: University of Minnesota Press.

Ernst, W. 2016. *Chronopoetics: The Temporal Being and Operativity of Technological Media.* A. Enns, trans. London: Rowman & Littlefield International.

Fabian, J. 1983. *Time and the Other: How Anthropology Makes Its Object.* New York: Columbia University Press.

Ferraris, M. 2013. *Documentality: Why It Is Necessary to Leave Traces.* R. Davies, trans. New York: Fordham University Press.

Ferraris, M. 2014a. *Manifesto of New Realism.* S. De Sanctis, trans. Albany: SUNY Press.

Ferraris, M. 2014b. *Where Are You? An Ontology of the Cell Phone.* S. De Sanctis, trans. New York: Fordham University Press.

Ferraris, M. 2015. *Introduction to New Realism.* S. De Sanctis, trans. New York: Bloomsbury Academic.

Fiske, J. 1987. *Television Culture.* London: Routledge.

Flusser, V. 2011. *Does Writing Have a Future?* N. A. Roth, trans. Minneapolis: University of Minnesota Press.

Foucault, M. 1972. *The Archaeology of Knowledge and The Discourse on Language.* A. M. Sheridan Smith, trans. New York: Pantheon Books.

Foucault, M. 1978. *The History of Sexuality, Volume 1: An Introduction.* R. Hurley, trans. New York: Pantheon Books.

Foucault, M. 2006. *History of Madness.* J. Khalfa, ed., J. Murphy and J. Khalfa, trans. London: Routledge.

Foucault, M. 2007. *Security, Territory, Population: Lectures at the Collège de France, 1977–1978.* M. Senellart, ed., G. Burchell, trans. New York: Palgrave Macmillan.

Giedion, S. 1948. *Mechanization Takes Command: A Contribution to Anonymous History.* Minneapolis: University of Minnesota Press.

Golumbia, D. 2009. *The Cultural Logic of Computation.* Cambridge, MA: Harvard University Press.

Golumbia, D. 2016. "Correlationism": The Dogma that Never Was. *boundary* 243:2,

1-25.

Graham, S. and S. Marvin. 2001. *Splintering Urbanism: Networked Infrastructures, Technological Mobilities and the Urban Condition*. New York: Routledge.

Gramsci, A. 1971. *Selections from the Prison Notebooks*. Q. Hoare and G. N. Smith, eds. and trans. New York: International Publishers.

Grau, O., ed. 2007. *MediaArtHistories*. Cambridge, MA: MIT Press.

Graziosi, B. 2002. *Inventing Homer: The Early Reception of Epic*. Cambridge: Cambridge University Press.

Grosz, E. 2017. *The Incorporeal: Ontology, Ethics, and the Limits of Materialism*. New York: Columbia University Press.

Gumbrecht, H. U. and K. L. Pfeiffer, eds. 1994. *Materialities of Communication*. W. Whobrey, trans. Stanford: Stanford University Press.

Hall, S. 1980. Encoding/Decoding. *Culture, Media, Language*. S. Hall, D. Hobson, A. Love, and P. Willis, eds. London: Hutchinson, 128-38.

Hall, S., C. Critcher, T. Jefferson, J. Clarke, and B. Roberts. 1978. *Policing the Crisis: Mugging, the State, and Law and Order*. Basingstoke: Macmillan.

Halpern, O. 2014. *Beautiful Data: A History of Vision and Reason since 1945*. Durham, NC: Duke University Press.

Hansen, M. B. N. 2000. *Embodying Technesis: Technology Beyond Writing*. Ann Arbor: University of Michigan Press.

Hansen, M. B. N. 2004. *New Philosophy for New Media*. Cambridge, MA: MIT Press.

Hansen, M. B. N. 2006. Media Theory. *Theory, Culture & Society* 23:2-3, 297-306.

Hansen, M. B. N. 2015. *Feed-Forward: On the Future of Twenty-First-Century Media*. Chicago: University of Chicago Press.

Haraway, D. J. 2016. *Staying with the Trouble: Making Kin in the Chthulucene*. Durham, NC: Duke University Press.

Hardt, M. and A. Negri. 2004. *Multitude: War and Democracy in the Age of Empire*. New York: Penguin.

Harman, G. 2009. *Prince of Networks: Bruno Latour and Metaphysics*. Melbourne: re.press.

Harman, G. 2010. *The Quadruple Object*. Winchester: Zero Books.

Harman, G. 2016. *Immaterialism*. Cambridge: Polity Press.

Harman, G. 2018. *Object-Oriented Ontology: A New Theory of Everything*. London: Pelican Books.

Harvey, D. 1990. *The Condition of Postmodernity*. Malden, MA: Blackwell Publishers.

Harvey, G. 2013. Introduction. *The Handbook of Contemporary Animism*. G. Harvey, ed. New York: Routledge, 1-12.

Havelock, E. 1986. *The Muse Learns to Write: Reflections on Orality and Literacy from Antiquity to the Present*. New Haven: Yale University Press.

Hayles, N. K. 1999. *How We Became Posthuman: Virtual Bodies in Cybernetics, Literature, and Informatics*. Chicago: University of Chicago Press.

Hayles, N. K. 2004. Print Is Flat, Code Is Deep: The Importance of Media-Specific Analysis. *Poetics Today* 25:1, 67-90.

Hayles, N. K. 2005. *My Mother Was A Computer: Digital Subjects and Literary Texts*. Chicago: University of Chicago Press.

Hayles, N. K. 2017. *Unthought: The Power of the Cognitive Nonconscious*. Chicago: University of Chicago Press.

Heckman, D. 2008. *A Small World: Smart Houses and the Dream of the Perfect Day*. Durham, NC: Duke University Press.

Heidegger, M. 1962. *Being and Time*. J. Macquarrie and E. Robinson, trans. New York: HarperCollins.

Heidegger, M. 1971. The Thing. *Poetry, Language, Thought*. A. Hofstader, trans. New York: HarperCollins, 161-84.

Hillis, K. 2009. *Online a Lot of the Time: Ritual, Fetish, Sign*. Durham, NC: Duke University Press.

Hogan, M. 2015. Facebook Data Storage Centers as the Archive's Underbelly. *Television & New Media* 16:1, 3-18.

Holloway, J. 2010. *Change the World Without Taking Power*, new ed. London: Pluto Press.

hooks, b. 1992. *Black Looks: Race and Representation*. Boston: South End Press.

Horkheimer, M. and T. W. Adorno. 1972. *Dialectic of Enlightenment*. J. Cumming, trans. New York: Continuum.

Howe, S. 1993. *The Birth-Mark*. New York: New Directions Books.

Hurt, P. 2013. Never Underestimate the Power of a Paint Tube. *Smithsonian Magazine*, May. https://www.smithsonianmag.com/arts-culture/never-underestimate-the-power-of-a-paint-tube-36637764/.

Husserl, E. 1931. *Ideas: General Introduction to Pure Phenomenology*. W. R. B. Gibson, trans. London: Routledge.

Innis, H. A. 1930. *The Fur Trade in Canada: An Introduction to Canadian Economic History*. New Haven: Yale University Press.

Innis, H. A. 1940. *The Cod Fisheries: The History of an International Economy*. New Haven: Yale University Press.

Innis, H. A. 1951. *The Bias of Communication*. Toronto: University of Toronto Press.

Innis, H. A. 2007. *Empire and Communications*. Lanham, MD: Rowman & Littlefield.

James, W. 1890. *The Principles of Psychology*, vol. 1. New York: Dover Publications.

James, W. 1987. The Varieties of Religious Experience. *Writings 1902–1910*. B. Kucklick, ed. New York: Library of America, 1–477.

Jenkins, H. 2006. *Convergence Culture: Where Old and New Media Collide*. New York: New York University Press.

Kahn, D. 2013. *Earth Sound Earth Signal: Energies and Earth Magnitude in the Arts*. Berkeley: University of California Press.

Kandel, E. R. 2016. *Reductionism in Art and Brain Science: Bridging the Two Cultures*. New York: Columbia University Press.

Kennedy, H. W. 2002. Lara Croft: Feminist Icon or Cyberbimbo? On the Limits of Textual Analysis. *Game Studies* 2:2, http://www.gamestudies.org/0202/kennedy/.

Kirkpatrick, G. 2013. *Computer Games and the Social Imaginary*. Cambridge: Polity Press.

Kirschenbaum, M. G. 2008. *Mechanisms: New Media and the Forensic Imagination*. Cambridge, MA: MIT Press.

Kirschenbaum, M. G. 2010. What Is Digital Humanities and What's It Doing in English Departments? *ADE Bulletin* 150, 55-61.

Kitchin, R. 2014. *The Data Revolution: Big Data, Open Data, Data Infrastructures & Their Consequences*. Los Angeles: SAGE.

Kittler, F. A. 1990a. *Discourse Networks 1800/1900*. M. Metteer with C. Cullens, trans. Stanford: Stanford University Press.

Kittler, F. A. 1990b. Benn's Poetry—"A Hit in the Charts": Song under Conditions of Media Technologies. *SubStance* 19:1, 5-20.

Kittler, F. A. 1999. *Gramophone, Film, Typewriter*. G. Winthrop-Young and M. Wutz, trans. Stanford: Stanford University Press.

Kittler, F. A. 2017. Real Time Analysis, Time Axis Manipulation. G. Winthrop-Young, trans. *Cultural Politics* 13:1, 1-18.

Krajewski, M. 2011. *Paper Machines: About Cards & Catalogs, 1548-1929*. P. Krapp, trans. Cambridge, MA: MIT Press.

Krajewski, M. 2018. *The Server: A Media History from the Present to the Baroque*. I. Iurascu, trans. New Haven, CT: Yale University Press.

Krämer, S. 2006. The Cultural Techniques of Time Axis Manipulation: On Friedrich Kittler's Conception of Media. *Theory, Culture & Society* 23:7-8, 93-109.

Kraus, C. 1998. *I Love Dick*. Los Angeles: Semiotext(e).

Lacan, J. 1992. *The Seminar of Jacques Lacan Book VII: The Ethics of Psychoanalysis 1959-1960*. J.-A. Miller, ed., D. Porter, trans. New York: W. W. Norton & Company.

Land, N. 2011. *Fanged Noumena: Collected Writings 1987-2007*. R. Mackay and R. Brassier, eds. Falmouth: Urbanomic.

Langlois, G. 2014. *Meaning in the Age of Social Media*. New York: Palgrave Macmillan.

Latour, B. 1993. *We Have Never Been Modern*. C. Porter, trans. Cambridge, MA: Harvard University Press.

Latour, B. 2004. Why Has Critique Run out of Steam? From Matters of Face to Matters of Concern. *Critical Inquiry* 30:2, 225–48.

Latour, B. 2005. *Reassembling the Social: An Introduction to Actor–Network–Theory.* Oxford: Oxford University Press.

Latour, B. and V. A. Lépinay. 2009. *The Science of Passionate Interests: An Introduction to Gabriel Tarde's Economic Anthropology.* Chicago: Prickly Paradigm Press.

Lazzarato, M. 1996. Immaterial Labor. *Radical Thought in Italy: A Potential Politics.* M. Hardt, ed. Minneapolis: University of Minnesota Press, 133–47.

Lemke, T. 2018. An Alternative Model of Politics? Prospects and Problems of Jane Bennett's *Vital Materialism. Theory, Culture & Society* 35:6, 31–54.

Lenoir, T. 1994. Helmholtz and the Materialities of Communication. *Osiris* 9, 184–207.

Lenoir, T. and L. Caldwell. 2018. *The Military–Entertainment Complex.* Cambridge, MA: Harvard University Press.

Leroi-Gourhan, A. 1993. *Gesture and Speech.* A. Bostock Berger, trans. Cambridge, MA: MIT Press.

Leys, R. 2011. The Turn to Affect: A Critique. *Critical Inquiry* 37:3, 434–72.

Leys, R. 2017. *The Ascent of Affect: Genealogy and Critique.* Chicago: University of Chicago Press.

Lieberman, J. L. 2017. *Power Lines: Electricity in American Life and Letters, 1882–1952.* Cambridge, MA: MIT Press.

Liu, A. 2004. *The Laws of Cool: Knowledge Work and the Culture of Information.* Chicago: University of Chicago Press.

Lupton, D. 2016. *The Quantified Self.* Cambridge: Polity Press.

Mackenzie, A. 2002. *Transductions: Bodies and Machines at Speed.* London: Continuum.

Mackenzie, A. 2010. *Wirelessness: Radical Empiricism in Network Cultures.* Cambridge, MA: MIT Press.

Malabou, C. 2008. *What Should We Do with Our Brain?* S. Rand, trans. New York: Fordham University Press.

Malabou, C. 2012. *The New Wounded: From Neurosis to Brain Damage*. S. Miller, trans. New York: Fordham University Press.

Malin, B. J. 2014. *Feeling Mediated: A History of Media Technology and Emotion in America*. New York: New York University Press.

Mandel, E. 1990. Karl Marx. *The New Palgrave: Marxian Economics*. J. Eatwell, M. Milgate, and P. Newman, eds. London: Macmillan, 1-38.

Marx, K. 1973. *Grundrisse: Foundations of the Critique of Political Economy(Rough Draft)*. M. Nicolaus, trans. New York: Penguin Books.

Marx, K. and F. Engels. 1999. *The Communist Manifesto*. J. E. Toews, ed. Boston: Bedford/St. Martin's.

Mason, P. 2015. *Postcapitalism: A Guide to Our Future*. New York: Farrar, Straus and Giroux.

Massey, D. B. 2005. *For Space*. Los Angeles: SAGE.

Massumi, B. 2002. *Parables for the Virtual: Movement, Affect, Sensation*. Durham, NC: Duke University Press.

Massumi, B. 2011. *Semblance and Event: Activist Philosophy and the Occurrent Arts*. Durham, NC: Duke University Press.

Mauss, M. 1992. Techniques of the Body. *Incorporations*. J. Crary and S. Kwinter, eds. New York: Zone, 455-77.

McLuhan, M. 1962. *The Gutenberg Galaxy: The Making of Typographic Man*. Toronto: University of Toronto Press.

McLuhan, M. 1964. *Understanding Media: The Extensions of Man*. Cambridge, MA: MIT Press.

McLuhan, M. 1967. *The Medium Is the Massage with Marshall McLuhan*. Columbia, CS9501, LP.

McLuhan, M. and D. Carson. 2003. *The Book of Probes*. Berkeley: Gingko Press.

Meillassoux, Q. 2008. *After Finitude: An Essay on the Necessity of Contingency*. R. Brassier, trans. London: Continuum.

Merlau-Ponty, M. 1958. *Phenomenology of Perception*. C. Smith, trans. London: Routledge.

Meyrowitz, J. 1985. *No Sense of Place: The Impact of Electronic Media on Social Behavior.* New York: Oxford University Press.

Meyrowitz, J. 1994. Medium Theory. *Communication Theory Today*. D. Crowley and D. Mitchell, eds. Cambridge: Polity Press, 50-77.

Michaels, E. 1994. *Bad Aboriginal Art: Tradition, Media, and Technological Horizons.* Minneapolis: University of Minnesota Press.

Michaels, W. B. 2004. *The Shape of the Signifier: 1967 to the End of History*. Princeton, NJ: Princeton University Press.

Milutis, J. 2006. *Ether: The Nothing That Connects Everything*. Minneapolis: University of Minnesota Press.

Mitchell, M. 2009. *Complexity: A Guided Tour*. Oxford: Oxford University Press.

Morley, D. and C. Brundson. 1999. *The Nationwide Television Studies*. London: Routledge.

Morton, T. 2010. *The Ecological Thought*. Cambridge, MA: Harvard University Press.

Mulvey, L. 1975. Visual Pleasure and Narrative Cinema. *Screen* 16:3, 6-18.

Mumford, L. 1934. *Technics and Civilization*. Chicago: University of Chicago Press.

Munster, A. 2013. *An Aesthesia of Networks: Conjunctive Experience in Art and Technology.* Cambridge, MA: MIT Press.

Munster, A. 2014. Materiality. *The Johns Hopkins Guide to Digital Media*, M.-L. Ryan, L. Emerson, and B. J. Robertson, eds. Baltimore: Johns Hopkins University Press, 327-30.

Murphie, A. 2004. The World as Clock: The Network Society and Experimental Ecologies. *TOPIA: Canadian Journal of Cultural Studies* 11, 117-39.

Murzyn, E. 2008. Do We Only Dream In Colour? A Comparison of Reported Dream Colour in Younger and Older Adults with Different Experiences of Black and White Media. *Consciousness and Cognition* 17:4, 1228-37.

Nietzsche, F. 1968. *The Portable Nietzsche*. W. Kaufmann, ed. and trans. New York: Penguin Books.

Okada, H., K. Matsuoka, and T. Hatakeyama. 2011. Life Span Differences in Color Dreaming. *Dreaming* 21:3, 213–20.

Ong, A. 2006. *Neoliberalism as Exception: Mutations in Citizenship and Sovereignty*. Durham, NC: Duke University Press.

Ong, W. 2002. *Orality and Literacy: The Technologizing of the Word*, 2nd ed. London: Routledge.

Otis, L. 2001. *Networking: Communicating with Bodies and Machines in the Nineteenth Century*. Ann Arbor: University of Michigan Press.

Papoulias, C. and F. Callard. 2010. Biology's Gift: Interrogating the Turn to Affect. *Body & Society* 16:1, 29–56.

Parikka, J. 2012. *What Is Media Archaeology?* Cambridge: Polity Press.

Parikka, J. 2015. *A Geology of Media*. Minneapolis: University of Minnesota Press.

Peters, J. D. 1999. *Speaking into the Air: A History of the Idea of Communication*. Chicago: University of Chicago Press.

Peters, J. D. 2015. *The Marvelous Clouds: Toward a Philosophy of Elemental Media*. Chicago: University of Chicago Press.

Pias, C. 2017. *Computer Game Worlds*. V. A. Pakis, trans. Zurich and Berlin: Diaphanes.

Plato. 2000. Phaedrus. *Selected Dialogues of Plato*. B. Jowett, trans. New York: The Modern Library, 111–97.

Plutarch. 1960. *The Rise and Fall of Athens: Nine Greek Lives*. I. Scott-Kilvert, trans. New York: Penguin Books.

Power, N. 2009. *One Dimensional Woman*. Winchester: Zero Books.

Radway, J. 1984. *Reading the Romance: Women, Patriarchy, and Popular Literature*. Chapel Hill, NC: University of North Carolina Press.

Robertson, C. 2017. Learning to File: Reconfiguring Information and Information Work in the Early Twentieth Century. *Technology and Culture* 58:4, 955–81.

Rose, N. and J. M. Abi-Rached. 2013. *Neuro: The New Brain Sciences and the Management of the Mind*. Princeton, NJ: Princeton University Press.

Ross, A. 1989. *No Respect: Intellectuals and Popular Culture*. New York: Routledge.

Rotman, B. 2008. *Becoming Beside Ourselves: The Alphabet, Ghosts, and Distributed Human Being*. Durham, NC: Duke University Press.

Said, E. 1978. *Orientalism*. New York: Pantheon.

Salazar Sutil, N. 2015. *Motion and Representation: The Language of Human Movement*. Cambridge, MA: MIT Press.

Sampson, T. D. 2017. *The Assemblage Brain: Sense Making in Neuroculture*. Minneapolis: University of Minnesota Press.

Sandifer, E. 2017. *Neoreaction a Basilisk: Essays On and Around the Alt-Right*. Eruditorum Press.

Searle, J. 1992. *The Rediscovery of Mind*. Cambridge, MA: MIT Press.

Sennett, R. 1994. *Flesh and Stone: The Body and the City in Western Civilization*. New York: W. W. Norton & Company.

Sharma, S. 2012. It Changes Space and Time! Introducing Power-Chronography. *Communication Matters: Materialist Approaches to Media, Mobility, and Networks*. J. Packer and S. B. C. Wiley, eds. London: Routledge, 66–77.

Sharma, S. 2014a. Because the Night Belongs to Lovers: Occupying the Time of Precarity. *Communication and Critical/Cultural Studies* 11:1, 5–14.

Sharma, S. 2014b. *In the Meantime: Temporality and Cultural Politics*. Durham, NC: Duke University Press.

Sharma, S. 2017. Exit and the Extensions of Man. Marshall McLuhan Lecture, Transmediale, Berlin. https://transmediale.de/content/exit-and-the-extensions-of-man.

Shaviro, S. 1993. *The Cinematic Body*. Minneapolis: University of Minnesota Press.

Shaviro, S. 2014. *The Universe of Things: On Speculative Realism*. Minneapolis: University of Minnesota Press.

Siegert, B. 2015. *Cultural Techniques: Grids, Filters, Doors, and Other Articulations of the*

*Real*. G. Winthrop-Young, trans. New York: Fordham University Press.

Sofia, Z. 2000. Container Technologies. *Hypatia* 15:2, 181-201.

Solomon-Godeau, A. 1989. Going Native: Paul Gaugin and the Invention of Primitivist Modernism. *Art in America* 77, 119-29, 161.

Spivak, G. C. 1999. *A Critique of Postcolonial Reason: Toward a History of the Vanishing Present*. Cambridge, MA: Harvard University Press.

Starosielski, N. 2015. *The Undersea Network*. Durham, NC: Duke University Press.

Sterne, J. 2003. *The Audible Past: Cultural Origins of Sound Reproduction*. Durham, NC: Duke University Press.

Sterne, J. 2014. "What Do We Want?" "Materiality!" "When Do We Want It?" "Now!" *Media Technologies: Essays on Communication, Materiality, and Society*. T. Gillespie, P. J. Boczkowski, and K. A. Foot, eds. Cambridge, MA: MIT Press, 119-28.

Stewart, K. 2007. *Ordinary Affects*. Durham, NC: Duke University Press.

Stiegler, B. 1998. *Technics and Time, 1: The Fault of Epimetheus*. R. Beardsworth and G. Collins, trans. Stanford: Stanford University Press.

Stiegler, B. 2011. *Technics and Time, 3: Cinematic Time and the Question of Malaise*. S. Barker, trans. Stanford: Stanford University Press.

Stone, A. R. 1995. *The War of Desire and Technology at the Close of the Mechanical Age*. Cambridge, MA: MIT Press.

Swartz, J. 2014. Q&A with Stephen Hawking. *USA Today*, 2 December. https://www.usatoday.com/story/tech/2014/12/02/stephen-hawking-intel-technology/18027597/.

Taylor, F. W. 1911. *The Principles of Scientific Management*. New York: Harper & Brothers.

Terada, R. 2001. *Feeling in Theory: Emotion after the "Death of the Subject."* Cambridge, MA: Harvard University Press.

Thompson, E. P. 1963. *The Making of the English Working Class*. New York: Pantheon Books.

Thompson, E. P. 1967. Time, Work-Discipline, and Industrial Capitalism. *Past & Present* 38, 56-97.

Thrift, N. 2004. Driving in the City. *Theory, Culture & Society* 21:4-5, 41-59.

Thrift, N. 2005. *Knowing Capitalism*. Los Angeles: SAGE.

Thrift, N. 2014. The "Sentient" City and What It May Portend. *Big Data & Society* 1:1, 1-21.

Towns, A. R. 2018. Black "Matter" Lives. *Women's Studies in Communication* 41:4, 349-58, doi: https://doi.org/10.1080/07491409.2018.1551985.

Tuschling, A. 2016. Historical, Technological and Medial A Priori: On the Belatedness of Media. *Cultural Studies* 30:4, 680-703.

van den Boomen, M. 2008. Interfacing by Iconic Metaphors. *Configurations* 16:1, 33-55.

van Kranenburg, R. 2008. *The Internet of Things: A Critique of Ambient Technology and the All-Seeing Network of RFID*. Amsterdam: Institute of Network Cultures.

Velminski, W. 2017. *Homo Sovieticus: Brain Waves, Mind Control, and Telepathic Destiny*. E. Butler, trans. Cambridge, MA: MIT Press.

Virilio, P. 1989. *War and Cinema: The Logistics of Perception*. P. Camiller, trans. London: Verso.

Virilio, P. 1997. *Open Sky*. J. Rose, trans. London: Verso.

Virilio, P. 1999. *Politics of the Very Worst*. S. Lotringer, ed. Los Angeles: Semiotext(e).

Virilio, P. 2007. *The Original Accident*. J. Rose, trans. Cambridge: Polity Press.

Vismann, C. 2008. *Files: Law and Media Technology*. G. Winthrop-Young, trans. Stanford, CA: Stanford University Press.

Warner, M. 2002. *Publics and Counterpublics*. New York: Zone Books.

Watson, A. J. 2006. *Marginal Man: The Dark Vision of Harold Innis*. Toronto: University of Toronto Press.

Wegenstein, B. 2006. *Getting Under the Skin: Body and Media Theory*. Cambridge, MA: MIT Press.

Wegner, D. M. 2002. *The Illusion of Conscious Will*. Cambridge, MA: MIT Press.

Williams, A. and N. Srnicek. 2014. #Accelerate: Manifesto for an Accelerationist Politics. *#Accelerate: The Accelerationist Reader*. R. Mackay and A. Avanessian, eds. Falmouth: Urbanomic, 347–62.

Wittgenstein, L. 2009. *Philosophical Investigations*, 4th ed. G. E. M. Anscombe, P. M. S. Hacker, and J. Schulte, trans. Malden, MA: Wiley–Blackwell.

Wolfe, C. 2010. *What Is Posthumanism?* Minneapolis: University of Minnesota Press.

Wolfendale, P. 2014. *Object–Oriented Philosophy: The Noumenon's New Clothes*. Falmouth: Urbanomic.

Wood, M. 2016. We Do It All the Time. *London Review of Books* 38:3, 7–9.

Young, L. C. 2017. Innis's Infrastructure: Dirt, Beavers, and Documents in Material Media Theory. *Cultural Politics* 13:2, 227–49.

Žižek, S. 1989. *The Sublime Object of Ideology*. London: Verso.

# 신유물론과 유물론
미디어의 물질성에 대하여
Materialist Media Theory